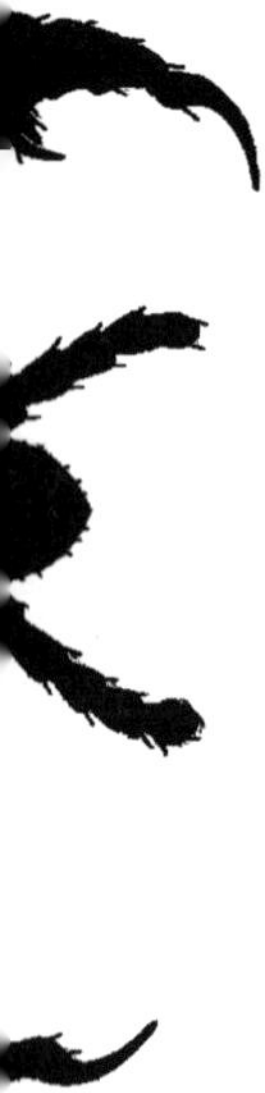

HANS ZINSSER

RATS, LICE AND HISTORY

A Chronicle of Pestilence and Plagues

老鼠、虱子和历史

一部全新的人类命运史

[美] 汉斯·辛瑟尔 著 谢桥 康睿超 译

重庆出版集团 重庆出版社

导读 INTRODUCTION

杰拉尔德·N. 格罗布　Gerald N.Grob

杰拉尔德·N. 格罗布是罗格斯大学的名誉教授，曾为美国国家科学院医学研究所（Institute of Medicine of the National Academy of Sciences）理事会成员，曾担任美国医学史学会（American Association for the History of Medicine, AAHM）主席。

《老鼠、虱子和历史：一部全新的人类命运史》（*Rats, Lice and History: A Chronicle of Pestilence and Plagues*）在1935年出版时，汉斯·辛瑟尔（Hans Zinsser）是当时德高望重的哈佛大学生物学家，之前从未撰写过历史题材的作品。尽管他以笔名出版过诗歌，但他此前其余的作品几乎全部以传染病和免疫力为主题，刊登在医学期刊、科学期刊上，有的出版为图书。然而，我们记忆中的他是历史作品的书写者。他的史学著作被刊印为诸多版本，受到了读者的热情追捧。他之所以有如此这般的成就，源于其“上通天文，下晓地理”的兴趣爱好。

辛瑟尔是何许人也？1878年，他出生于纽约。他的父母是从德国迁居美国的移民，都曾接受过欧洲19世纪中期自由主义的启蒙。他的父亲虽然出身贫苦，但后来成了一名成功的工业化学家。他的父母为子女们营造了崇尚礼仪诗书的家庭氛围。辛瑟尔有三个哥哥，最小的也比他大八岁，所以他从小就享有独宠。他在威斯特彻斯特郡的乡间长大，这让他有机会纵情于户外活动，并由此精通马术，从而终身受益。

十岁以前，辛瑟尔在家中接受教育，日常都用德语进行交流。稍微大一点儿以后，辛瑟尔开始在纽约的私立学校上学，接受了以文科为主的古典教育。他早期颇爱诗歌，乐在其中。虽然之后他选择的是科学领域，但他从未放弃对诗歌的热爱。除此之外，他还精通包括法语在内的多国语言，并精通文学和哲学。十七岁的时候，辛瑟尔考入哥伦比亚大学，主修文学，期盼日后能成为一名作家。大一时，美西战争爆发，他毅然参了军。然而，他所在部队的训练还未完成，美西战争就结束了。回到哥伦比亚大学后，辛瑟尔选修了生物学的课程。受两位恩师的点拨，他决定选生物学专业。大一快结束时，他加入了古生物学探索队，在美国西部研究化石，之后前往巴黎度假。从外貌来看，辛瑟尔更像欧洲人，而不像美国人。辛瑟尔一生饱读诗书，精通文学和哲学。他是少数几个原来接受古典主义教育，后来转而从事科学和医学研究的人之一。

可能是为了将毕生所学应用于实践之中，也可能因为对生物学的真挚热爱，辛瑟尔开始研修医学。1899年本科毕业之后，他考入哥伦比亚大学医学院。在医学院读书期间，辛瑟尔发表了关于老鼠早期胚胎学的论文，并在细菌学上下足了功夫。1903年，他在获得医学博士学位的同时，也获得了文学硕士学位。

这位刚取得医生资格证的医生在一个令人兴奋的时代开始了 6
他的职业生涯。世纪之交的美国医学领域，当时正经历着翻天覆地的变革：现代医院得以建立，医学教育得以改革，对传染病病因的细菌学研究日益增多，消毒措施得以改进。凡此种种，都提高了医学的地位，也使人们开始相信长期困扰人类的疾病是可以被战胜的。辛瑟尔在曼哈顿岛西部的罗斯福医院，也就是传闻中的“地狱厨房”担任了两年的实习医师，这也是他的第一份工作。他在拥挤、肮脏不堪的医院里，为了处理刀伤、枪伤以及接生而忙碌。也正是由于这一段经历，他才会在日后的岁月里如此同情贫苦之人。

实习结束后，辛瑟尔在一家私人诊所工作。然而，正如他在自传中曾经承认过的，“我的心思从未在私人诊所那里”，只因哥伦比亚大学医学院才是其心之所向。在私人诊所工作之余，他还担任了哥伦比亚大学的细菌学家助理，尽管这是一份没有工资的差事。除此之外，他还在当地一家医院担任病理学家助理，每年可获得四百美金的报酬。1908年，他终于实现了自己的梦想，获得了哥伦比亚大学细菌学教员的全职工作，这也就意味着他放弃了将理论应用于实践的医学梦想。他回忆道：“我真正的职业生涯就此开始了。”他与同事菲利普·H. 希斯（Philip H.Hiss）合作，共同完成了《细菌学教科书》（*Textbook of Bacteriology*）一书的撰写，当然其中大部分内容为辛瑟尔所作。1910年，此书得以问世，并被视为细菌学领域的权威书籍之一。1940年辛瑟尔逝世时，该书已经更新了至少八个版本。

1910年，辛瑟尔收到斯坦福大学细菌学和免疫学副教授一职的任书。他接受了斯坦福大学的邀请，并在第二年成功担任正教授。在帕洛阿尔托的三年里，他过得有滋有味，完成作品颇丰。他发表了许多关于传染病和免疫学的文章，因此名声大振。1914年，他的著作《传染病和耐药性》(*Infection and Resistance*)得以出版，他在有生之年见证了该书五个版本的更新。1913年，辛瑟尔回到哥伦比亚大学，并在那里住了十年。1914年至1916年，他和几位同事合作，发表了大量与梅毒螺旋体（引起梅毒的病原体）以及动物抗梅毒免疫力有关的文章。他的目标是研究出梅毒接种疫苗，虽然未能实现，但他阐明了螺旋体的属性。与同时代的其他人不同，辛瑟尔不仅不认为对梅毒畅所欲言会破坏社会风气，反而相信对这种疾病的公开讨论能够产生十分有益的成果。

第一次世界大战的爆发对辛瑟尔的职业生涯产生了深远的影响。1915年，他以红十字会斑疹伤寒委员会会员的身份进入塞尔维亚。塞尔维亚的战事为斑疹伤寒的暴发提供了理想的环境。当时斑疹伤寒患者的死亡率高达百分之七十。尽管疾病的起因已无从得知，但这一段经历让他的兴趣就此转变。从那时开始，在生命中余下的岁月里，辛瑟尔主攻斑疹伤寒的相关研究，极大地提高了自己的声望。

1917年，美国正式加入第一次世界大战时，辛瑟尔应征入伍，加入医疗队，最终升至陆军上校。他在法国待了十九个月，起初在第一军团任卫生检查员，之后就职于第二野战队，还在实验室与传染病部门担任过一段时间的主任助理。因为这场战争，他加深了对环境、病原体及个体三者之间复杂关系的理解。他全身心地投入流行病方面的研究，曾制定和实施了一项军队卫生计划。他在1919年完成的论文以及在《军医》（*Military Surgeon*）与《皇家陆军医学杂志》（*Journal of the Royal Army Medical Corp*）上发表的文章中，对这一计划大加赞赏。辛瑟尔的工作对防治军营中的肠道疾病，特别是伤寒和甲型副伤寒发挥了重要作用，不过对于流行性感冒等呼吸道疾病的控制则不太成功。辛瑟尔因服兵役而被授予杰出服务奖章。

辛瑟尔回到哥伦比亚大学后，转而研究过敏性反应，并做了大量的实验，来证明自己的假设：过敏性反应是由抗原—抗体的相互作用来调节的。那时，辛瑟尔已是德高望重之人。1923年，哈佛大学医学院聘请他为细菌学和免疫学教授。离开哥伦比亚大学未免遗憾，但辛瑟尔还是接受了这份工作。他在哈佛大学度过了余生，直到1940年因患上白血病而不幸离世。

辛瑟尔兴趣广泛，不仅专注于自身专业领域的研究，还与社会科学和人文科学领域的同事们保持联系。

1923年夏天，辛瑟尔接受国际联盟的任务，前往苏联。当时苏联爆发的内战造成斑疹伤寒和霍乱流行病的泛滥，辛瑟尔的任务是汇报苏联的情况，并同苏联政府进行合作，来共同处理接种疫苗和边境保护的工作。然而，他的工作步步受阻。尽管辛瑟尔提出了很多建议，但是国际联盟的官员对此事不闻不问。他从苏联归国之后，就专心致志地埋头于实验之中。

辛瑟尔的科学著作主要分为两类。他所著的细菌学和免疫学教科书，赢得了同事们的高度赞扬。两本书风格明晰，文学感强。这两本教科书的受众是医学院的本科生，主要集中了两门学科的研究成果。辛瑟尔非常重视学生，坚持认为将复杂现象和推理进行过分简化，并非明智之举。他善于激发学生的兴趣，引起学生的好奇心。他在书中不仅撰写了已知知识，还鼓励学生探索未知领域。他如此受人爱戴，主要缘于他对学生的倾心培养。受他的启发，他的许多学生都在生物医学研究领域开创了自己的一片天地。1951年，由于研究出黄热病疫苗，马克斯·泰累尔（Max Theiler）获得了诺贝尔生理学或医学奖。他之所以会全身心地投入自己的领域，是因为拜读了辛瑟尔的《传染病和耐药性》，并在哈佛大学辛瑟尔教授的课堂上受到了熏陶。辛瑟尔的另一个得意门生约翰·F. 恩德斯（John F. Enders）曾经说过，恩师的启发和厚爱，恩师的个人奉献、正直的品格和对生活的热情打开了他的眼界，激发了他的潜力。约翰·F. 恩德斯在非神经人体组织内培养了脊髓灰质炎病毒，为脊髓灰质炎疫苗的顺利研发提供了可能，因此在1954年获得了诺贝尔生理学或医学奖。他还与辛瑟尔合力编写了《免疫力》（*Immunity*）一书。在辛瑟尔去世后不久，恩德斯朗读了感人至深的悼词：

我眼中的辛瑟尔是实验室的主任。他稳如泰山、满腹经纶。在他的管理下，实验室成了非凡之地。在这里，学生们学习了细菌学和免疫学的知识。而且，辛瑟尔品德高尚、学识渊博，令学生们如沐春风……他身边的人，在他的理想主义火焰的照耀下，也燃起了属于自己的小火苗。

在他的影响下，实验室不仅是工作场所，也是生活乐园。我见证过许多年轻人——他们虽知识广博，却不够聪明睿智，仍有挥之不去的乳臭未干的痕迹——在辛瑟尔的教导之下很快成熟稳重起来。他的精心引导不仅激发了学生独立研究的潜能，而且还提高了他们解决问题的能力。

虽然辛瑟尔严格意义上的科学研究工作在重要性方面略显逊色，但是它们仍有着相当的重要性。他于1914年进行的加热如何影响蛋白质免疫动物的研究，使他在数年之后督促细菌学家们开始研究细菌细胞的非蛋白质成分以及蛋白质材料。他的观察报告对于细菌性疾病的治疗具有重要的实践和理论意义。20世纪20年代后期，他将研究重心转移到疱疹病毒上，其所估计出的疱疹病毒的大小与真实的疱疹病毒大小相差无几。与此同时，辛瑟尔也从未放弃对过敏性反应与过敏症的研究。他认为过敏性反应与风湿热等特定疾病密切相关。他的研究也证明免疫学专业的重要性与日俱增。

辛瑟尔之所以会有今日之声誉，与其在斑疹伤寒方面的贡献密不可分。他第一次接触斑疹伤寒是在塞尔维亚。在那里，他掌握了斑疹伤寒的临床表现，并获取了大量的解剖经验。然而，当时的他走错了路。他写道："科学研究并不缺乏发展机遇或设备，但斑疹伤寒的研究之路布满了荆棘。"

当然，斑疹伤寒的历史由来已久。它的民间称谓有很多，比如“战争热”“军营热”“监狱热”等，但常用的只有几个。斑疹伤寒只发生在人类身上，是由立克次氏体（Rickettsiae）病原体引起的。它主要是通过人身上的体虱进行传播的，少数情况下通过头虱进行传播。体虱常常藏在人类的衣服里，靠吸食人类的血液维持生命。血液中的斑疹伤寒病原体在体虱的肠道内成倍繁殖，并藏匿于其排泄物中。虱子所咬的疙瘩被患者挠破之后，斑疹伤寒病原体就会传播到新的宿主身上。斑疹伤寒多暴发于冬季。肮脏的卫生条件和寒冷的自然环境，加之冬季衣物不常洗，这些都助长了斑疹伤寒的气焰。斑疹伤寒的发病很突然，常伴有头痛、寒战、恶心、高烧和全身发疹的症状。尽管在一般情况下，斑疹伤寒的死亡率为百分之五至百分之二十五，但是在冬季会高达百分之四十。

20世纪之前，人们将斑疹伤寒与伤寒混为一谈。1896年，纽约暴发了伤寒流行病。内森·布里尔（Nathan Brill）在西奈山医院发现了几个类似伤寒的零星病例，但患者的血液检测结果呈阴性。1910年，布里尔发表了一篇基于二百二十一例与伤寒差异较大的斑疹伤寒的临床总结。“布里尔氏病”一词也因此被收录进医学辞典中。不久之后，其他的研究人员就确认了斑疹伤寒是通过人虱进行传播的。当辛瑟尔将注意力转移到这种疾病上时，这种疾病的病因早已得到确定。

1912年后，被感染的人虱叮咬是人类感染斑疹伤寒的唯一途径这一说法得到人们的广泛认可。然而，在1926年，任职于美国公共卫生署、致力于美国东南部斑疹伤寒零星病例研究的肯尼斯·马克西（Kenneth Maxcy）经过严谨的研究，认为斑疹伤寒并不是通过人虱，而是通过寄生在大鼠身上的虱子进行传播的。如果一不小心被鼠虱和跳蚤咬到，人类就会被传染上斑疹伤寒病毒。五年之后，美国公共卫生署的另一位研究员在巴尔的摩的大鼠身上发现了斑疹伤寒病原体。布里尔氏病病例零星分布在美国东北部城市，并集中暴发于从欧洲斑疹伤寒疫区迁居至此的移民者身上，这一现象有待进一步研究。

到了1930年，辛瑟尔和他的同事们开始致力于研究斑疹伤寒疫苗。1931年，墨西哥暴发了斑疹伤寒流行病。辛瑟尔与同事们通力合作，在大鼠身上发现了墨西哥斑疹伤寒。与此同时，美国公共卫生署在巴尔的摩的大鼠身上也发现了斑疹伤寒病毒。通过分析流行病学数据和布里尔氏病康复的病例，辛瑟尔总结出布里尔氏病其实就是欧洲型斑疹伤寒。最重要的是，他得出的结论是，布里尔氏病是一种“输入性”疾病，有些曾经患过斑疹伤寒的欧洲移民，来到美洲后竟又复发了此病。这一发现意义深远，因为这说明斑疹伤寒病毒能够以人类为宿主，生存长达数十年之久。因此，布里尔氏病很快就被重新命名为“布辛氏病”（Brill-Zinsser disease）。辛瑟尔的实验室对斑疹伤寒病原体的组织培育，最终促成了一种有效疫苗的研制。

恩德斯回忆道，对于辛瑟尔来说，科学研究实属刺激的冒险活动，而对于流行病的研究，就成了战场之搏。此外，辛瑟尔从未放弃对文学和哲学的热爱。《老鼠、虱子和历史：一部全新的人类命运史》一书出版于1935年年初，该书彰显了辛瑟尔文理交融的文化底蕴和丰富的内心世界。正如威廉·C. 萨莫斯（William C. Summers）所说，此书是科学家辛瑟尔与文豪辛瑟尔之间的一场对话。辛瑟尔一方面精通西方文明的经典著作，另一方面又熟知生物学和医学知识。他撰写此书的目的是希望通过运用自己广博的知识，来突出人类的敌人——疾病，特别是流行病的重要性。

辛瑟尔执笔之时，正是"传记的时代"。然而，他书中的主角不是人类而是疾病，这可谓独一无二。至少在他的书中，疾病并非反常现象，传染病仅仅代表着一种活的有机体为了生存下来所作出的尝试，而寄生现象是一种普遍现象。从人类的角度来看，入侵身体的病原体实属异物；而从病原体的角度来看，其猖狂行径却是再平常不过的事。1935年1月，他写了一篇总结性的文章发表在《大西洋月刊》（*Atlantic Monthly*）上。其中他写道："人类总是以自我为中心来看待万物。对虱子来说，人类就是夺去它们生命的死亡使者。"这种被称为感染的寄生形式，与动物和植物一样古老。人类一直急于解密生命的起源，却长久地忽视了这一段历史。生物学家的最大贡献就是避开这些形而上学的思辨，专注于研究生命的存在方式。

辛瑟尔赞同进化是现代生物学的基础的观点。他指出，寄生的适应性并不是一成不变的。寄生生物和宿主之间的相互适应，即使是少许的改变，也会对临床表现和流行病特征产生深远的影响。梅毒的历史阐释了这一基本规律。在过去的五个世纪里，这种疾病从一种恶性的、急性的、致命的疾病，转变成一种较为温和的疾病。其他疾病也有类似的情况。"新"的疾病在不断变化的环境下出现并消失，这并不奇怪。辛瑟尔为我们讲述了从古代世界到20世纪，流行病沧海变桑田的变化史。此外，斑疹伤寒对于政治和军事事件具有深刻的影响。辛瑟尔从历史的角度为我们解释了这一点。许多个世纪以来，斑疹伤寒造成了大量的伤亡。辛瑟尔引用专家的观点指出，在1917年至1923年期间，仅当时俄国的欧洲地区就有三千万人患上斑疹伤寒，而最终三百万人死于这一疾病。

除此之外，本书还从生物学和历史学的角度对斑疹伤寒进行了讨论。辛瑟尔指出，人虱是人类的终生伙伴。有时候，人类长时间不换洗衣物，就会导致人虱的大量繁殖。斑疹伤寒病原体通过鼠虱传染到人类的身上，接着又传给他人，慢慢传播开来。对比来看，欧洲型斑疹伤寒（布辛氏病）则是通过人传人的方式进行蔓延的。在辛瑟尔的书中，他浓墨重彩地描写了斑疹伤寒的进化史，演绎了病毒从昆虫到动物，最后到人类身上的寄生过程。当第一只携带病毒的鼠蚤跳到人类身上吸食人血时，昭示着斑疹伤寒的诞生。除此之外，本书的大量篇章是关于斑疹伤寒的历史的。在本书问世之时，斑疹伤寒已经不像前几个世纪那样令人闻风丧胆了。不过，辛瑟尔提醒人们斑疹伤寒并没有消失。“只要人类的愚蠢和残暴给它一个机会，它就会乘虚而入，重整旗鼓。”

《老鼠、虱子和历史：一部全新的人类命运史》堪称精心之作。这本书既体现了辛瑟尔在生物学方面的造诣，也彰显了他在文学、历史和哲学方面的横溢才华和渊博知识。它行云流水、辞藻文艺，读者可以尽情地遨游在文学、历史和哲学知识的海洋里。这本书并没有像传统方式那样将医学史作为伟大医生的进步史来处理；作者也不是以胜利者的姿态来书写，书中并非处处流淌着高高在上的血液。当社会和环境条件成熟时，斑疹伤寒就会像其他疾病一样，很容易暴发。《老鼠、虱子和历史：一部全新的人类命运史》在许多方面预测了第二次世界大战结束后数十年的疾病发展史，也包含了威廉·H. 麦克尼尔（William H. McNeill）在1976年出版的《瘟疫与人》（*Plagues and Peoples*）中才有的内容。因此，基于书中的数据和分析，人们很容易将辛瑟尔的书看成是当代学术著作。

辛瑟尔在很多方面都预见到了生物学后来的发展情况。他的研究方法和勒内·杜博斯（René Dubos）的出奇的相似，而当时杜博斯还处在职业生涯的初期。20世纪30年代，杜博斯在抗生素研发方面发挥了重要作用。到了20世纪50年代，他开始担心执着于生物还原论，可能会使人们对微生物和环境之间的复杂关系产生错误的理解。他写道，特定的疾病可能会出现，然后消失，但疾病总的来说是存在的。尽管辛瑟尔比杜博斯年长很多，但是他们都认为疾病是无处不在、生生不息的，同时他们在病原体与人类的复杂关系上也持相同的观点。

《老鼠、虱子和历史：一部全新的人类命运史》出版后广受好评。R.L.达弗斯（R.L. Duffus）在《纽约时报·书评周刊》的头版评论上极力推荐道："那些喜欢科学作品、幽默作品和人文主义作品的人，都应该去看看这本书。他们一定会受益匪浅。"乔治·利拜尔（George Libaire）在《新共和周刊》（*New Republic*）上这样评论辛瑟尔："从作家中涌现出一位具有科学底蕴的人文主义者，这并非常见现象，即使是在出版旺季也不常见。辛瑟尔笔下的文章学养深厚、幽默反讽、自由随意。他对外科医生充满怀疑，属于拉伯雷博士（Dr. Rabelais）的行列。"英国著名遗传学家、科普工作者、社会党人J. B. S. 霍尔丹（J.B.S. Haldane）在《星期六文学评论》（*Saturday Review of Literature*）的头版书评上，对辛瑟尔的作品同样赞赏有加。他评论说，这本书对三类读者颇具吸引力：热爱科普读物的可怜罪人、喜欢新奇观点和奇闻怪谈而不是系统无聊知识的历史爱好者、喜欢研究充满活力的人类大脑对环境的反应的人。知名医师、发表过大量医学论文的洛根·克伦德宁（Logan Clendening）在《纽约先驱论坛报》（*New York Herald Tribune*）图书推荐的头版评论上热心推荐："读者并不是经常能阅读到一本这样的佳作，尤其是医学科学作品。它是如此成熟，融合了历史风格和人文特色，使人本能地觉得如此的饱满和完整。"在其他报刊上，例如《美国公共卫生杂志》（*American Journal of Public Health*）、《泰晤士报文学副刊》（*Times Literary Supplement*）、《国家》（*Nation*）、《耶鲁评论》（*Yale Review*）、《新观点》（*New Outlook*）、《当代历史》（*Current History*）等，许多评论者都对辛瑟尔的作品称赞有加。只有英国作家兼记者休·金斯米尔（Hugh Kingsmill）在《新政治家与国家》（*New Statesman and Nation*）上发表了负面的评论："只有极具想象力的天才，才能将大量科学的、医学的和历史的细节统一起来，中间穿插对战争、神秘主义和现代传记的思考，而辛瑟尔并不具备这样的天赋。"

《老鼠、虱子和历史：一部全新的人类命运史》于1935年出版后，深受广大读者的欢迎，发行数量不断攀升。毫无疑问的是，书中一些关于流行病的内容已经被现代学者的研究更新了。不过，这本书经受住了时间的考验，读者能够继续享受它的学识和智慧。这本书以一种博学而有趣的方式写成，使作者能够对许多人类和哲学问题进行思考，然而它有一个严肃的目的，那就是使读者认识到流行病在人类历史进程中的重要性。第二次世界大战之后的美国在研制抗生素药物方面的成功，给人类带来了短暂的欢愉。人们认为传染病所带来的痛苦已经被一劳永逸地铲除了，并相信未来的医学将把更多的精力投入到持续时间长的或者慢性疾病的根除上来。然而，艾滋病及其他病毒性疾病的出现、流行性感冒的潜在威胁以及细菌性疾病耐药菌株的产生，使人们很快意识到，只要给予适当的社会和环境条件，传染病仍然具有肆虐人类的能力。辛瑟尔的作品，给那些认为传染病可以被征服的人上了一课。

辛瑟尔七十多年前写的《老鼠、虱子和历史：一部全新的人类命运史》确实是一部具有先见之明的佳作。他预见到当代基因组学方法的研究重点，是强调病原体随着时间的推移而演化时，病原体的毒性会不断发生变化。例如，当今的科研人员开始致力于研究随着时间的变化，流感病毒的结构变化情况，以此来解释周期性流感流行病、流感毒性的不断变化以及它们对人类社会的影响。当然，当时的辛瑟尔并不知道现代分子生物学的知识和方法，然而他在描述斑疹伤寒历史时所使用的演化论方法，符合当代演化生物学、生态学和环境学的理论。撰

写疾病史的历史学家仍然可以从辛瑟尔开创性的著作中获益。 18
事实上，如果只关注疾病的社会结构，而忽视生物科学方面的工作，撰写疾病史的历史学家有可能创作出一段完全误解和歪曲过去记载的历史。

《老鼠、虱子和历史：一部全新的人类命运史》问世之时，辛瑟尔已经五十七岁，其名声早已不仅仅局限于科学家圈和医师圈。当时，他期待可以从事持续多年、富有成效的工作。1938年，他选择与他以前的学生谢少文合作，在北京协和医学院为科研事业奉献自己的力量。他们的愿景都是一样的，即希望培养充足的斑疹伤寒病原体，以便研制出有效的疫苗。1938年夏天，辛瑟尔乘船返回故乡时注意到一个奇怪的现象，他发现自己的皮肤开始泛黄。而且，他感到反常的虚弱。作为一名临床医生，他意识到发生了什么事。他的自我诊断得到了波士顿同事的确认：他患上了淋巴细胞白血病。在当时，这种疾病可以通过放射疗法来进行保守治疗，但是辛瑟尔选择了隐瞒自己的病情。

尽管辛瑟尔明白自己得的是不治之症，但他还是选择继续工作。“我正在处理耗时颇长的难题，就好像我拥有世界上所有的时间一样。”他笔耕不辍，直到一年半后不幸离世。当辛瑟尔知道自己时日不多时，便开始撰写自传。1940年，也就是辛瑟尔去世前几个月，他出版了自己的传记，书名为《我记忆中的他：R. S. 自传》（*As I Remember Him: The Biography of R. S.*）。这部传记在形式上与众不同。辛瑟尔曾经在《大西洋月刊》上发表诗歌，用的也是R. S.这一笔名。他为什么使用大写字母“R. S.”作为自己的笔名，至今仍然是一个谜。不过，这倒给了他一次机会，用第三人称来书写自己的一生。

尽管《我记忆中的他：R. S. 自传》是一部医学传记，但这本书与其说是对他科研生涯的总结，不如说是对各种主题的一系列反思。说来也奇怪，辛瑟尔在这本书中并没有提及自己的妻子和孩子，这令亲友们备感疑惑，也令他的儿子悲伤不已。这本书涉猎广泛，彰显了辛瑟尔的幽默感。他的沉思和回忆涵盖了无数的主题。无论是自己熟知的偶像，还是朝夕相处的同事，他都用爱戴尊重的语气、生动细腻的笔触进行了描绘。他毫不畏惧地谴责极权主义、种族主义、反犹太主义的崛起。他非常了解科学的贡献，但是也担心“它对我们的文明造成的危害，几乎和它对我们的文明带来的好处一样多”。科学不仅没有把人类从辛劳、贫穷和战争中解救出来，反而加剧了物质主义、仇恨和破坏的力量。尽管科学已经深深地渗透到自然和宇宙中的方方面面，但是“它永远无法单枪匹马地解决终极问题，也无法满足人们对精神生活的渴望，对道德理想的向往”。辛瑟尔相信，无论道德理想以何种形式出现，它都是人类与生俱来的生物属性。“我们这个时代，”他补充说，“缺乏一种平行的审美智慧的平衡。”

《我记忆中的他：R. S. 自传》中最令人动情的情节，是关于他对待病魔和即将到来的死亡的记载。虽然他知道自己将命不久矣，但他认为这给他的生命赋予了新的意义和从未有过的辛辣。他对周围之事的敏感度获得了无限的增强。即使在生命的尽头，他也没有寻求宗教的慰藉。他始终都是一个不可知论者，而且十分赞同查尔斯·达尔文的观点。“人的思想是从低等动物所拥有的低级思想发展而来的，这一伟大的结论，能令人信服吗？”对于这一问题，达尔文说，他无法假装能够阐明这一深奥的问题。这个谜“我们无法解开，而我作为个人来说，仍然是个不可知论者”。

死神并没有突如其来地造访他，而是提前就警示了他，辛瑟尔对此常怀感激之情。在他生命的最后几个月里，他获得了某种程度的哲学上的宁静与顺从。他很感激他有时间建构自己的精神世界，也有时间陪伴在心爱之人的身边。在他的最后一首十四行诗中，他将自己的内心之感真真切切地表达了出来：

慈悲的死神，他正在呼唤我

他温柔友好地安抚着我内心的恐惧

使我不再畏惧岁月的流逝，不再惧怕身体的衰老

他温柔地提醒我早做准备

在我离开人间之前，吻去你的泪水

夏天是那样的芬芳

秋日的余晖温暖着我们的心房，就像在天空中一样

我们的爱播下的种子有了成熟的丰收

在冬天来临之前我便离开

这是多么美好啊

在你们的心中，我将永远安息

平静而自豪，就像你们最爱我的时候那样

目录
CONTENTS

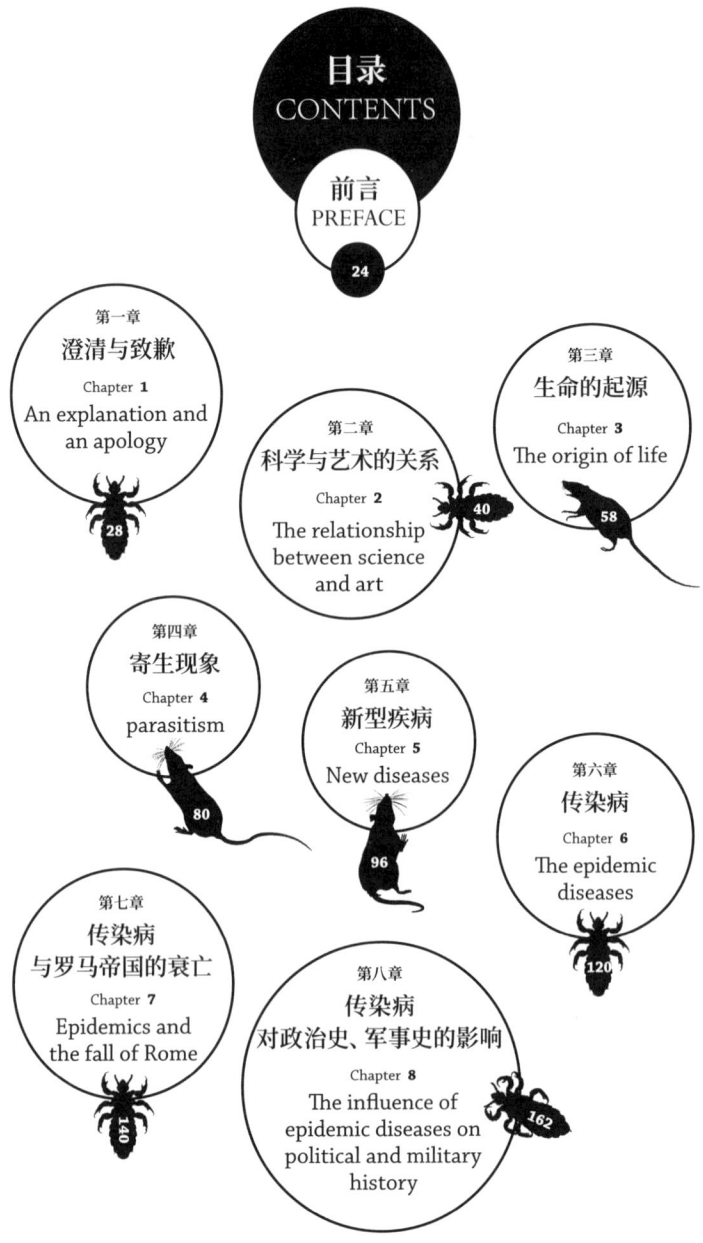

前言 PREFACE

如下各个章节是利用实验室和野外斑疹伤寒研究的闲暇时间写成的，这种写作是工作之余的一种放松。由于各个章节的编排有些杂乱无章，所以若是将之称为图书，我们心中甚感惭愧。在对世界上的各种传染病进行研究之后，我们发现它们是经历了许多个世纪，跨越了许多代人，且其发展和演变的历程可以用传记来表达的生物体。在过去的十年里，我们通过研究发现，相比于其他大多数的传染病，斑疹伤寒在昆虫和动物世界里有着不同寻常的寄生循环，所以它更值得我们为之撰写一部传记。斑疹伤寒为细菌学家带来了绝佳的机会，他们可以通过研究这一疾病来研究寄生现象的演化过程，这是其他的传染病所无法比拟的。此外，就给人类造成的灾难而言，这种疾病可谓首屈一指，即使是黑死病和霍乱也望尘莫及。

在多年专注于传染病的研究过程中，我们通过临床和实验的反复研究，越来越为传染病给国家和民族命运所带来的灾难，给文明的兴起和衰落所带来的巨变而动容，而这正是历史学家和社会学家所几乎完全忽略的。尽管本书中对上述内容的讨论只不过是初步的说明，但它们能够对未来更为博学的历史学家产生激励作用，使他们对这些事实给予应有的关注，并将它们的影响纳入对人类过去历史的解读中。

我们绝非是在声称自己对医学史做出了什么独特的贡献，我们只不过是尽可能地收集资料，自由地使用施努莱尔（Schnurrer）、赫克（Hecker）、奥扎拉姆（Ozanam）、汉泽（Haeser）、赫希（Hirsch）、默奇森（Murchison）等知识渊博的学者的著作。在查阅古代和中世纪文献时，我们的同事古利克（Gulick）和兰德（Rand）教授，我们的朋友弗瑞德·B. 伦德（Fred B. Lund）以及哈佛大学古典系的墨菲（Murphy）先生，都给予了我们极大的帮助，弥补了我们贫乏的古典知识。与约翰·霍普金斯大学的西格里斯（Sigerist）教授、哈佛大学的梅里曼（Merriman）教授、美国陆军的休姆（Hume）少校等专家学者的对话和通信，为我们度过艰难时刻带来了无法估量的帮助。莫顿·惠勒（Morton Wheeler）教授慷慨地向我们提供了宝贵的建议，我在此向这位聪慧与善良兼具的友人致以诚挚的感谢。由于本书并不是一本科学论著，所以我们对参考书目不予提及，同时为了不忽略每一个人，我们几乎没有提到任何人的名字。

对于有关文学兴趣的章节和评论，我们不予致歉。尽管我们认为它们与本书的主题紧密相关，但是很多人认为它们与本书的主题风马牛不相及。美国人一向认为，一位专家不应该对其专业领域以外的知识产生兴趣——高尔夫、垂钓、桥牌等除外，所以从某种程度上来说，本书是对这种态度的一种抗议。在美国人看来，一位专家应该像“猪背上的虱子”一样将全部精力集中在自己的专业领域里。我们的这个立场冒着很大风险，外人会认为我们是一群不称职的细菌学专家，但这个风险是值得承担的。一天有二十四个小时，一个人可以工作十个小时，另外八个小时用于睡眠休息。

除了特殊情况之外，我们认为一种类型的学术职业能够提高一个人整体的理解能力，因此，将人的思想分门别类并非明智之举。艺术和科学有很多共同之处，如果彼此共融共通，对双方而言都是大有裨益的。欧洲人早就已经认识到了这一点。至于本书能否起到抛砖引玉的效果，我们实在不敢妄断。不论如何，我们是按照自己喜欢的方式撰写这部作品的，并从中得到了娱乐和休息。

汉斯・辛瑟尔

Chapter 1

第一章

An explanation and an apology

澄清与致歉

❶

或许有人会写出这本书，并有出版商将其出版，还有读者阅读，但是人们很难认为它是一部传记。苏格兰哲学家及评论家卡莱尔（Carlyle）曾说，写得精彩的传记几乎像活得精彩的一生那样罕见，而生活在“传记时代”的我们无法赞同这一说法。我们的书摊上摆满了各个时代的伟人故事；在出版社的书目名单上，每个月都会出现新增的传记作品。传记形式的文字作品在很大程度上取代了小说，进入曾被称为文学评论的领域，并成功地与侦探小说和情色小说展开了角逐，甚至还涉足精神病诊疗领域。有人可能很好奇，是什么让传记作品如此繁荣呢？

答案可能有很多。与现代生活的其他阶段一样，文学“科学化”并非不可能。就像在科学领域中一样，一些有独创性的人就一个特定的课题推导出公式，紧接着，一大批追随者就开始运用公式来解决类似的问题，并取得有益的结果。在一个文学原创性极为贫乏的时代，作家们就历代大师们的天赋异禀大做文章是再自然不过的事了。对于每一位小说家、诗人，或是任何行业的创造者来说，都不乏众多的解读者、评论家或批评家。

传记曾经是一门正经的营生，也是学者们的光荣使命。当希腊历史学家普鲁塔克（Plutarch）创作《古希腊罗马名人传》（*Parallel Lives*）时，他的构思正如克拉夫（Clough）恰如其分评述的那样：“以亚里士多德的伦理学和柏拉图的理论为基础，这两种理论构建了普鲁塔克同时代受教育者的信仰。在希腊和罗马伟大文明的背景之下，普鲁塔克没有将关注点放在人物的行为上，而是放在了人物的动机、反应能力以及性格上。”后来的学术传记，如鲍斯威尔（Boswell）布局紧凑的人物传记《约翰逊传》（*Johnson*）和艾克曼（Eckermann）的《歌德谈话录》（*Conversations*）采用了类似的方法。在过去，生活中的琐碎细节，只有在其对人的思想意识造成影响，从而使人获得至高成就时，才会被认为是意义非凡的。正所谓，“私人生活中的琐事，可以与公共生活中的琐事结合起来”。尽管如此，只有那些意义重大或非常有趣的细节才会被编撰进传记。然而，所有这一切发生了变化。后来的作者认为，细节是塑造人物个性的关键。于是传记变得越来越神经质。弗洛伊德是一个伟大的人物，如果大众对这位伟人一知半解却自以为很了解他，那就十分危险了。弗洛伊德式的烈性炸药已经被制成了爆竹，那些头脑简单的人将会炸伤他们的手指。利用伟大开拓者爆破隧道的合成材料制造出噪声和难闻的气味，已经变得越来越容易了。显然，传记是精神分析学业余爱好者最好的游乐场。老一辈的传记作家缺乏这种对潜意识的了解，他们只凭意识来评判他们心目中的英雄。然而，潜意识战胜了意识。呜呼哀哉！诸位伟人——雪莱、拜伦、瓦格纳、肖邦、海涅、马克·吐温、亨利·詹姆斯、梅尔维尔、陀思妥耶夫斯基、托尔斯泰，还有耶稣——被重新评价，不是根据他们的丰功伟绩，而是根据他们的内分泌平衡。当然，还有很多伟人没有被如此评价。在伟人名单用尽之前，一些“破坏者”角色也粉墨登场，如P. T. 巴纳姆（P.T. Barnum）、杨百翰（Brigham Young），甚至是阿尔·卡彭（Al Capone）和潘丘·维拉（Pancho Villa）。

由于受到主题性质的限制，我们这部传记在写作方法上返璞归真。我们不再依靠精神分析学去吸引读者的注意力。没有产前影响、恋母情结、早恋、出轨、变态、冲动、失调，没有因地位而带来的压抑以及因克制欲望而引起的沮丧。我们不再采信流言蜚语，也不再依赖没来得及销毁的私人信件；不再诽谤和中伤他人，从而博得大众眼球；不再抄袭、改写甚至是批驳以前的传记作家或随笔作家的作品。确实，我们不能像通常所做的那样，通过添油加醋，使诗人和科学家变得稀松平常和令人厌恶；不能通过添枝加叶，将人们的注意力从一个人的功绩转移到这个人琐碎或是不端的生活习惯上来；不能将一个声名狼藉的商业恶霸，打造成一位威震天下的英雄；更不能将公众的注意力从主人公的丰功伟绩，转移到其所令人不齿的、无足轻重的私人问题上来。

撰写传记的习惯会使我们自问，如果没有上述这些枝枝叶叶，我们如何斗胆进入这片领域？答案很简单：我们这部传记的主题是一种疾病。

我们将试着用一种准确而又非技术性的方式来撰写这部传记。这部传记必然是不完整的，因为传主的一生是漫长而动荡的，而我们只能从中选择一些亮点来进行创作。它的大部分日常生活史，与任何一个人，如战士、诗人或店主的日常生活史一样，是平凡而重复的。最重要的是，我们的创作并非“大众科学”。如果我们的创作有几处戏剧化的地方，那么这是故事本身的错误，并非我们作者的过失。当人们阅读它时，没有人会感到它是在说教。我们决定创作这部疾病的传记，是因为我们在精神上热爱它，就如同美国诗人艾米·洛威尔（Amy Lowell）对英国诗人济慈（Keats）的热爱，并且不放弃任何一个与之接近的机会。在与疾病多次近距离接触以后，我们越来越深刻地认识到这种传染病和其他传染病的影响，它们凭借其原生质的连续性贯穿着整个人类历史，对人类的命运产生了重大影响。

然而，在进入主题之前，请原谅我们在不得已的情况下稍微偏离一下主题。

❷

传染病是生物的一大悲剧，是不同的生命形式之间的生存斗争。对此，人类通常戴着有色眼镜来评判。然而，蛤蜊、牡蛎、昆虫、鱼类、花草、烟草、马铃薯、番茄、水果、灌木、树木等，也有各自不同的“天花”、“麻疹”、“癌症”以及“肺结核”等疾病。无情的战争，就这样无休止地进行着，没有手下留情，也不会握手言和，俨然是物种之间敌对的民族主义。然而，在所谓的低等生命形式中，通常存在着一种同类之间的团结，从而使它们避免了残暴猎食同类的行为，这种暴行似乎只存在于人类、鼠类以及一些比较野蛮的鱼中。不得不承认的是，动物王国中也存在着同类相残的个例，其残忍程度即使是人类也无法企及。比如，在蜘蛛中，母蜘蛛吃掉公蜘蛛是一种正常的行为；而在蝎子之中，母蝎子会先吃掉公蝎子，然后被自己的孩子们吃掉。大型猫科动物的雄性，比如美洲狮中的雄狮，虽然会伏击并猎食自己的幼崽，但是那是由于雌狮太过专注于养育幼狮，从而忽略了对雄狮的情感关怀。雄狮的动机，是出于对爱的渴望。因此，这不过是一种间接的情杀，并不能算作指控其残暴的证据。正如法国作家拉罗什富科（La Rochefoucauld）所言，如果从表面效果来判断，爱更接近于仇恨而不是友谊。

大自然似乎有意让她的创造物以彼此为食。无论如何，在大自然的运行中，直接依靠地球母亲本身而生存的，仅仅是植物王国中的部分科目。它们将自己的根深深地扎进土壤之中，吸收其中的氮液；它们用宽大的绿叶，拥抱着阳光和空气。然而，这些植物，除了过于难吃或有毒的以外，其余的都成了野兽和人类的食物，而后者，又成了其他野兽和细菌的腹中餐。在伊甸园里，一切都是那么井然有序，彼此相食仅仅发生在寿终正寝之后。如此这般，每一个生物的养分，会再次回归到大自然之中。从化学的角度来看，这是可能实现的，生命也可以得到延续。在这个和平共存不尽理想、拥挤不堪的星球上，无论生死，相互为食成了习惯，并本能、平静而无所顾忌地上演着。一头吞噬传教士的狮子，和一位正在享用鸡肉派的好心老者以及正在这位老者颈脖上生成疖子的葡萄球菌，都没有进行任何意义上的故意伤害。从广义上说，狮子寄生在传教士身上，老者寄生在鸡肉派上，而葡萄球菌则寄生于老者体内。为了避免陷入无意义的、多余的技术性问题，对此，我们不再详述。

重要的是，所有的生物都企图不劳而获，哪怕有一丝可乘之机，它们都不肯放过，传染病只不过是一个令人不快的例子。植物借助自己的根和叶日夜劳作，牛则不费吹灰之力地将其吃掉，接着人把植物和牛通通吃掉，而细菌（或“投资银行家”）最终将人类收入“腹”中。全面阐释其中的奥妙需要详尽的技术性讨论，但是基本原则再明显不过了：地球上的生物都处在无穷无尽的寄生链之中，如若植物王国无法孜孜不倦、源源不断地为其他生物提供所需的氮和碳化合物，那么世上的所有生物都会很快灭绝。这一话题很容易发展成为迂腐和无趣的说教。归根结底，人类也可以被定义为依赖于植物的“寄生虫”。

这种被我们叫作感染的寄生形式，如动物、植物一样古老。在接下来的章节中，我们将有机会探索它的起源，并了解到当我们征服旧的传染病时，新的传染病会接连不断地出现。然而，我们为这些疾病中的一种疾病撰写传记的主要目的，是为了揭示在人类历史的长河中，传染病未曾引起诗人、艺术家以及历史学家的注意。刀剑、长矛、弓箭、机关枪，甚至是烈性炸药，对一个民族的命运所造成的影响，都远远不及传播伤寒的体虱、传播鼠疫的跳蚤和传播黄热病的蚊子。文明的滚滚车轮，因造成疟疾的疟原虫而退步不前；全副武装的军队，在被霍乱弧菌引起霍乱或痢疾后，抑或被伤寒杆菌感染后，变成了一群乌合之众；舌蝇翅膀上所携带的锥体虫，摧毁了大片的土地；世世代代的人，都曾饱受梅毒之苦。战争、征服以及伴随我们称之为“文明”而来的群居生活，只不过为更大的人类悲剧创造了条件。

❸

完成以上篇章的创作后，我们回过头来通读了一遍，然后得出了结论，即以上篇章没有什么实质意义。或许，在评论现代传记作者的时候，我们有点过于苛刻了。一个人如果对某件事心存不满，就容易滔滔不绝，这也在情理之中。对于艾克曼记录的歌德的许多观点，或对于勒南（Renan）、圣伯夫（Sainte-

Beuve）、白璧德（Babbitt，又译为巴比特）或怀特海德（Whitehead）的许多观点，人们可能无法赞同，但在转身离开的时候心里是美滋滋的，因为他们的意见与重要人物的观点相反。然而，当美国年轻的传记评论家以居高临下、自鸣得意的态度来对待科学与艺术时，就会引起人们的愤怒。年轻的传记评论家似乎是四不像，就如同坐在斯塔尔夫人和风情万种的伯爵夫人之间的伏尔泰，既没有前者的才智，又没有后者的美貌。人们简直要大声尖叫："亲爱的主，救救我们吧，不要让那些没有才学的评论家和业余爱好者继续贻害我们了！"因此，第一章的一部分，可以看作是一种愤怒的咆哮。尽管如此，它对引入我们的主题却也不无帮助。此外，我们将其保留，原因有以下几点：对于我们所从事的工作，哲学家、数学家、物理学家、物理化学家、生物化学家，甚至是生理学家都不认为其从属于科学的范畴；诗人、雕塑家、批评家、传记作家、戏剧家、画家、小说家，甚至是新闻记者又都不认为它属于艺术范畴。因此，我们能够以基于谦卑的清晰态度看待科学和艺术。在与上述各类职业的代表讨论我们的想法时，我们遭遇了一个普遍的误解，即他们认为我们之所以从事研究传染病的工作，是出于服务人类、拯救生命和缓解痛苦的高尚情怀。

我们的一个朋友是一位职业作家。所谓职业作家，是指通过写作来谋生，正如砖匠通过砌砖而谋生，水管工通过安装和维护管道而谋生一样。当然，写作同演讲一样，是一种表达思想和讲述故事的方法。同时，它也是一种将能够使人受教，使人娱乐，使人开怀，或使人提升的情感、构想以及感悟，传递给别人的方式，而这样的写作，我们称之为艺术。在过去，也就是只有文化人才能阅读的时代，写作也同样需要充满文化味儿和艺术感。

然而，在如今，各种各样的人——大学教授、女清洁工、医生、律师、调酒师、教士和护士等，都能够阅读了。在忙碌的工作结束后，他们关于结束一天生活的美好预期，可以说是大同小异——舒适的沙发、一盏床头灯以及一些读物。因此，能够满足他们此类需求的作家便出现了，这些作家致力于创作雅俗共赏、老少皆宜的作品。

我们这里特别谈到的这位作家，在适应雅与俗两个市场方面获得了异常的成功。他不仅能够满足文化人士的需求，还能够通过讲述穷小子逆袭，最终迎娶老板女儿的故事，使自己赚得盆满钵满。后来，由于大量的同时代作家因涉足科学领域而捞到了金子，于是他也意识到了创作这一领域作品的可能性。因为他从来没有和传染病领域的工作人员有过任何密切的联系，所以他对促使这些怪人从事传染病研究工作的高尚动机有同样的误解。他不太明白一个人是如何被上述高尚情怀所驱动的，于是问我们："细菌学家是如何被高尚情怀所驱动的呢？"我们通过下面的方式，来简单回答一下他的问题。

关于这个完全错误的假设，已经有大量多愁善感的胡言乱语被创作出来。当一位细菌学家像其他人一样，由于偶然的放荡、意外事故或自然衰老而去世以后，奉献和自我牺牲是牧师悼词的主题。他在自己的工作岗位上鞠躬尽瘁，死而后已，就如同一名工程师失足摔进了一个深坑里，或一名律师被客户枪杀一样，他被神化为一名殉道者。小说家对他的描述，就如同对骑士、波兰爱国者或飞行员的描述一样。如果一位研究瘟疫的流行病学家的言行和举止如同英雄阿罗史密斯（Arrowsmith）一样，那么他不仅一无是处，还会被他的同事们认为是奇葩和祸害。德·克吕夫（de Kruif）聪慧过人，他不可能不知道，自己创作的惊险小说《与死神作战》（*Men against Death*），被实验室和临床的各位同行嗤之以鼻。

实际上，人们之所以选择这一领域的工作，动机非常多，而最后一个才是想做些善事的欲望。关键是，传染病研究是少有的几种工作之一，从业者不仅可以从中获得兴奋感，还能够进行世界上为数不多的真正冒险。世上无龙可屠，剑矛亦已生锈。战争已经变成了弹道演习、化学发明、后勤管理、重体力劳动和远距离大规模杀伤；战舰都配备了无线电设备；就连我们的大陆，也布满了无数的加油站；印第安人已经拥有了自己的油井。非洲成了动物摄影爱好者和博物馆管理员以及他们妻小的游乐场。前往那里的人，都想威风凛凛地将一只脚踩在一头死去的狮子或是大象身上，与它们合影留念，抑或当一群黑人男童头顶着成箱的香槟和饼干鱼贯而过时，与他们拍上一张合影。飞行已经够冒险的了，但对于汽修厂的机械师来说，它不过是一种杂技，就像赛车一样。无论现代文明的生活看上去如何的安全和有序，细菌、原生动物、病毒，被感染的跳蚤、虱子、蜱虫、蚊子以及臭虫等，总是潜伏在阴影之下。只要人类由于粗心大意、贫穷、饥饿或是战争而放松了警惕，它们就会发起进攻。即便是在平常的日子里，它们也会掠食体弱多病、年幼以及年迈的人。它们就生活在我们身边，隐匿在无形之中，等待着掠食的机会。与这些凶猛可怕的微小生物作战是唯一一项真正的体育运动，曾经自由生活的人类被无情地驯化之后，这种体育运动也没有受到损害。这些微小生物隐藏在阴暗的角落里，寄生在大鼠、小鼠以及各种各样的家养动物身上，始终寸步不离地跟随着我们；它们寄生在或飞或爬的昆虫身上，在我们的食物、饮水甚至是我们的爱情中伏击我们。

Chapter 2

第二章

The relationship between science and art

科学与艺术的关系

❶

本章必将招致专业文学工作者的轻蔑。在美国存在着一种偏见，即专家们不应该越过他们自己的“围场”（领域），不管他们多么有兴趣越过围栏去看看外面的世界。然而，文学批评家总是对科学说三道四，发表诸如“科学不应该受到盲目的追捧”之类的观点。由于我们对文学知之甚少，就如同那些文人雅士对科学的了解少之又少一样，所以请允许我们斗胆执笔，心中暗自希望埃德蒙·威尔逊（Edmund Wilson）、范·威克·布鲁克斯（van Wyck Brooks）、芒福德（Mumford）以及马克斯·伊斯曼（Max Eastman）等年轻一代的作家在未到中年之前，不要阅读本书的这一部分。

生物学家现在的处境异常艰难，他们不能像化学家经常做的那样，将单个的化学反应分割开来，然后逐一展开研究；他们也不能像物理学家那样，利用数学预测来指导自己的实验；生物学家只能在大自然设置的条件下开展工作，他们要么接受这一挑战，要么彻底改行。

生物学家知道，物理化学分析无法为生命过程提供最后的线索，也知道“生机论”和“新生机论”与无法定论的神学大同小异，而神学的诞生，不过是出于对“机械论”[1]的绝望和无助。于是，坚韧的生物学家艰难地行进，诚实地将经验观测结果积累起来。他们可能从这一事实中获得一定的满足：自

1　确实，正如佩利（Paley）所正确断言的那样，由于“机械论”预设上帝为机械师，所以“机械论”最终都陷入了不可避免的困惑之中。这是天文学者和物理学者所面临的一个难题。

己正在贡献着一点一滴的力量，从而将生机论的模糊性降到最低。正如法国哲学家柏格森（Bergson）所言：“非常短的一段曲线，看上去是一条直线，曲线越短，就越接近直线。因此，同样地，‘生机’在任何一点上都与物理和化学力量相切。在现实中，如同曲线是由直线组成的一样，生命也是由物理化学元素组成的。”生物学家不断地切分“生机”这条曲线，他们十分清楚人类可以无限接近，却永远达不到完全理解的“极限值”。此外，当开始着手解决一个问题的时候，他们知道在向一个目标挺进之前，必须先后退一步，对组成这一复杂体系的单个元素进行分析。

如上所述的困难形成了一种思维习惯，阻碍了我们目前的创作任务。在创作这部斑疹伤寒的传记时，我们怀着一种无所顾忌的自信——在研究一个实验对象的时候，这种自信是必不可少的。起初，我们打算采用传记写作的一般方法，然后出现了这样一个问题：为什么人们要以研究疾病为职业呢？当我们认为自己的准备工作做得十分到位时，我们的文学友人再次半路杀出，给我们当头浇了一盆冷水。

他说：“一个人怎么能穷尽一生培养细菌，为豚鼠、兔子、老鼠、马和猴子接种，在流行病学研究中发表关于世界上肮脏角落的文章，在陌生的地窖里抓老鼠，消毒、灭虱、杀虫，整天面对各种各样的皮肤病，对着人类或动物的咽喉或是其他器官仔细观看，繁殖虱子、臭虫、跳蚤和蜱虫，检查痰液、血液、尿液、粪便、奶水、口水和污水。”他继续说道："这个人既不算是科学家，又不算是艺术家，他又如何企图完成一项连科学家和艺术家都无力胜任的任务呢？即使你们对内幕传记作家和拉伯雷式的弗洛伊德派批评家有偏见，也无可厚非，但他们较之文学科学独立主义运动，也不过是半斤八两。你们想要成为纽约无处不在、无所不能的柯林斯医生吗？"

"尽管如此，我们还是要努力！"我们回应道。

"看看那些因涉猎艺术，而使自己丑态毕现的中年科学家吧。去读一读《大西洋月刊》。"

"我的天呐，"我说道，"一个人有了其他的兴趣，并不意味着他不能成为一位细菌学家。在美国，我们似乎期待某领域的一位专家成为某种'泰勒化'的工厂工人。为什么一个人只能通过一个节孔看世界呢？"

"噢，如果你愿意，你可以通过一打节孔看世界，或是爬上围栏向外眺望，但是对于没有接受过训练，掌握不了的事物，你还是要保持头脑冷静。传记是艺术家的工作。把你的脑袋伸出实验室的窗外，欣赏这世间的美景。如果你确实想要写点儿什么，那就保守点儿，在《实验医学杂志》（*Journal of Experimental Medicine*）上发表几篇文章得了。要是你真的这么做了，你的损失充其量不过是那点儿小得可怜的名誉。"

我们反驳道："即便是这样，那么一个人仅仅因为对科学略知一二，就应该被剥夺艺术鉴赏能力吗？只有那些在吃完早餐之后有时间阅读的人，才有资格品味文学吗？艺术和科学之间的本质区别是什么？”

“这个问题很难回答，”他回答说，“歌德似乎曾经回答过这一问题，但他并不认为这值得花费时间去思考。人道主义者与反人道主义者上一次爆发的论战似乎给出了答案。由于双方过于怒目相向，对科学也是一知半解，所以他们忽视了核心问题。如果文学评论家白璧德尚在人世间，那么凭借其渊博的学识，他可能会找到问题的答案。可是到头来，一些无足轻重的事情，让他忙得四脚朝天。无论如何，咱俩都没有足够的知识来回答这一问题。”

这位朋友就这一类问题发表的意见，在我们的心里总是很有分量。于是乎，我们决定推迟写作计划。正如他所言，这超越了我们平日在科学方面的能力范畴。在思考清楚科学与艺术二者之间的本质区别以前，我们不能盲目行动。

通过斟酌他人的观点，我们谦虚谨慎地看待这一问题，发现智力远非我等所及的智者，对该问题的看法也不尽相同。英国科学家爱丁顿（Eddington）和金斯（Jeans）倾向于将科学定义在“对现象的度量和数学描述”的范畴之内，而这一概念将生物学分支排除在外。然而，在孜孜不倦地上升到如此的理性高度之后，他们转而又坐在了形而上学的雪橇之上，重新回到神学温暖安逸的山谷里。英国科学家丁格尔（Dingle）的观点则较为开明，他将科学定义为“理性地对待具有某种性质的体验的方法，而这些体验是所有正常人所共有的”。这个说法让人大跌眼镜，一旦深究其意，我们便会发现它反过来意味着，艺术的领域是“个人所特有的，或可能由有限的少数人共有的”经验的领域。这个观点与达尔文前派的观点相似。达尔文前派以动物表面的相似性来对动物进行分类，于是乎鲸鱼被认为属于鱼类，而蝙蝠则被认为属于鸟类。哲学家怀特海对这一问题的看法则更深一层，超越了形态学，进入了比较解剖学与生理学的层面。他指出，生物学和地理学分支属于科学的范畴，甚至是自然主义艺术，也与科学同出一脉。如果亚里士多德能够穿越到今世，在我们身边待足够长的时间，并详细了解现代科学思想，那么我们敢肯定地说，他肯定会认同怀特海的观点。

关于科学与艺术之间不存在本质区别的论点，也出现在英国心理学家哈维洛克·艾利斯（Havelock Ellis，又译为霭理士）的思想中。艾利斯曾写下如下文字：“推进、揭示、占有、指导和彼此成就，是爱侣和自然发现者的任务和渴望。因此，每一个罗斯（Ross）和富兰克林（Franklin），都是极地的维特（Werther）；每一个沉浸在爱情中的人，都是某种意义上的苏格兰探险家蒙戈·帕克（Mungo Park）。”如果帕克先生的教名不是“蒙戈”，那么上面引用的文字就会更加令我们兴致盎然了。然而，上面引用的文字表达出了在我们脑海中滋生和蔓延的思想负担。

❷

可能是由于大多数现代文学批评家对科学的无知，因此对他们来说，所谓的科学家，不过是一位“纯粹的理性主义者”，而所谓的科学，与艺术相比较，就如同摄影之于绘画。这样以精确为基础的区分是完全站不住脚的。科学并不比艺术更像摄影。即便是在所谓精确的物理科学中，测量和公式也不过是合理精确的近似值。科学方法一次又一次地被迫使用抽象的概念，诸如$\sqrt{2}$和$\sqrt{3}$等无理数、没有宽度的线、没有大小的点、零、负数以及无穷大的概念。科学思想不断地从假说和虚构[1]的港湾起航，前去拓展探索知识的基地。因此，物质变成了分子，分子变成了原子，原子变成了离子，离子变成了电子，而这些反过来又成为人类无法理解的能量来源——这并不比诗人提出的“灵魂”概念更清晰或更具有可把握的现实感，而对于灵魂的概念，诗人只有通过“能量”才能知道——他所感受到的渴望、快乐和悲伤。科学史上充满了这样的例子：在艺术上被称为灵感，怀特海则定义为“思辨理性”，这可能更为恰当一些。

我们虽然想要挣扎着拒绝承认，但无论是科学家还是艺术家，都不是“创造者”。“创造性”这个词被我们年轻的批评学派所滥用，而实际上这个词是对人类成就的乐观主义的虚构，据说这种乐观主义在精神病院最活跃。正如歌德所说，大自然按照永恒和必要的原则运行，即使是上帝也无法改变。科学家和艺术家所成就的，只是对已经存在的事物的新认知；他们所创造的，不过是一个更为清晰准确的认知。在这个意义上，二者不过都是观察者。他们之间的明显不同，不过是科学家客观地描述外部世界，而艺术家所表达的，则是外部事物对

1 关于这一观点，汉斯·费英格（Hans Vaihinger）早就在其著作《仿佛哲学》（*Die Philosophie des Als Ob*）中做过清晰的阐述。

他的思想和心灵所产生的影响。在科学与艺术之中，谁的观察结果的适用范围更广，谁就更伟大。[1]

如果说一项观察的成就最终成为科学还是艺术，取决于它的理解和认知的来源是理性还是感性，这种说法是否有失偏颇呢？智力的能力形成了一种频谱，从我们所说的超情感范围延伸到超理性范围。在超情感的起始点，存在着对音乐和抒情诗歌的感知，而在相反的另一端，也就是在纯理性的那一边，存在着对数学的认知能力。在这两者之间，是一大段相互重合的频谱区域，在那里，科学与艺术难分彼此。散文形式的文学，可以居于二者的中间，向左是史诗和叙事诗，向右则是心理学、生物学，等等，直到数学为止。

我的朋友问道：“在这种频谱的两端之外，存在着什么样的感知或认知呢？”

“在频谱的两端之外，一边是物理学家加入了神学的阵营，而在另一边，根据我对乔伊斯（Joyce）、格特鲁德·斯泰因（Gertrude Stein）以及他们的模仿者的判断，则是脑袋里进了糨糊。无论是哪种情况，它都不是科学或艺术。”

1　I. A. 理查兹（I.A.Richards）将艺术家的这一作用表述为：用细致入微的方式观察人类的情感。从这个意义上说，列奥纳多、莎士比亚、塞万提斯、歌德、陀思妥耶夫斯基以及无数其他艺术家，都是人类经验领域中真正准确的观察者，正如牛顿和帕斯卡在外部世界领域中一样。他说：“在艺术中，我们可以找到记录这些经验的唯一形式。对于那些最敏感和最具鉴别力的人来说，这些经验似乎是值得记录的。”

安德烈·纪德（André Gide）也认同这一说法，他说：“一切都存在于人类身上……新时代的到来使人类获得的新发现，其实一直悄然存在于那里，只是之前没有被发现罢了……有多少隐藏着的英雄等待着书中英雄的示范，英雄生命中迸发的火花，会激发他们的爱；英雄留下的片言只语，会鼓励他们奋勇向前。”

❸

在下一次见面时，我和我的朋友就上次的话题做了进一步讨论。

他说："诚如你所言，那么通过某种智能频谱分析，我们就可以很容易地对任何表现形式加以分类吗？"

"对于那些较老的表现形式来说，将它们放入频谱中的适当位置是很容易的。像柯勒律治（Coleridge）或圣伯夫那样的批评家，我们只需要关注其创作的风格——遣词和造句、思路的清晰、专注用心、情深意切、思想深度、品位的水准以及思维的敏锐，这些虽然模糊和微妙，但仍在未成年的心智范围之内。艺术可以由任何有见识的、聪明的批评家来评判，而不用求助于边缘的精神病学。然而，法国象征主义者使情形发生了转变，他们跟随波德莱尔（Baudelaire）、兰波（Rimbaud）、魏尔伦（Verlaine）和拉弗格（Laforgue）的步伐。有时，这些伟大的人物几乎接近了不可知的起点。不过总的来看，在一片昏暗和迷茫之中，他们的思想、痛苦以及欢乐，被神秘、古怪、模糊而有效地表达了出来，从而达到了'出神入化'的境界。我们不能仅仅因为他们将天赋献给了悲伤和丑陋之人，就否认其应有的地位。我们并不是请求重返英国诗人丁尼生（Tennyson）或是美国诗人朗费罗（Longfellow）的时代，但是如果要求圣伯夫对艾略特（Eliot）、乔伊斯或格特鲁德·斯泰因作品的某些段落进行评论，他肯定会去征询夏科（Charcot）或伯恩海姆（Bernheim）的意见。我们的现代批评家似乎承认了一个两难的境地——在对现代作品进行评价时，他们或多或少地会受弗洛伊德的影响。当然，即使是在医学实践中，找到精神正常与边缘型精神错乱之间的分界线也并非易事。然而，当一个艺术作品的评论家需要精神病学方面的训练时，仅仅凭借这一事实，人们便有资格对评论家的作品的艺术价值产生怀疑。将智能频谱分析运用到现代大多数作品上的真正难题，在于大部分作品既缺乏科学的理性，也不具有艺术的情感吸引力。”

“让我们举个例子。拿艾略特来说，他在自己创作的散文中表达了清晰的思想，没有人否认他的才华、独创性以及时而迸发出来的‘出神入化’。不过，在其大部分的诗歌作品中，他都在和读者玩猜谜游戏。出于某种原因，他将他们视为愚蠢之辈。‘猜猜才华横溢如我者，此时所指为何物？详见注释6a。’然后，在几句庄严的诗句之后，他写下了一些完全语无伦次的荒诞之词：

在这个房间里，这名女子进进出出，喋喋不休地谈论着米开朗琪罗。

“人们会猜测，这究竟是什么意思呢？再看看下面这段：

索索什特里什夫人是举世闻名的千里眼，
她身患重感冒，
但是她仍然是整个欧洲最具智慧的女性，

诡计多端。

“为什么要用‘但是’呢？她的智慧，与她身患重感冒有任何关系吗？再来看看下面这段（这样的诗句数不胜数）：

现在，阿尔伯特回来了，你聪明点。

他肯定想知道，他给你补牙的钱，你都用在什么地方了。

“这是诗歌吗？简直是杂乱琐碎的散文，更谈不上是科学。”

“当然，像上面那样断章取义，显然是有失公允的。整首诗象征的是现代理想破灭的荒原。这对于一位科学家来说，当然是难以理解的。”

“这不是难不难理解的问题，而是在理解了之后，是否存在意义的问题。我实验室里的猴子时而会挣脱束缚，将装有不同颜色液体的瓶子砸向显微镜和煤气灯，取得了哗众取宠的效果。它们制造出的结果，不过是光线、声音和兴奋的刺激性混乱。在一片狼藉之后，除了混乱和垃圾，它们什么也没能留下。在规范有序的科学工作重新开始之前，实验室必须先被清理干净。你也可以在艺术工作室做同样的事情。我不明白的是，为什么一个拥有如此影响力的人，会做出这样的事？”

“如果不出我所料的话，你也会对波德莱尔做出一样的评价，对吗？”他回答道。

“我的天呐，这些人都是从波德莱尔、兰波或拉弗格那儿学来的老调重弹，但他们远不止如此。虽然波德莱尔可以称得上是一位有机化学家，他合成了令人厌恶的新化合物，但是语无伦次和难闻的气味并不能造就波德莱尔。”

“好吧，那么我们换一个人来讨论，你对下面这段话是否耳熟能详：‘几乎所有这一切就像一个妻子有一头奶牛。所有这一切就像一个妻子有一头奶牛，所有这一切就像一个妻子有一头奶牛，一个关于爱情的故事。几乎所有这一切就像一个妻子有一头奶牛，一个关于爱情的故事，几乎所有这一切就像一个妻子有一头奶牛，一个关于爱情的故事……’或者：‘晚餐是羊肉肉，为什么羔羊便宜，那是因为物以稀为贵。’”

“这是格特鲁德·斯泰因的作品，”我说，“你来看看下面这段话：‘气球——五彩缤纷的气球——我的五彩缤纷的气球——是谁刺破了我的气球？他们刺穿了我的绝对命令。’”

“我好像不记得她的作品里有上述内容。”他回答道。

“你是不记得，因为上面的文字并不出自她的作品，那是爱丽丝·格雷（Alice Gray）的作品，我与她是在麦克里恩医院相识的。虽然那时候她已经五十岁了，但是她把自己想象成一个婴儿。我们再来看看这几句话：‘热豌豆粥，冷豌豆粥，锅里的豌豆粥……’”

“你是在故意搞笑吧，”他打断了我，“事实上，只要格特鲁德·斯泰因想写，她就能写得很好。”

“那么她为什么不那么做呢？”

“她是在练习自动写作[1]。”

“那么，这便是科学了。”

“天呐，当然不是了。她是想通过意识与潜意识的交替，来实现一种效果。”

“如此这般，那便是艺术了。”

“但是她对年轻作家产生了巨大的影响。”他说道。

“埃迪女士（Mrs. Eddy）和P. T. 巴纳姆也同样如此啊。如果没有波德莱尔，可能就不会有兰波和魏尔伦。没有野牛比尔（Buffalo Bill）、P. T. 巴纳姆或是埃迪女士，可能就不会有格特鲁德·斯泰因，乔伊斯也可能继续撰写杰出的散文。”我反驳说。

“说到乔伊斯，你听说过下面这段话吗：‘在一个空间里，在一个令人厌倦的广阔空间里，一切都是徒劳。那种孤身一人的感觉使他变得孤苦伶仃，像个大傻瓜，他宁愿走路也不愿走路。（我的风帽！安东尼·罗密欧叫道）。于是，在一个美好清晨之后的盛夏夜晚，他吃过丰盛的晚餐，他的眼睛低垂着，鼻孔里塞满了东西，耳朵耷拉着……’”

“停！”我喊道，“在我小的时候，我因为那种事情而被弄得很惨。”

“那么上面的文字是科学还是艺术呢？”他问道。

1　参见B.F.斯金纳（B.F.Skinner）1934年1月发表在《大西洋月刊》上的作品。

“当然两者都不是，”我回答说，“但是令我困惑的是，他们为什么要这样做。如果认为他们是轻度疯狂，就很容易忽视这个问题，而且，我们在上面提到的这些人能够随意地回到理性状态，这就排除了‘他们是轻度疯狂’这种解释。”

“你忘记了‘纯诗’（Poesie Pure）这个概念，所指越少，内涵越精。”

“讨论诗歌和音乐的关系也带来了大量的学术废话。瓦雷里（Valery）说，诗人不过是某种音乐家而已。温德姆·刘易斯（Wyndham Lewis）将诗歌称为‘批判神秘主义’。他们经常谈及‘来自内心的召唤’‘心灵之不可承受之重’‘诗歌超越了表达它的文字’等话题。有时候，评论家在神秘主义中越陷越深，远远超过他所评论的诗人。”

顺便说一句，这是一个奇怪的现象：当一些伟大的科学家成为批评家时，他们会奋力诠释自己对诗歌的审美反应，变得和文学分析家一样神秘。有时候，一个人是如此具有权威性——在大多数具体情况下理所当然是如此——以致我们批评他，就像在拼写God的时候，首字母用了小写的g一样可笑。以怀特海为例，当我与他的观点不一致的时候，我感觉自己像一个尼安德特人用一支玩具枪攻击一头体型硕大的乳齿象。当他讨论克拉克·麦克斯韦（Clerk Maxwell）的方程式在原子内部的运用时，我非常支持他；但是当他开始把雪莱描绘勃朗峰的诗歌总结为某种康德主义、贝克莱主义、柏拉图主义时，或将华兹华斯（Wordsworth）的自然崇拜认定为出于对科学的批判时，我觉得他只是暴露了自己无法将脚从理性的刹车上松开，无法随情感自由地滑行。

当雪莱描写云朵或勃朗峰的时候，他并没有思考事物难以捉摸且无穷无尽的变化，也不曾刻意抵触科学的抽象唯物主义，而只是目睹了雄美的大自然后，将胸中澎湃着的思想和情感以宏伟的形象描绘出来。再多的哲学分析，都无法给读者带来雪莱所营造的那种效果。思想感情的转变和音乐之美——不仅是声音上的音乐之美，还包括图像上的和谐之美，都必须引起读者同样的反应，这种反应是从诗人那里传递来的，自然在诗人身上也有同样的反应。这是一个毫无新意的问题，实际上雪莱自己早就回答过了："将一件艺术品分析得过于仔细，就如同将紫罗兰扔进坩埚中一样是毫无价值的。"当然，虽然诗歌与音乐非常相似，但它毕竟与音乐不同，它在思想和意象方面更加具体。最成功的诗歌，必是清晰明了而又具有感染力的。在从纯粹的抒情诗，慢慢地进化到马拉美（Mallarmé）等人的象征主义诗歌之后，诗歌变得越来越不清晰了，越来越依赖于意象和联想。如果在此基础上更进一步，那么诗歌将走进死胡同，如同艾略特先生的某些诗歌中那些让人摸不着头脑的诗句。波德莱尔在《浪漫派的艺术》（*L' Art Romantique*）一书中曾表露过这样的思想："有些题材属于绘画，有些题材属于音乐，另一些题材则属于文学。"[1]"今天，每一种艺术都表现出侵犯

1 关于这一点，我们可以试问，如果D.H.劳伦斯不是一位业余画家，而是一位专业画家，结果会怎样呢？

相邻艺术的欲望。”当一部文学作品，即使是用大写的短句写成，也无法让理智和敏感的人理解的时候，那么这部作品就步入了死胡同。

我们必须扪心自问，毫无疑问拥有强大力量的个体为什么会选择玩弄自己的思想，就像被囚禁的猴子玩弄自己的生殖器一样？如果他们不是为了创立一种举止诡异的教派，吸纳成群的追随者，那么他们语无伦次的写作仅仅是个笑柄罢了。正如我们之前提到过的，以格特鲁德·斯泰因为例，斯金纳认为她是在刻意对“自动写作”的境界进行尝试。

我们可以假定：

（1）他们为了好玩或谋利，故意愚弄广大新知识分子。

（2）他们患有广为人知的“暴露癖”，渴望引起轰动的关注，不管是赞成还是攻击。这是一种轻度的精神失常，可能会被解释为灵媒附体。正是这种冲动，以一种潜意识的形式，使人们为报纸撰稿，让自己的名字出现在烟草广告之中。

（3）他们正在严肃认真地对自己进行一项心理学实验。如果是这样的话，他们就应该体面隐蔽地进行，就像吸食毒品一样。

（4）他们屈服于一种无法控制的冲动，这种冲动使他们将自己的疾病公布出来，就像是一位病人逢人便滔滔不绝地讲述自己经历过的手术或是患有的慢性结肠炎一样。这种可能性微乎其微。

如果他们是普通人，那么这种做法将会引来充满同情的目

光。不过，他们是令人敬畏的机器，人们希望电源线上的绝缘层没有被烧毁。[1] 56

无论人们怎么看待这种行为，从医学上讲，这些人的大脑里不是被灌满了脊髓，就是前额叶下降到了基底神经节的位置。

“你说了这么一大堆，最终不过还是归结到对于美的定义上来，不是吗？”我的朋友说道。

“好，那你说说美的定义究竟是什么？”

“那你听好了，美是几个因素在一种体验中的相互适应。因此，就其基本意义而言，美是一种在真实场合中才能得到展现的特性。或者可以反过来说，它是一种在各种场合下都可以展现出的特性。”

“你好，欢乐的精灵，你压根儿不像一只飞鸟。”我回答说。

“好吧，咱们继续啊，”他说，“为了理解美的定义，有必要记住形而上学体系中关于认识世界的三个学说。这三个学说分别涉及相互关系的问题：1.客观内容和主观形式之间的关系；2.同一场合中各种主观形式之间的关系；3.主观形式和主

1 当然，我们可以举出很多例子，比如美国诗人康明斯（Cummings）、埃兹拉·庞德（Ezra Pound）等。尽管如此，我们可以明确地排除哈特·克莱恩（Hart Crane），我在墨西哥研究斑疹伤寒时与他共事过，他是一个很有才华的人，很有感染力却充满悲情意味，因为他在精神上已经病入膏肓了。

观目的所涉及的自发性之间的关系。”

“等等，这是格特鲁德·斯泰因的结论吗？”我问道。

“不是的，这是怀特海说过的话。”他回答道。

“好吧，让我见鬼去吧，”我说，“我想我对这一点已经确定无疑了，继续写我的斑疹伤寒传记是绝对安全的。”

实际上，在我的朋友离开之后，我陷入了沉思。无论什么时候，只要一想到这些事情，我对诸如斑疹伤寒、梅毒等诚实疾病的感恩之情便会油然而生。在被它们感染之后，你总是知道它们从何而来。如果你不把它们当回事儿，就会被它们捉弄，以致狼狈不堪。你或者远离它们，或者极为小心翼翼地接近它们。试想一下，如果现代的批评家在“不熟练地解剖伟大死者的时候，感染了心灵上的疖或痈”，那么他们该怎么办？如果乔伊斯先生对肠道功能的着迷，艾略特先生对太极的痴迷，抑或现代作家对性的迷恋，使他们患上了运动性共济失调或瘫痪，那又该如何？事实上，据我所知，他们完全有可能如此。对于心灵上的螺旋体，没有相应的阿斯凡纳明可以对症下药。

相比之下，斑疹伤寒远没有那么危险。

Chapter 3
第三章

The origin of life
生命的起源

❶

在广袤宇宙的历史长河中，地球这颗小行星的历史是孤立的，也许并不重要。在宇宙无限的空间里，一些历史更为久远的星球上可能已经进化出比人类更具智慧的生物，它们或许已经了解了生命的起源，因为没有合理的理由让我们相信人类这一仍在向前进化的过渡性物种，已经达到了宇宙生命的最高阶段。人类的悲剧在于，他们已经发展出一种渴望揭开神秘面纱的智力，但是他们的智力并没有强大到可以看穿各种神秘事物的程度。人类的智力仅仅比各种动物进化得稍微高一点儿，却为超前的欲望所困。我们有时会提出一些问得出来却几乎无法作答的问题。我们梦想着去征服世界；我们研究各种物质以及促使物质运动的能量；我们思考是什么样的秩序控制着世界乃至太阳和星星的运行；我们内化自己的思想，去发现情感、伦理欲望以及道德冲动——爱、公正以及怜悯——很显然，这些跟动物没有半点儿关系。我们发现得越多，越绝望于无法了解生命的起源和意义；我们的聪明才智越能揭示我们周围和我们内心的自然秩序，我们就越敬畏和惊奇于伟大的和谐——关于这种和谐，我们能在艺术或科学的每一项新成就中看得更清楚，但我们无法了解这种和谐的终极原因或终极目的。以一种整体的视角感受这种敬畏，并希望融入大自然的和谐之中，显然是人类心理的特定现象之一。也正是因为如此，宗教应运而生，就如同了解物质环境的本能产生了科学，表达审美反应的冲动催生了艺术一样。很显然，宗教始于哲学从科学的坚实海岸起飞，进入思辨的水域的地方，而思辨的浅滩就是形而上学。然而，在现代社会，谈及宗教与科学的冲突并不十分明智。对于真正文明的人来说，这样的对立已经很久没有发生了。当像福斯迪克（Fosdick）博士一样躁动的牧师们极力否认这种冲突时，他们拍着桌子断言地球是圆的。他们希望在一个尚未准备好实行纯粹道德规范的世界里，宗教对一个有组织的教会保持有益的社会和道德影响。当像密立根（Millikan）一样的伟大思想家从科学的终极高峰飞进古老天堂的平流层时，他们揭示出一个生物学的真理：人类的头脑拥有伦理欲望，而对于这些欲望，即使是再广博的科学知识也无法满足，显然永远都不可能满足。

天文学家、物理学家和数学家比生物学家更容易皈依宗教，或至少沦为形而上学理论的支持者，这并非完全巧合。生物学家在自己的工作中总是会面对生命的奥秘。于是，他们学会了怀着敬畏、谦和之心，毫无沮丧之情地承认某些事物真的是令人无比惊奇，值得下大力气继续研究，但就目前而言，他们暂时不能参透其中的深意。我刚才提及的那些睿智的物理学家，现在都跑回上帝那里去了。不过，他们认为自己已经站在了一个新的高度，发现了全新的、现代的耶和华。实际上，他们所做的，可能只是摘掉了上帝的胡须，用能量单位来表达上帝的力量。在他们心中，上帝仍然是原来那位“万能的主”。他们最终所能实现的，不外乎当柏拉图的哲学成为饱学人士的信仰时，希腊人所取得的成就，抑或曾经存在于中国的儒家思想所取得的成就。

然而，对于目前这个人口过剩的世界，我们实在不敢寄予太大希望，因为像福斯迪克这样的牧师们为了越过形而上学的浅滩，进入一个安静的理性港湾，将他们的神秘主义的压舱物扔出船外，而密立根等物理学家兼形而上学者又将神秘主义打捞上来，试图通过神秘主义，使自己在推断的公海中保持稳定。除非有人能像基督一样严格区分精神与物质两个问题，同时对现代科学的可能性和局限性又极为了解，否则，前景是黯淡无光的。

一个在智力和情感上都十分成熟，同时又不失研究能力和勇气的科学家，即在不屈服于形而上学的前提下，他能在哲学的宁静中获得休息，因为他认识到无论科学如何高度发达，它可能永远无法回答终极问题。当思考大自然的协调和有序时，他也许会感到幸福和快乐；在与理性人道之人适度交往中，他也许会感到和平——在整个残酷的历史中，这些理性人道之人始终坚持理性的目的。

柏格森曾指出，在另一个星球上可能存在生命，而这种生命可能是由完全不同于人类的生物系统进化而来的。由于提供能量的物质元素可能不是碳，生命物质的元素特征也不是氮，从而导致外星球上的生命体与人类在化学、解剖学以及生理学方面完全不同。柏格森的说法可能是正确的，但是要让人们相信它，就涉及想象和假设，而地球上的观测并没有提供任何线索。就我们在地球上所能做出的分析而言，生命的起源之所以成为可能，在于三种元素[1]共同作用产生的独特属性，另外还有水的属性所形成的阶段和系统的无限多样性。亨德森指出，依赖于上述关系："从大气中的简单化合物通向复杂有机体的途径是一条直接的路径。"

从结合和分解之中，在无限变化的压力和浓度条件下与其他元素接触，辅之以太阳的辐射能量，于是在某个时间的某个地方，生命孕育而生了。在死的有机化合物和与之相似的、活的有机化合物之间的过渡中，存在着一个巨大的、不可理解的谜团。对于生命诞生之前发生了什么，我们可以合理地追溯；生命诞生之后发生的事情，我们至少能从现存的生命形式中找到一些线索。在从死的有机化合物到活的有机化合物的飞跃中，存在着一个近乎不可逾越的障碍，让我们绞尽脑汁也不得而知。在化学定义的蛋白质分子与活的细菌细胞之间，存在着比第一个活体细胞与人类之间更大的理解鸿沟。

给生命下定义绝非易事。在一个自动调节的循环中，一种酶可以消耗能量并为它所消耗的能量提供新能量，这种酶虽然是可溶性的，但不会以细胞的形式存在。有一些看不见的东西寄生在动植物身上，我们只能通过它们的活动来了解它们。比如，超微病毒是一种花叶病病毒，它可以感染烟草和马铃薯；而另一些可能造成口蹄疫、狂犬病、黄热病、小儿麻痹症、天花以及众多极具危害性的疾病的寄生生物，则在高等生物的活

1 《自然的秩序》，劳伦斯·J.亨德森（Lawrence J. Henderson）著。

细胞中生存和无限繁殖，保持着特定的寄生习惯。尽管这些寄生生物奇小无比，甚至不会干扰可见光[1]的光波，但它们又大到足以包含一百多个最小的蛋白质分子。在最高倍的显微镜下，即便是最大的寄生生物，至多只是勉强可见的黑点儿。因此，很多寄生生物至今都没有被人类观测到。有人推测，寄生生物是细胞组织生物，对于这个观点，我们并不确定。有人认为某些寄生生物是真正的酶与形成细胞的个体之间的过渡物，这种想法至少是合理的。从死的有机化合物到细胞之间的过渡，可能是由无数个小步骤渐进完成的，只是这个逐步变化的过程，我们至今尚未发现。对于噬菌体现象的现代观察，至少提供了一些材料，供我们进行下一步研究。

生命真的是通过酶这种不成熟的、既可以积聚能量同时又能消耗能量的介质，经由逐渐增加的、复杂的化合物自然而然地演化而来的吗？抑或是从宇宙的其他地方来到地球的呢？果真如此的话，它必须拥有能够在极热与极寒条件下生存的能力。我们虽然不能否认上述两种可能性，但也拿不出任何证据来支持其中任何一个假设。于是，我们开始了解到，生物进化的整个过程都是受到物理化学规律支配的，而这些规律同样支配着无生命化学系统的反应。然而，这种纯机械论式的解读，也不足以作为问题的最终答案，于是活力论一次又一次地受到科学家的追捧，被科学家用来弥合死的有机化合物与活的有机

1　可见光的波长范围为0.000039厘米至0.000078厘米。

化合物之间的鸿沟。

在我们发展出所谓的艺术和科学的现代世界里，我们的终极祖先原生动物和细菌，同我们一起存活了下来。尤其是细菌，对世界而言，它们甚至比人类更重要。不可计数和无处不在的它们，不断地进行着发酵和腐烂，从而将动植物死尸中所含的碳和氮释放出来，成为能量和合成的来源。如果没有细菌和酵母菌，这些碳和氮将被永远封存在无用的组合中。我们的这些微小的恩人，在沼泽地和田野里不停地忙碌着，把冻结的元素释放出来，并将这些元素送回大自然，这样它们就能通过其他的循环，成为其他生命体的组成部分。其中一些细菌会纠正自己过分热情的兄弟们，后者会将含氮物质分解为游离氮。在三叶草、豌豆以及其他一些豆科植物的土壤和根结中，细菌正忙着将氮固定在复合物中，以便植物生长。如果没有细菌来维持动植物间碳和氮的持续循环，所有的生命都将停止延续，植物将没有用以支持其生长的硝酸盐和二氧化碳，奶牛则没有三叶草可吃，人类也因此不会再有牛肉和蔬菜。如果没有细菌，物质世界将会变成保存完好的死去的动植物的标本储藏室。正如书籍中愚蠢污秽的僵化思想，不能给精神提供任何营养一样，动植物的死尸对它们的子孙后代来说也是百无一用的。

❷

在有可能成为无脑之人所信奉的哲学信条的格言和谚语之中，有一句最为危险，那就是“眼见为实”。数千年以来，智者们相信地球是扁平的，太阳围绕着地球旋转，这正是因为他们亲眼所见便是如此。在某种程度上，正是这种对纯粹观察的信仰，使得几个世纪以来人类都没有找到一个科学的方法来解决生命的起源这一问题。蛆生于腐烂的马肉，虱子和跳蚤生于人类的汗液；只要一桶水中有一根马鬃，它很快便会变成一只蛲虫。上述这些现象可以被观察到，因此是真实的。当炼金术士佐西摩斯（Zosimos）在300年宣布成功培育出微型人类的时候，他是何等的得意，其自信程度相当于现代的生物学家以贫乏的证据，宣布他们已成功地将超微病毒转化为细菌一样。

尽管我们马上要提到的是存在大量错误的文献，但古代的医学投机者比他们的现代同行们更容易被理解。那时候，虚假的学说并不那么广为人知，因为很少有人能读书识字，而且声名狼藉对个人没有半点好处；此外，公众还不具备科学意识和智慧，科学问题只是少数有智慧和受过教育的人的品玩之物，而非有识无产阶级大众能力所及之事务。关于生命的起源问题，自从人类开始思考它之后的数千年以来，人类所取得的进展较为缓慢。如果我们对此感到震惊，那么我们必须谨记希腊人在公元前300年提出的观点，那一观点比后世乃至现代以来的任何观点都更加正确。得益于生物化学和生物物理学的发展，在生物学界经过一个世纪的小心梳理之后，希腊人的思考方法得到了佐证。

有趣的是，如果罗马帝国的扩张和基督教在欧洲的传播没有打断希腊人的思考的话，如果再给希腊人三四百年的时间，那么他们所取得的成就或许不可限量。在迅速掌握必要的化学和物理基础知识方面，希腊人缺少的是一种实验方法。不过，这种方法似乎已经毋庸置疑地从他们的几何学中发展出来了。实际上，希腊数学家和物理学家阿基米德等人已经开始运用这一方法。在之后的几个世纪里，正是数学思维的影响，催生了分离个体现象或其局部的实验方法。公元前300年的希腊人在实验方法方面的探索要领先于1500年的欧洲人。

以世界之广阔无边，可能有必要用1000年左右的时间跨度，时不时地从文化的角度给时间做个标记。罗马人的组织天赋和基督教体系的影响，使欧洲人在两千年的科学探索之路上步履缓慢，而他们原本是可以从希腊人所抵达的地点出发的。事实上，尽管从1600年开始，近现代的欧洲文明在科学发现方面远胜于古希腊文明，但是在精神和道德发展方面，民众是否达到了柏拉图哲学的水平，不需要以任何教义或是超自然理论为依据，还有待进一步商榷。而且，尽管取得了全面的进步，我们的学校老师用“家庭经济”和“性卫生”课取代了古典历史和文献学，但是文明世界依然继续为新教神职人员提供某种救济。这个世界的文化精神被上次世界大战破坏得有多严重，我们现在下结论还为时过早。就目前而言，尽管意大利的法西斯主义在经济方面取得了相当的成功，却使科学和艺术的发展几乎陷入停滞状态。到目前为止，苏联的科学和艺术不过是软弱无力的宣传工具；而德国人自19世纪90年代掀起的科学理想主义运动的现状，也只能用泪眼婆娑来形容。

❸

我们探究生命起源的努力能否解开谜题，直接取决于科学方法的发展程度。我们的祖先获得的知识，全部建立在五种感官的感受之上，而我们现在的所得，则额外辅之以化学分析、微观证据、电位器以及热力学定律，等等。在巴斯德（Pasteur）、达尔文、埃米尔·费歇尔（Emil Fischer）、威拉德·吉布斯（Willard Gibbs）以及其他不可计数的科学家之后，我们现在已经能区别对待这一问题。以研究科学为职业的一个最大的好处在于，为自己能成为这支由杰出人物组成的大军中的一员而感到自豪，而这些杰出人物的将军们对于他们的追随者来说永远不会死去。每一个目标的达成，每一条战壕的挖掘，每一个堡垒的征服，都是一个永久的进步，为下一个整合者的到来开拓新的领域。总有一天，一名科学家可能会如愿以偿，为一个没有生命的化合物注入生机。他可能是一位英国贵族的儿子，可能是一个捷克斯洛伐克农民的儿子，可能是一个俄国犹太人的儿子，也可能是一名法国理发师的儿子，或者最出乎意料的，是一位美国经纪人的儿子。这，就是科学，一场伟大的民主冒险。当这个人一举成名之后，他会在一片欢呼声中被拥立为王。

生命的奥秘将以物理化学过程的形式被揭示出来。对此，尽管我们尚未成功，却已心知肚明。当我们揭开谜团时，从哲学层面上讲，我们会依旧如故。

揭开谜团的探索，是人类付出的绝望努力。每一个时代的

“有识之人”都在不切实际地探寻着，然而，一个奇怪的事实是，人类的这种不切实际的努力却为人所铭记。这究竟是为什么呢？因为这种努力比人类的其他任何品质更能赋予生命以尊严：在理解中寻找快乐的本能——无论是通过理性的思考，还是情感的感知。这也是人类最让人无法理解的特点之一，无论是个人的无情，还是国家间的暴行，都无法将其消灭。

在人类众多不切实际的探索之中，没有哪一项比探索生命的起源更具有吸引力。[1]

在古代中国，人们认为在闷热的天气里，潮湿的竹子中会生出昆虫。

在古代印度，人们把动物王国分为蛋生动物、“汗生”动物或苍蝇、甲壳虫、蠕虫，等等。

在尼罗河的淤泥中，经过太阳的炙烤，青蛙、蟾蜍、蛇和老鼠便出现了。

神圣的食粪类甲壳虫从粪球中神秘地诞生，蜜蜂则从腐烂的牛的尸体中跳出来。

泰勒斯（Thales）是希腊最具智慧的七个人之一。他曾经受到一名老妪的嘲笑，因为他走出去仰望星空时，不小心掉进了一道水沟中。他的母亲不允许他结婚，在他年轻的时候，她说，“现在为时过早”；而当他上了年纪以后，她又说，“还结什么婚，结了还能过几天”。泰勒斯认为水是一切生物的生命之

1 冯·李普曼（von Lippmann）就“生命的起源”这一主题出版过一部非常完整和全面的汇编作品，此处的引用正是出自他的作品。

源，生命起源于温暖的泥泞和海底的淤泥。与其持同样观点的还有阿那克西曼德（Anaximander）和色诺芬尼（Xenophanes）。古希腊哲学家阿那克萨哥拉（Anaxagoras）认为，生命起源于雨水，是雨水将能够生长发育的种子，从宇宙太空中带到了地球上。

综上所述，古希腊人在生命起源于淤泥这一观点上似乎达成了普遍共识；同时，新的生物起源于相似祖先的结合这一观点，也得到了古希腊人的认可。此外，他们还认为，通过有机物在日光下的合成，新的物种也不断增多。

巴门尼德（Parmenides）、恩培多克勒（Empedocles）以及阿波罗尼亚的第欧根尼（Diogenes）更加青睐于淤泥和潮湿的泥土是生命之源这一说法。德谟克利特（Democritus）、伊壁鸠鲁（Epicurus）以及他们的“记录员”卢克莱修（Lucretius）提出了一个新的说法：地球上的一切都拥有生命。地球母亲在她年轻的时候，通过运用繁殖力的奇迹，赐予了所有生物，包括植物、动物甚至是人类以生命。当她逐渐变老的时候，她的能量也日渐不济，只有一些如昆虫、爬行动物以及其他一些低等的、无足轻重的生物，在温暖的雨水和阳光的帮助下，从腐烂的有机物中诞生了。

柏拉图和苏格拉底一样，在上述问题上是不可知论者，尽管苏格拉底提出了“实现圆满（Entelechie）”这一说法，它指的是将精神的力量注入物质中，从而使物质具有了生命。

《圣经》中的亚基老（Archelaus）认为，动物和人类腐烂的脊髓会转化为蛇。

大约公元前30年，狄奥多罗斯（Diodorus）重提了古老的虱子的故事——虱子生于人类的皮肤和汗水。此外，他再次断言，老鼠起源于尼罗河的淤泥之中，因为他能看到它们从中溜出来，成形的在前，尚未成形的在后。

古罗马诗人维吉尔（Vergil）似乎对蜜蜂生于公牛尸体的故事深信不疑。令人惊讶不已的是，在荷马（Homer）的著作《伊利亚特》（*Iliad*）中，阿喀琉斯（Achilles）谈及苍蝇飞到帕特洛克罗斯（Patroclus）破裂的伤口上的危险，因为那会导致伤口处长出蛆来，这可能是这方面最早的、精确的观察[1]。

古罗马诗人奥维德（Ovid）和维吉尔持有同样的观点。只不过他认为黄蜂生于马的尸体，甲虫则生于驴子的尸体。

当然，在基督教的影响下，一些观点发生了较大的变化。在4世纪，尼撒的格里高利（Gregory of Nyssa）坚信《圣经》的说法，认为动植物是遵照上帝的旨意，突然从地里生出来的。然而，奥古斯丁（Augustine）难以抑制自己的理性思维，忍不住质疑：如果洪水消退之后，地球仍然能够孕育动物，那么诺亚方舟岂不就多余了？此外，他还想不通的是，既然上帝慈悲为怀，那么为什么会赋予像老鼠那样令人讨厌的动物以生命呢？

在整个中世纪，同样的推理一直存在。有些理论没有那么幼稚，但还有许多理论比古代任何理论都更离奇。伊斯兰伟大

---

1 “我痛苦地担心着，在墨诺提俄斯（Menoitios）英勇无畏的儿子的、深深的伤口上，苍蝇会飞来下蛆，亵渎他的尸体——因为他已经没了生命，因此血肉也会腐烂。”

的医学家阿维森纳（Avicenna）相信，肠道寄生虫起源于腐烂的物质和水分，此外，他还完全接受动物起源于各种元素的结合这一说法。相反，李普曼则认为是在一声霹雳之下，一只尚未发育成形的小牛从天而降。

即使是伟大的阿尔贝图斯·马格努斯（Albertus Magnus）也在其《论动物》（*De Animalibus*）一书中坚持了旧有的观点，认为很多低等动物都是从其所处的环境中发展进化而来的，比如蠕虫生于腐朽的木头或垃圾，蜜蜂和甲虫生于腐烂的水果或树叶。此外，他似乎还对一根马鬃变成一条蛲虫的故事深信不疑，这个假设至今为众多颇具见识的智者所接受。虔诚的巴黎主教奥弗涅的威廉（William of Auvergne）非常愿意相信蠕虫和青蛙就是这样产生的，但他对于马鬃变成蛲虫的说法持保留意见。

有一个奇异的故事在现代以前被人们反复讲述，那就是野鸭和野鹅是由甲壳动物进化而来的。这些鸟类来来去去，却不见其繁衍后代，所以人们就它们的起源提出了各种猜测。其中一个说法来自萨克索·格拉玛提库斯（Saxo Grammaticus），大意是幼鹅是从奥克尼岛生长在树上的贝壳中生出来的。格拉玛提库斯的这一说法直到16世纪晚期才被人们摒弃，因为一名荷兰水手进入了北冰洋，他在那里观察并记录了这种鸟类筑巢与繁育后代的真实情况。

与上述故事相似的是德·曼德维尔（de Mandeville）的故事。他在自己的《游记》（*Travels*）中提到了一种树，这种树能够结出硕大的瓜形果实。当他打开果实时，发现里面竟然有一只羊羔。当这种树的果实成熟后掉落在地时，羊羔就可以站在地上，然后羊羔会吃掉它周围所有的青草。曼德维尔现在被认为是历史上最有才华的说谎者之一。在中世纪晚期和现代早期，旅行者开始进入地球的每一个角落，他们的旅行手记中不乏上述凭空捏造的故事。在18世纪以前，植物羊羔的故事一直为人们所深信，直到林奈（Linné）的出现，谎言才被终结。林奈检查了各种各样的植物样本，将可能像羊羔一样绽放的植物一一排除。

关于生命的起源，帕拉塞尔苏斯（Paracelsus）的观点与他同时代之人的观点并没有实质上的不同。希腊医学之父希波克拉底（Hippocrates）将自己的主张与基督教对灵魂的信仰结合起来，解释了上帝是如何将生命注入他的一些创造物中的。

培根是“自然发生说”的坚定支持者。1651年，哈维（Harvey）发表了著名的《蛋生时空》（*Omnia ex Ovo*），成为第一个明确反对旧有观点的人。

天资聪颖的开普勒（Kepler）相信植物是从泥土中自然长出来的，并不需要祖先；在盐水之中，鱼类可以自然生成，就如同彗星会在天空上出现一样。[1]

实际上，在17世纪下半叶以前，这些时代的佼佼者在解答这一问题时都没有采用实验方法。此后，托斯卡纳的医学家弗朗西斯科·雷迪（Francesco Redi）发表了他所做的昆虫发育

1　作为有史以来最杰出的物理学家之一，开普勒没有创作过一部关于上帝和宇宙的著作。

方面的实验，证明了腐烂的物质不过是下卵的天然温床而已。此外，他还断言，各种皮肤病都是由寄生虫引起的，并不是先有了皮肤病，才导致了寄生虫的产生。凭借着虔诚的信念，斯瓦默丹（Swammerdam）也得出了同样的结论。他认为，万能的上帝既然耗费心血创造出苍蝇，那么它就不可能随机地从垃圾中蹦出来。尽管上述二位的结论相同，但在荣誉方面，雷迪拔得了头筹。

1714年，莱布尼茨（Leibnitz）坚定地发表了自己的观点："自然发生说"是站不住脚的，无论是动物还是植物，都不可能从腐烂的混乱中被孕育出来。对于针对这一问题的其他观点，莱布尼茨坦言自己属于不可知论者。

笛卡尔（Descartes）对荷兰博物学家列文虎克（Leeuwen-hoek）以及同时代其他知名的博物学家的工作非常熟悉，他并未在探索生命的起源方面花费多大心思。尽管如此，他却一语中的，认为世上存在一个由微小生物组成的微观世界，其他的生命形式都是由微小生物进化演变而来的。

从18世纪末至19世纪初，大量精确观察的出现限制了推测的范围。实际上，在考察人类关于这个问题的思想史时，我们很容易发现，推测与观察的积累之间呈反比，而这一情况在所有科学中皆如此。1729年，佛罗伦萨的米切利（Micheli）和斯帕兰扎尼（Spallanzani）通过对昆虫的实验，发现了真菌和苔藓的繁殖方法，最终使人们逐渐相信根本不存在自然发生这种可能性。李普曼提到一个有趣的事实，关于这个问题的一项重要观察是由巴黎的一位名叫阿佩特（Appert）的厨师于1804年进行的。阿佩特通过将食物加热，再放入储藏罐里密封的方法来保存食物。阿佩特的这一做法，与瑞典化学家舍勒（Scheele）将醋煮沸并密封在容器中，从而实现对醋的保存的做法如出一辙。尽管有像李约瑟（Needham）那样的倒退，但现代社会已经开始，实验方法很快就开始主宰生物学思想的发展。

❹

随着实验方法的逐步完善，凭借精确的观察，那些喜好研究生命起源的人，在推测方面已经变得十分谨慎。当学者们开始将精力集中在研究生命存在的方式以及新实验的开展上时，现代生物学诞生了。法国化学家巴斯德关于“自然发生说”的观察可归因于实验错误的最后结论，标志着生物学中世纪精神的终结。早在那以前，由炼金术和物理学催生出来的化学，将人们的精力从天空转向地球的细微事物，这使得生物学走上了现代的道路。因此，生物学的出发点和落脚点是化学和物理学的应用。

秉承这一结论制定现代生物学的框架将是有益的。有想象力的读者将怀着既同情又钦佩的心情，记住那些数不胜数的辛勤工作者，那些向着真理奋力拼搏的无名战士，正是他们助了天才们一臂之力。

每个思考上述事项的人，都可以绘制一张重要成就记事表，但是没有两张记事表会一模一样。既然本书的创作目的是自娱自乐，而不是为了那些可能出钱购买的人，那么我们就以编年记事的顺序，将在我们看来对现代生物机制的观点有最直接贡献的重要成就列举出来。对于所列各项，我们并不做解释，那些对它们不熟悉的读者，可以去翻阅近现代科学史方面的书籍。

1774年，英国化学家普里斯特利（Priestley）认识到，在绿色植物的作用下，被污染的空气能够得到净化。1780年，荷兰生物学家因根豪斯（Ingenhousz）证明，起净化空气作用的绿色植物只有在光照的作用下才能发挥功效。同年，塞内比尔（Senebier）证明，造成这样变化的原因是二氧化碳转换成了氧气。1804年，德·索绪尔（de Saussure）证实了上述转换的定量性质。

1784年，法国化学家拉瓦锡（Lavoisier）证明了物质的不可破坏性。于是，定量化学开始出现；呼吸被认为与燃烧具有相似性。

1812年，德国物理学家基尔霍夫（Kirchhoff）发现，可以用稀硫酸将淀粉转化为葡萄糖。上述发现被认为迈出了理解催化过程的第一步，促使伯齐利厄斯（Berzelius）提出“新生力量”的概念。在“新生力量”中，伯齐利厄斯发现了解释生命体化学过程的一个至关重要的因素。

1821年，法国自然科学家居维叶（Cuvier）奠定了古生物学的基础。

1824年，沃勒（Wöhler）合成了有机化合物。

1828年，冯·贝尔（von Baer）发现了哺乳动物的卵子，标志着现代胚胎学的诞生。这是继哈维之后生物学研究取得的最重要的进展。

1838—1839年，德国植物学家施莱登（Schleiden）展示了植物的细胞结构，德国动物学家和生理学家施旺（Schwann）展示了动物的细胞结构。

1838年，卡格尼亚德·德·拉图尔（Cagniard de la Tour）证明了发酵依赖于酵母细胞。

1838年，冯·莫尔（von Mohl）对原生质进行了描述。

1840年，马克斯·舒尔茨（Max Schultze）认为原生质是“生命的物理基础”。

1842年，马耶尔（Mayer）首次提出能量守恒的观点。1847年，德国生理学家冯·亥姆霍兹（von Helmholtz）在能量守恒这一观点的基础上进一步探究，最终得出热力学定律。

1842年，德国化学家李比希（Liebig）发表《有机化学》（*Die Thierchemie*），化学方法被运用到动物组织上。动物体温与燃烧机理相同这一重要观点的产生，标志着生物化学的诞生。

1857年，克劳德·伯纳德（Claude Bernard）奠定了现代生理学的基础，并发现肝糖原的产生。生物化学和生理学方法在活体动物中的应用开始。

1859年，达尔文和华莱士（Wallace）提出了有机进化理论，推动了比较解剖学、胚胎学以及理性系统学的蓬勃发展。

1860年，巴斯德通过一系列的实验，对“自然发生说”进行了最后的驳斥。

1861年，人们认识到所谓的“类晶体”和比分子大的物质在行为规律上的差异。格雷厄姆（Graham）的研究催生了胶体化学的诞生。

1862年，巴斯德就发酵和腐烂对活生物的依赖做出了定义。

1865年，奥地利遗传学家孟德尔（Mendel）对杂交甜豌豆进行了研究。该项研究本来可以从本质上改变达尔文最初的假设，但是它完全被埋没在当地的一本科学杂志中。直到1900年，它才最终被发现，得到肯定并被德·弗里斯（de Vries）等人加以拓展和延伸。它是遗传学的基础。

1867年，特劳伯（Traube）对半透膜进行了研究。

1877年，普费弗（Pfeffer）发现了渗透作用。

1880—1900年，随着研究生命最简单形式的技术的不断发展，现代细菌学和免疫学取得了发展。

1885年，范特霍夫（van’ t Hoff）对渗透压与溶液的化学物理性质的相关性方面进行了研究。

1885年，鲁布纳（Rubner）将定量方法运用到食品原料的热值研究上。

1887年，诺贝尔化学奖获得者埃米尔·费歇尔开始进行有机物的合成：葡萄糖、果糖直至蛋白质的分解产物多肽。伴随着费歇尔时代的到来，人们开始真正了解蛋白质的结构。

1888年，海瑞格尔（Hellriegel）和威尔法斯（Wilfarth）阐明了碳—氮循环原理。

1889年，贝杰林克（Beijerinck）首次发现滤过性病毒（植物花叶病）。

1893年，洛夫勒（Löffler）和弗罗施（Frosch）首次发现滤过性病毒会造成动物疾病（口蹄疫）。

1900年，人们开始掌握辐射能量（X射线、紫外线）对生命进程的影响。

1902年，萨顿（Sutton）首次指出，染色体分离能够解释孟德尔定律。

1904年，科学家发现了激素的存在；贝利斯（Bayliss）和斯塔林（Starling）对内分泌进行了定义。

1910年，索伦森（Sörensen）、勒布（Loeb）、亨德森以及克拉克等人开始将物理化学方法运用到蛋白质和生物组织、酸碱平衡、氢离子浓度、膜电位、唐南氏膜平衡、氧化还原现象、界面现象的研究上。

1912年，霍普金斯（Hopkins）和芬克（Funk）发现维生素。

1915年，特沃特（Twort）和德·赫若勒（d' Herelle）发现噬菌体现象，暗示噬菌体可能是酶和成形细胞之间的中间物质，它们只有在特定的活细胞存在的情况下才能繁殖。那么这种中间物质是活的有机化合物还是死的有机化合物，目前几乎成了一个学术问题。

1925年，司迪恩布克（Steenboek）和赫斯（Hess）在实验的基础上，通过紫外线辐射使胆固醇产生脂溶性维生素，从而发现辐射能量和辅助食物因子之间的关系。

1926—1930年，酶的结晶被发现。1926年，萨姆纳（Sumner）制备了结晶形式的尿素酶。诺思罗普（Northrop）分别于1930年和1932年宣布了胃蛋白酶和胰蛋白酶的结晶。

上述所有这些，在浮躁不安的人看来，似乎与本书讨论的主题风马牛不相及。然而，如果没有上述发展历程，我们就无法了解斑疹伤寒的本质。

Chapter 4
第四章

parasitism
寄生现象

❶

在生物的世界里，没有什么是永恒不变的。进化是持续不断的，尽管进程缓慢，以至于它所带来的改变，只能在现存形式的可确定关系中以及在古生物学和胚胎学的历史中才能看到。当《物种起源》（*Origin of Species*）出版时，虽然进化的进程并不像今天看起来这样简单，但没有一个生物学家认为某种生命形式是永恒不变的。因此，仅仅以生物学为依据，断定传染病在不断变化，新的种类在持续发展的进程中，旧的种类正在被改变或消失，是完全符合逻辑的。

寄生现象起源于远古时代，是不同生物之间习惯性接触的结果。它并不是一蹴而就的，而是逐渐发展演化而来的。从根本上说，寄生现象意味着打破对立——通常情况下，每一个活的细胞复合体都会被另一个生命体入侵。最简单也最广为人知的例子（因为缺乏一个更好的名字，我们就暂时将其称为“生命抵抗力”），就是蛙卵了。在遍布细菌和原生动物的池塘中，蛙卵成长发育并免受入侵。一场霜冻一夜之间就可以置它们于死地，在几个小时之内，它们遗留下来的物质会变成无数微生物的培养基。可想而知，即使宿主未遭受致命打击，如果“生命抵抗力”降低，入侵者就能更加容易地获得初步的立足点。一旦开始，寄生现象就可以朝着无限多的方向进一步演变。

寄生现象代表了进化变化中最容易分析的阶段。几乎没有无法找到独立生存的祖先种群的寄生生物，它们的祖先要么现存于当世，要么被封固在化石之中。从这个角度来看，对寄生适应的研究，是进化论最重要的支撑之一。每一个实例都代表着一个微型的体系，在这个体系中，宿主是塑造寄生生物的世界。在很多情况下，传染病的寄生现象是简单的单细胞生物（比如细菌、原生动物、立克次氏体以及超显微镜病毒和滤过性病毒等尚且无法定义的介质）对更为复杂的动植物的入侵。尽管这些简单的生物在功能和新陈代谢方面是复杂的，但是它们显示出惊人的生物和化学灵活性。就它们而言，世代更替的速度非常快（在理想的条件下，每个小时至少更替两代）。感染现象形成了一个加速进化的过程，这对观察适应性变化非常有利。因此，在人类有记录的几个世纪里，如果新形式的寄生现象——也就是说感染——没有不断地翻新出现，如果就现存的寄生形式而言，宿主和寄生生物没有为了相互适应而发生改变，那就太令人难以置信了。

实际上，现代细菌学在很大程度上证实了流行病在不断发展变化这一观点。流行病变化的速度也许不够快，不能混淆任何特定时期的诊断问题，但是其变化的速度仍足以鼓励我们在对流行病史进行研究时，将这一因素考虑在内。可以肯定的是，就目前而言，我们仍然无法在实验室中将纯粹的腐生物[1]转化成习惯性寄生生物。然而，通过降低个体宿主的抵抗力，利用通常来说寄生能力较低的生物体来诱发致命的感染，却较为容易。自巴斯德时代以来，科学家就反复进行过类似实验。此外，科学家在细菌变异型分离方面取得的最新进展，让人们

1　如果读者连这个词都不理解，那可就太糟糕了。

找到了简单的方法。科学家利用这种方法，可以让大多数传染性强的细菌先是失去毒性，继而又让它们恢复到完全致病的状态。这样的双向改变发生在被感染动物的体内，并且可以在试管实验中随意操作，也可以与细菌本身的形态和化学变化相关联。这一课题是现代生物学研究的重要内容之一，所取得的成果深刻地改变了感染的概念。如果进行进一步探索，我们将会陷入技术性讨论，那些内容更适合放在细菌学教科书里。我们刚刚谈及的种种，仅仅是为了支持我们的论点：即自此以后对传染病史的研究，必须考虑到寄生的适应性是动态的，即使是寄生生物与宿主之间为了相互适应而做出的微小变化，也可能深刻地改变临床和流行病学的表现。

在腐生现象与寄生现象之间，存在着一系列微妙的渐变。在某种程度上，随着生物和化学属性的变化，寄生适应的变化过程，取决于在人类和动物身上引起疾病的有机体是否拥有在自然中生存的能力，是否还存在一个中间宿主，或者是否与个体宿主之间形成了相互依存的关系，以致如果没有了这个宿主，引起疾病的有机体要么转移到下一个宿主身上去，要么将无法生存下去。

最后一种情况是，在有人类记载的短暂时期内，最合理的预期是发生明显的改变。在这种情况下，宿主与宿主之间会出现不间断的传播，寄生生物不会根据环境而变化，而是根据它们已经完美适应的宿主而调整，如此这般，进化可能会朝着单一的方向前进，最终实现寄生生物与宿主之间的完美融合。

可想而知，当这样的寄生现象开始发生时，宿主的反应是强烈的，入侵方和宿主之间必有一方死亡，不同的个体，结局也各不相同；当适应变得更为和谐的时候，宿主的反应会温和一些，疾病的症状也会减弱直至变成慢性疾病；最终，双方的适应到达一个几近完美的阶段，宿主不再表现出受伤的迹象。这种情况是存在的，比如被锥体虫感染的大鼠，被螺旋体和肉孢子虫感染的小鼠以及其他状况下的动植物。在上述情况中，在对寄生生物的反应上，被感染动物并未表现出任何不适的症状或病理学变化。西奥博尔德·史密斯（Theobald Smith）对此已经进行过详尽的讨论。在动物种群中，一种新型病毒的首次感染会覆盖各个年龄段的个体。其中的部分幸存者不过是机缘巧合，这取决于它们的遗传差异，或从其他相似疾病中偶然获得的免疫力。一些动物物种在过去的时代中灭绝的最佳解释，就是它们遭遇了一种新生的寄生生物。寄生生物后续会对动物物种的年幼一代不利，这往往会清除弱小的变种，并使种群逐步对这种特殊形式的传染源具有更强的抵抗力。

就人类而言，能够印证这些原则的疾病是梅毒。毫无疑问，在16世纪初，当梅毒首次以传染病的形式出现时，要比现在剧烈、恶性和致命得多。在近五百年的时间里，梅毒在人类个体之间不间断地传播，导致了寄生生物与宿主的相互适应，从而使疾病的症状变得越来越温和。如果未来梅毒像过去那样继续传播，那么一千年以后，可能会出现一种和被感染了螺旋体的老鼠一样的情况，医生对任何一个幸存者进行腹腔穿刺检查，都将发现幸存者感染了梅毒螺旋体，但是幸存者（宿主）对此毫不知情。不过，抗螺旋体药物阿斯凡纳明的出现，使这一可能成了泡影[1]。

在上述这些形式的寄生现象中，入侵的有机体尽管有传染的能力，但同时具有腐生性质，因此很难确定它们在有历史记载的时期内发生了什么变化。炭疽热和破伤风的病原菌对人类和动物来说都是致命的，它们可以以孢子的形式在土壤中保存数年之久而不丧失致病性，因此它们可以再次引发致命的疾病。伤寒杆菌和痢疾杆菌、霍乱弧菌、能够造成手术感染的链球菌和葡萄球菌以及许多其他的微生物，在与宿主分离后，能够存活或长或短的时间。在什么情况下，它们才能够存活下来？能存活多长时间？在这段时期里，它们又会发生什么样的变化？这些对于流行病研究来说都是极为重要的。尽管如此，即使是这样的半寄生生物造成的感染，一旦被广泛传播，我们在上面讨论过的各种因素就会发挥作用，而且半寄生生物的后代往往会产生更强的耐药性。就人类的感染而言，我们可以举出许多这样的例子，最具有代表性的，则非肺结核莫属了。世人皆知，在面对这一疾病时，土著居民表现得不堪一击，而相比之下，欧洲人则显得身经百战。

我们期望在人类历史的短时间内改变疾病的临床和流行病

1 这可能是人类文明的一个损失：人们常常宣称，既然有那么多聪明绝顶的人感染了梅毒，那么世界上绝大多数的伟大成就，显然是人脑受到这种局部麻痹症的刺激之后构想出来的。我们省略了同时代的具体案例，是为了使出版商避免遭受尴尬的诽谤诉讼。现代诉讼程序的冗长复杂和专家们的能言善辩，使得这类争议的法律证明变得异常困难。

学表现的这一想法，受到了所谓滤过性病毒介质研究的鼓舞。很多重要的流行病都是由这些神秘的“东西”引起的，比如天花、水痘、麻疹、腮腺炎、小儿麻痹症、脑炎、黄热病、登革热、狂犬病、流行性感冒，更不必说存在于动物王国里的大量疾病。就像在细菌性疾病中那样，寄生生物在人类和动物世界之间活跃地交换着。实际上，由于我们无法看到也无法培育这些传染介质，除非有活体组织存在，所以，我们对其进行系统研究的唯一机会，便是找到一些能够产生疾病的动物。这种研究的结果似乎是，这些介质比细菌更加具有生物可塑性，往往可以通过简单的实验性操作加以修改。正如我们所知道的，通过奶牛将天花病毒转化为牛痘所带来的改变，远比将雅典瘟疫与天花区分开来意义更为深远。在上述例子中，通过另一物种，病毒发生了改变，因而在人类身上的表现也变得微不足道了，尽管如此，病毒保留了关键的生物特性，从而使人类获得了免疫力。同样的，将狂犬病病毒通过兔子进行转化，会极大地增强狂犬病病毒对于这些动物的毒性，但同时也减弱了狂犬病病毒对猴子和人类的毒性。在将黄热病病毒注入小鼠的大脑中之后，黄热病病毒不再发生作用，但转化成了一种脑炎，自此以后在老鼠之间相互传播。黄热病病毒即使是通过蚊子再次传染给猴子，它仍然保持着攻击中枢神经系统的偏好。事实上，通过适当的实验操作，研究者可以改造导致唇疱疹的疱疹病毒、牛痘病毒以及其他大量病毒，使它们有选择地侵入中枢神经系统，引起脑炎。

因此，所谓“新”的疾病，我们没必要将其解读为之前未曾存在的新的寄生形式。尽管这一过程可能会持续下去，但它的渐变过于缓慢，以至于无法从现存的疾病中追踪到其最初的来源。在历史上，新疾病的来源主要有两个：一、通过人与寄生生物之间相互的逐渐适应，已经存在于人类身上的寄生现象发生了改变；二、通过与之前未曾接触过的相关动物或昆虫接触，人类遭到了动物世界中现存寄生生物的入侵。从最近的鹦鹉热和绵羊跳跃病的经验来看，人类之所以未曾感染自然界已经存在的多种疾病，显然只是因为缺乏这样的机会。澳洲X脑炎——症状类似脊髓灰质炎，人类可能就是从绵羊身上感染来的；兔热病（土拉菌病）是一种在1904年以前并不为人所知的疾病，现在却正在整个美国肆虐，其病原菌就来源于各种各样的动物。

最为有趣的感染性寄生现象之一，要属昆虫和高等动物世界之间的感染介质交换了。这是一个很大的领域，我们不打算讨论它，除非涉及我们的斑疹伤寒主题。除了医疗和卫生方面的问题之外，斑疹伤寒的传播环境具有特殊的生物学意义，因为相比其他的疾病，它们给我们带来了研究寄生现象进化的机会。在世界各地，寄生现象进化的渠道各有不同，以适应当地昆虫和啮齿动物的不同分布情况。斑疹伤寒是立克次氏体疾病之一。造成该疾病的、微小的芽孢杆菌一样的生物体立克次氏体——以一个叫作立克次（Ricketts）的美国人的名字命名，立克次在墨西哥研究斑疹伤寒的时候不幸离世——与大量相似却又无害的微生物有着密切的关系，这些微生物通常存在于许多昆虫的体内。正因为如此，这些生物体最初的寄生现象可能出现在昆虫身上，之后又延伸至一些低等动物（啮齿动物）身上，最后出现在人类身上。在下面的章节中，本书将花费一定的笔墨对此予以讨论。

❷

当一种传染病感染了拥挤地区的几乎所有人口时，对病毒不太敏感的人会偶然存活下来。经过几代人的更替，寄生生物与宿主之间的关系逐渐发生了变化。感染的饱和度越高，这种现象就越明显。这种变化最简单的证明是，当一种传染病首次被引入土著居民的聚居区时，也就是在整个群体都极易受到感染时，传染病的传播速度之快和毒性之大。1875年，在斐济国王和王子访问了位于新南威尔士州的悉尼之后，麻疹被首次引入斐济群岛，在这个大约只有十五万人的国家造成了四万人的死亡。另一个例子是，西班牙征服者纳瓦埃斯（Narvaez）船上的一名黑奴将危险的天花病毒首次引入墨西哥印第安人地区，造成了一片凄惨之象。此外，黑人、因纽特人、美洲印第安人在与白人的接触中，惨遭肺结核病毒的蹂躏。这样的例子数不胜数。即使在拥挤不堪、感染饱和的群体之中，疾病在相对较短的时间内也会发生同样的变化。大约自1880年以后，西欧、英格兰以及美国的猩红热发病率明显降低。与之相应地，在发病率和死亡率方面，麻疹和白喉也出现了同样的趋势，而上述变化的发生，远在现代防控措施产生任何明显的作用之前。就白喉的例子而言，自19世纪90年代末以来，现代细菌学方法对白喉的控制最为有效，但这种方法干涉了白喉正常的进化进程。于是，我们开始观察到欧洲中部再度出现越来越多的极具毒性和致命性的白喉病例，这可能并非偶然。通过几代人的努力成功地控制一种流行病，可能会影响虽然更为残酷，却更为长久有效的疾病进化进程，即大自然逐渐使一个群体具有免疫能力的过程。

一旦整个群体达到饱和性感染，在一个较短的时期内，疾病可能会发生改变，梅毒就是一个最好的例子。这个例子非常的有趣，我们不妨多花些笔墨进行讨论。在15世纪的最后十年以前，欧洲可信的梅毒病例记载非常少。这个话题一直备受争议，很多段落——特别是在古印度文卷中的段落——都将梅毒解读为一种古代的性病。然而，确实存在一种叫作软下疳、非梅毒形式的性病。根据当时的描述，人们很难将这种性病与真正的梅毒区分开来。从古代医学文献来看，没有一位医生的著作能描述出以生殖器溃烂、皮肤溃烂以及各种各样的二三级病变为特点的任何疾病。

医学历史学家引用过很多观察资料，他们认为这些资料可以印证古代存在梅毒的观点。对于其中的大多数资料，我们只要仔细审查，就会发现它们并没有说服力。犹太法典《塔木德》（*Talmudic*）中的参考资料、克理索（Celsus）的《药学》（*Medicina*）第六部以及阿维尼翁伯爵夫人（Countess of Avignon）于1347年颁布的妓女行为规范，等等，都无法为我们提供足够的、可信的证据，以便我们得出结论。奥扎拉姆引用了一个佛罗伦萨诗人的两首十四行诗，作为自己接受在1480年——也就是两首诗创作的时间——梅毒已经存在的确凿证据。在对这两首十四行诗进行仔细翻译，特别是对诗中具有诊断意义的表达进行甄别后，我们发现这两首十四行诗只不过是非常下流的诗歌，并不能反映出梅毒的存在。

当然，彻底排除古代存在一种比16世纪早期横扫欧洲的梅毒病毒更为温和的梅毒是不可能的。汉泽不认同梅毒来源于美洲的说法，他相信梅毒从古代开始就在欧洲广泛存在，只不过影响范围小，毒性没那么大罢了。在古代的很多时期，在古罗马时期，在中世纪，性淫乱现象普遍存在，而且相当无耻。在十字军东征时期，理想主义与享乐放纵之间存在着一种奇怪而又普遍的矛盾。性淫乱与流行病有着千丝万缕的关系。毫无疑问，在古代的大多数时期，淋病[1]可谓最为常见的疾病。在英国，它被准确地描述为“脓疮”；在法国，它被称为“花柳病”。对于软下疳和崩蚀性溃疡，历史上都有准确的描述，这两种病症有时会大面积扩散，从而破坏人的整个生殖器官。在这些疾病中，常见腹股沟肿胀和腹股沟淋巴结炎。然而，很少有资料描述性病感染与身体其他部位二三级病变的关系。汉泽倾向于相信，这主要是由于医生和病人不愿意将感染几周后出现的情形归因于性病所致。他认为，后期的一些较为温和的症状可能被忽视了，或者是以无法识别的形式被描述的。他引用

1 “淋病能够给女性带来剧烈的灼热感”〔贝克特（Beckit），《哲学学报》（*philosophical Transactions*），XXXI，47，14世纪，引用自汉泽〕。

了一些记载，来给自己的论点提供支撑。首先，他引用了利特雷（Littré）的观点，根据13世纪法国医学家德·贝里（de Berry）的观察——他描述了感染性病后出现的症状：首先从生殖器官开始，继而扩散到整个身体。另一个例子是波兹南（Posen）主教尼古拉斯（Nicolas），他也是从生殖器官开始溃烂，然后扩散至舌头和咽部，最终于1382年去世。与之相同的病例，还有波兰国王拉迪斯拉斯（Ladislas）和波希米亚的温泽尔（Wenzel）。

因此，若要断定哥伦布以前的欧洲不存在梅毒也是不可能的，但如果它确实存在的话，那必然是相对罕见的，且肯定比后来的梅毒毒性小得多，以至于1500年暴发的梅毒流行病标志着梅毒螺旋体寄生现象新阶段的开始。

梅毒起源于美洲这一观点被人们广泛地接受，尽管它尚且无法得到证实。最有可能的情形是，它存在于西半球，早期的探险者与美洲沿海的印第安人交合之时受到感染。在美国的俄亥俄州和新墨西哥州、秘鲁、中美洲以及墨西哥等地的美洲原始印第安人的坟冢中，人们发现了多具发生病变的尸骨。赫伯特·U. 威廉姆斯（Herbert U. Williams）教授近期对这些骨头的年代和病理检查的可靠性进行了详查，认为在上述的多处病变中，确实有梅毒存在的证据。[1]针对同一个问题，威廉姆斯还对部分早期西班牙文学进行了考证。在哥伦布的儿子费迪南德（Ferdinand）撰写的《哥伦布传》（*Life of Christopher Columbus*）中，有一

1　我们必须记住的是，在西半球观察到的一些与梅毒有关的病变可能是由一种叫作“雅司病”的疾病引起的，这种疾病更像是梅毒的堂兄弟，而不是同父异母的兄弟。

段关于圣杰罗姆修道院的潘恩（Pane）隐士的记载，该记载撰写于哥伦布第二次航行期间。该段文字所述如下：

> 他去了一个叫作关嘎支那（Guagagiona）的地方，在那里他遇到了一个女人。他与她一起度过了十分美妙的时光，但染上了一种我们称为法兰西病的疾病。随后他立即开始了治疗。后来，他来到了关纳拉（Guanara），这个地方对他颇有意义，因为在这里，他的溃烂得到了康复。

奥维耶多·易·巴尔德斯（Oviedo y Valdés）说，溃烂（可能就是梅毒）使西印度群岛上的第一批基督教定居者痛苦不堪："在意大利，每每听到意大利人提及这种他们叫作法兰西病，而法国人将其称为那不勒斯病的疾病时，我都大笑不已。事实上，如果他们双方将这种疾病称为西印度群岛病，那才是叫对了名字。"此外，他还提到了一名叫作唐·佩德罗·玛格丽特（Don Pedro Margarite）的骑士，该骑士在跟随哥伦布进行第二次航行时受到这种疾病的困扰。奥维耶多·易·巴尔德斯认为，这名骑士很可能就是使该疾病在整个宫廷扩散的传染源之一。他说道："这是一种新的疾病，医生们对它束手无策。"类似的文字在其他作家的作品中也多有提及，威廉姆斯引用了伊斯拉（Isla）的一段文字，不过不知道由于什么原因，这段文字并未在印刷版中呈现出来。这段文字具有非同一般的重要性。"在这座多姆将军发现的岛屿上，开拓者与印第安人进行了交合和交流。因为这种病具有极强的传染性，他们很快就都被感染了。舰队中现已出现这种疾病，一名叫作皮肯（Pincon）的帕罗斯领航员以及其他人员，都受到了这种疾病的攻击。这是一种不为人知的疾病，之前从未见过……”

梅毒究竟是起源于欧洲，还是从美洲传播而来，我们可能永远无法知晓答案。从美洲传播而来的观点，无论在其他方面是多么的有理有据，都会遭到几乎无法驳斥的反对。此外，据一名叫作于连（Julien）的法国海军军医的记载，即使是在西半球的早期探索中，与内陆的印第安人部落相比，梅毒在与欧洲人有接触的沿海部落中更为常见。有一种可能性，那就是一种较为温和的梅毒形式，早在15世纪以前就在全世界包括中国和日本广泛地存在着。这是汉泽、赫希以及其他许多博闻强识的学者所支持的观点。

尽管对于梅毒的起源问题，各个观点之间存在分歧，但毋庸置疑的是，在法国的查理八世（Charles VIII）率领军队穿过意大利南部，前去攻打那不勒斯之后不久，梅毒突然大规模地暴发了。1495年2月，法军攻下了那不勒斯，但是梅毒这种疾病迅速出现在军队和市民之中。随着军队的四处散开，逃兵、营妓、复员士兵极大地扩展了疾病的传播范围。这种疾病不仅极为危险，而且病症实在令人作呕，于是当时的惯例是把它怪罪到敌人头上。这就是为什么它会被称为“法兰西病”或“那不勒斯病”。佛罗伦萨的雕刻家本韦努托（Benvenuto）说自己曾经得过这种“法兰西病”。

那不勒斯暴发的这种传染病，对所有人来说都是一种新的疾病，它代表着宿主与寄生生物之间的一种完全被改变了的关系，于是症状上出现了极大的变化。除了战争和滥交以外，当时一定还发生了什么，以致一个相对良性的传染病变得如此恶性和致命。在随后的五十年里，人们吃惊地见识了适应性改变发生的速度。可能在所有的寄生现象中都是如此，宿主和寄生生物为了相互适应而做出的改变，一开始时速度都非常快，随着同一物种宿主身上的寄生生物数量的增加，改变的速度会逐渐变慢。[1]

当梅毒首先在那不勒斯的法国军队中暴发时，它所具有的猛烈特征，在今天的梅毒病例中并未出现。根据沙尔芬贝格（Scharfenberg）的记载，这种疾病并不会导致发热，但会出现脓疱和大面积的水泡疹溃烂。虽然溃烂首先主要出现在生殖器官上，但也并不完全如此，主要的接触性感染会出现在皮肤的其他部位。同时，溃烂还会通过母亲传染给孩子。溃烂通常是由从头到膝、遍布全身的疹子所引起的，继而结痂，病人的样貌会变得异常可怖，不仅他们的伴侣会抛弃他们，就连麻风病人也避之唯恐不及。继皮肤症状之后，鼻、喉、嘴部组织会大量坏死。在这一系列的变化中，病人会痛苦地感到骨骼包括头盖骨的肿胀。疾病本身或者疾病引发的二次感染，会造成大量的死亡。对于幸存者来说，身体的消瘦和

1　关于梅毒起源的荒诞理论在早期就存在。范·赫尔蒙特（Van Helmont）认为梅毒是由于男人与患有鼻疽病的母马交配所致，林德（Linder）认为梅毒起源于人与猴子的交配，而马纳德（Manard）则认为梅毒起源于麻风病人的婚姻。

疲惫将会持续多年。弗拉卡斯托留斯（Fracastorius）说，就像崩蚀性溃疡一样，有些溃烂会发生转移，甚至是扩散到骨头中，从而导致四肢处出现鸡蛋般大小的梅毒瘤。如果将瘤切开，会流出白色的、黏性的脓液。

在仅仅五十多年的时间里，这种疾病便发生了变化。在自己创作的梅毒诗歌[1]出版十六年以后，弗拉卡斯托留斯于1546年出版了《传染物》（*De Contagione*）。他对梅毒的传播方式和发病进程的描述全面而精确，以至于我们无法质疑他的观察和结论——即梅毒的病症在1495年疫病暴发时期与他的时代之间发生的变化。下面的内容请参见《传染物》第二部中的部分段落：

在描述这些症状的时候，我使用了过去时态，因为疾病的传染性虽然不减当年，但疾病的病症已经发生了变化。我的意思是，在过去的二十年左右里，脓疱开始较少出现，梅毒瘤却出现得更多了。在疾病暴发的早期，情况正好与之相反……而且，随着时间的推移，在最近六年左右的时间里，另一个重大的变化已经发生。我的意思是，现在已经很少出现脓疱，患者甚至不会感到任何疼痛（或者疼痛的程度大大降低），却出现了更多的梅毒瘤。

1 弗拉卡斯托留斯的这首著名的诗歌创作于1530年。在这首诗中，这种疾病有了一个现代名字，即梅毒。这首诗的早期版本完成于1525年，随后弗拉卡斯托留斯将其呈给了那个时代的圣本博（Sainte-Bembo）。在接下来的五年里，弗拉卡斯托留斯对这首诗进行了丰富和再创作，并增加了第三部，主要讲述了利用愈创木树脂治疗梅毒的情况。然而，无论是在早期版本还是后期版本中，弗拉卡斯托留斯都以寓言的方式指出，治疗梅毒的最佳药物是水银。

Chapter 5
第五章

New diseases
新型疾病

❶

很显然，当一个人查阅古代和中世纪的文献，试图寻找即便是在当今世界也很难区分诊断的疾病的存在时，可能会犯很多错误。即使一种疾病在希波克拉底撰写的典籍中有详细症状的记载，但人们对它的精确描述仍然十分罕见，而且它缺乏必要的实验室证明的支撑。在与当今通常被认为是新疾病的中枢神经系统传染性感染混在一起之后，这一问题变得尤其令人困惑。我们倾向于相信，如果一种病毒之前没有感染过人类，那么它一定是一种新的疾病。更具可能性的是，在很多情况下，新的疾病代表着宿主与寄生生物之间的、一种之前不为人知的生物关系。在前面的章节中我们已经讨论过，通过实验我们可以在部分滤过性病毒感染中实现这样的转化。

在1840年以前，我们没有确凿的证据证明脊髓灰质炎是以流行病的形式存在的。此外，如果一种具有如此鲜明特征的疾病以流行病的形式存在，那么它一定在17或18世纪的文献中出现过。我们要想在18世纪以前的文献中找到脑炎存在的确凿证据，同样也非常困难。1712年，比尔默（Biermer）研究过图宾根（Tubingen）暴发的流行病——一种广为人知、名字叫作“昏睡病”的疾病。这种疾病之所以得此名，是因为它伴随着嗜睡症状和脑症状。有人于1769年观察到的“昏睡症（coma somnolentum）”和1917年与流感有关的疾病相似。奥扎拉姆提到18世纪最后十年在德意志、1800年在里昂和1802年在米兰，出现了一种类似“昏睡症”症状的疾病。在此之后，人们没有找到任何类似疾病存在的确凿证据，这种情形一直持续到1917年。也就是在这一年，在流感首次大规模暴发的同时，维也纳出现了部分脑炎病例。此后不久，法国、英国以及阿尔及利亚都出现了脑炎病例。在1918年的下半年，类似的病例在北美洲出现。到了1919年5月，这种脑炎疾病在美国的二十几个州均有发现，发现病例最多的分别是伊利诺伊州、纽约州、路易斯安那州和田纳西州。对于我们这代人来说，这是一种全新的疾病。就目前而言，这种脑炎的病毒仍未能成功地转移到动物身上。1924年，日本暴发了一种临床症状相似的疾病，但破坏力更大，波及范围更广。这种暴发于日本的疾病的病毒被成功地转移到兔子身上，标志着这种疾病其实是一种全新的、完全不同的疾病类型。1932年夏天，包括美国西南部城市辛辛那提在内的俄亥俄州部分地区以及伊利诺伊州暴发了脑炎疫情，我们目前尚无法将其进行归类。1933年夏天，类似的疾病在圣路易斯附近暴发，导致该地区百分之二十的居民死亡。与其他的病毒不同，造成此次疾病的病毒可以被转移到老鼠身上。因此，在不到二十年的时间里，似乎至少有三种新型的、针对中枢神经系统的严重病毒感染在人类身上暴发。

自琴纳（Jenner）时代之后，数以百万计的人已经接种了疫苗，而在这代人之前，并没有任何针对中枢神经系统失调的疫苗存在。然而，在过去的二十年里，世界部分地区暴发了一种严重的后疫苗时代的脑炎疾病。由于我们可以通过实验性操作，使牛痘病毒在动物身上呈现出“嗜神经性”，所以尽管目前尚未确定，但在特定的条件下，牛痘病毒完全有可能入侵中枢神经系统。上述情形在接种过疫苗的人群中的发生率很低，所以并不具有实质意义上的重要性，因此也不足以影响疫苗的推广使用。上述脑炎疾病看起来像是一种新的疾病，当然，也正是因为这个原因，我们才在这里引用这个案例。实际上，在我们不理解的情况下，大量的滤过性病毒感染能够造成中枢神经系统的失调。因此，继麻疹、天花、德国麻疹、流感以及由于研究鹦鹉热和绵羊跳跃病而导致的实验室感染之后，脑炎接踵而来。此外，鹦鹉热和绵羊跳跃病的症状与脑炎的症状非常相似。

当我们在文献中寻找中枢神经系统传染病的原始形态时，我们不能忽略人类痛苦的一页，即中世纪的舞蹈病。在较早的时期人们未曾听说过舞蹈病，但在黑死病的可怕苦难结束后，它开始变得司空见惯。在很大程度上，舞蹈病与中枢神经系统的流行病没有任何相似性，而更像是由恐慌和绝望引起的群众性的歇斯底里症。舞蹈病患者所经历的饥饿和压迫，所处的悲惨境地，是今天的我们无法想象的。在无休止的战争以及政治和社会瓦解的悲剧面前，这种无法逃避、神秘诡异、极具破坏性的可怕疾病就这样暴发了。人类是这样的无助，好像被困在了一个充满恐惧和死亡的世界里，毫无抵抗能力。在那些日子里，人们蜷缩在他们认为是超自然力量所带来的痛苦面前，等待着上帝和魔鬼的审判。对于那些在压力之下崩溃的人来说，除了进入精神错乱的内在避难所之外，他们无路可走。在当时的时代背景下，群众性的精神错乱最终走向了宗教狂热。在黑死病暴发的早期，在鞭笞派教徒之中，群众性的歇斯底里症变得越来越明显。人们加入兄弟会，数以千计的人在城市之间游荡。在后来的一段时期里，舞蹈病以迫害犹太人的形式呈现。犹太人被认为是传播黑死病的罪魁祸首。当时的人们在对西庸城堡的犹太人进行了刑事诉讼之后，又在欧洲中部对犹太人进行了迫害，这些都是群众性精神错乱的部分表现，而舞蹈病是这种疯癫行为的典型表现。从很多方面来说，舞蹈病与破坏了现代文明世界平衡的政治和经济的歇斯底里症属于同一类。在欧洲的部分地区，继上次世界大战之后，紧随而来的是饥饿、疾病以及同中世纪类似的绝望处境。出于显而易见的原因，相比于早期时代，我们现如今的反应，是用政治和经济的歇斯底里症，取代了之前的宗教歇斯底里症。

虽然绝大多数这些疫情可能是纯粹的功能性神经紊乱，但有相当一部分可能代表着可以追溯的中枢神经系统流行病的早期形态，包括我们现今的小儿麻痹症和各种形式的脑炎。

1027年，德意志一个叫作科尔比哥(Kolbig)的村庄暴发了一场流行病。村民们开始失去理智地争吵、跳舞以至发疯，接着陷入昏迷状态，最后很多村民甚至因此而死亡。幸存下来的人无法停止颤抖，有点类似流行性脑炎导致的帕金森综合征。赫克对大多数可靠的历史记载都做了详尽的叙述。1237年，埃尔福特(Erfurt)的一百多名儿童出现了手舞足蹈且胡言乱语的症状，最终很多儿童因此而死亡，幸存者也落下了颤抖的毛病。1374年，继黑死病之后，艾克斯拉沙佩勒（Aix la Chapelle）、尼德兰、乌特勒支（Utrecht）和科隆（Cologne）先后暴发了非常严重的舞蹈病。成年男女和儿童完全失去了理智，他们手拉着手，在大街上跳了几个小时的舞蹈，直至精疲力竭并最终倒地。他们发出尖锐的叫声，脑海中出现幻觉，口中呼唤着上帝。这样的行为传播得非常广。毫无疑问，在众多容易受到刺激而变得兴奋的人的推波助澜下，真正感染了这种疾病的人变得更加肆无忌惮，他们的行为与现代野营聚会和传道集会参加者的行为非常相似。在很多情况下，患者必然患有一种疾病，因为所有的记载都常提到患者会出现腹胀和腹痛的症状，因此患者常常用绷带勒住自己的肚子。很多人还出现了恶心、呕吐以及长期昏迷的症状。上述症状具有广泛性，且具有重要性，因而瑞士医学家巴拉塞尔苏斯（Paracelsus）撰写了一篇很长的论文，试图通过一个体系，将这种疾病划分为三个子类别。他所依据的体系不具有现代的重要性，因而我们没必要在此回顾。

意大利的舞蹈病被很多编年史作者认为是因狼蛛咬伤所致，但实际上，这种疾病可能和狼蛛咬伤没有半点儿关系。普罗德（Perotte）于15世纪中期留下的描述，与马西奥罗（Matthiolo）和费迪南多（Ferdinando）分别于16世纪和17世纪留下的描述清晰明了地指出，大多数的舞蹈病病例是由感染源引起的神经系统疾病，其中部分病例与狂犬病非常相似。患者先是感到忧郁和沮丧，接着出现癫狂性的兴奋状态和行为举止，最终因此而死亡或是进入昏迷状态。费迪南多对该疾病的描述，增加了失眠、腹胀、腹泻、呕吐、衰弱等症状。到了17世纪中期，该疾病的传染性危险实际上已经不复存在了。申克·冯·格拉芬博格（Schenck von Graffenberg）于1643年写道，舞蹈病攻击的主要对象是久坐不动的人，比如裁缝和工匠。当他们患上此病后，他们会毫无目的地四处乱跑。很多人要么撞出脑浆而死，要么坠水溺亡。幸存者会落下肢体乏力的后遗症，多数人永远无法彻底康复。

赫克的记载（我们在这里引用的大多数事实的来源）包括大量的中世纪文献摘要。摘要表明，舞蹈病的暴发是由多种因素造成的。毋庸置疑，主因是受到恫吓的可怜之人，面对无法想象的苦难和危险而做出的歇斯底里的反应。此外，它似乎还与紧随鼠疫或天花之后而来的中枢神经系统传染性疾病有关，就如同嗜神经病毒疾病紧随因上次世界大战导致的严重而广泛的传染病而来一样。

❷

在很多情况下，世界上任何地区的人群所遭遇的新疾病，都仅仅是其区域范围内的“新疾病”，是由发现或征服的完成而导致的结果。黄热病和登革热是由同一种蚊子传播给人类的，这两种疾病可能已经在西印度群岛和南美洲大陆存在了很长一段时间。在杜特尔特（Dutertre）于1635年描述瓜德罗普岛（Guadeloupe）和圣基茨岛（St. Kitts）暴发的黄热病疫情，还有莫塞莱（Moseley）于1655年报道在牙买加（Jamaica）暴发的黄热病疫情之前，西方医学史中还没有关于黄热病的确切记载。自此以后，该疾病在世界多地都有现身——虽然不是所有地方，但是在导致这种疾病的蚊子存在的地方，都出现了该疾病的身影。正如奥杜瓦德（Audouard）所明确指出的，天花之所以被广泛传播，很可能是奴隶贸易造成的。鉴于在西非发现了黄热病疫源地，人们很难知道黄热病究竟是从西非传到美洲的，还是从美洲传到西非的。一个严重的现代问题是，随着汽车和飞机的发展，北非也出现了大量的蚊子，但黄热病并没有在北非出现。不过，在西非海岸，该疾病异常猖獗。

就登革热而言，直至18世纪的最后二十年才出现相应的流行病信息。根据赫希的研究，登革热以极快的速度陆续在下列各地暴发：1779年，开罗；1780年，巴达维亚（Batavia）；同年，费城；1784年，西班牙。从1824年到1827年，疫情的首次大规模暴发分别出现在印度、西印度群岛和加勒比海岸。从那时起，登革热就以不同的强度，在大多数的热带和亚热带地区肆虐。登革热并非18世纪出现的新疾病，只是当时它不仅没有被认识，还被西班牙作家认为是一种温和形式的黄热病。

在面对一种叫作土拉菌病的所谓的新型疾病时，我们遇到了一个截然不同的问题。在这个人口稠密的星球的历史上，尤其是到了20世纪，人类会因为与长期存在于昆虫和野生动物身上的感染介质接触而感染一种新的疾病吗？1911年，麦考伊（McCoy）和查宾（Chapin）在地松鼠身上发现了一种奇怪的类似鼠疫的感染。历经千辛万苦之后，他们设法将与鼠疫杆菌相似的芽孢杆菌分离出来。1914年，关于该病菌的首例经证实的人类感染被报道出来。弗朗西斯（Francis）将这种疾病命名为土拉菌病，因为人们观察到的首例携带该病毒的地松鼠来自加利福尼亚州的土拉雷县（Tulare County）。当对该疾病在人类身上的症状有了全面的了解后，弗朗西斯发现类似的病例已经于1907年和1911年分别在亚利桑那州和犹他州出现过。自此以后，除了缅因州、佛蒙特州、康涅狄克州以外，该疾病在美国的各州都有出现。在大自然中，这种疾病是受洛基山山脉各州地松鼠、野兔、洛杉矶野老鼠、加利福尼亚州野鼠，明尼苏达州鹌鹑、鼠尾草鸡和松鸡，爱达荷州绵羊，日本、挪威、加拿大野兔，俄罗斯河鼠，加利福尼亚州和蒙大拿州鼠尾草母鸡、松鸡、野鸭感染的一种传染病。很多在自然界没有被感染的动物，在实验室里很容易被感染，而人类的感染，特别是猎人、屠夫以及处理感染动物皮毛的人的感染，主要是由于他们直接接触了受感染的动物组织。皮肤上细小的伤口接触感染源或携带病毒的手掌触碰眼睛就会导致感染。几乎所有的土拉菌病毒研究者，最后都感染了该病毒。在动物之间，这种病毒主要是通过蜱虫或蝇类等吸血昆虫来传播的。借由马蝇和木蜱的叮咬，这种病毒可以感染人类。在蜱虫身上，这种疾病是可以被遗传的，所以若要对人类构成危险，蜱虫并不一定要先叮咬一只受感染的动物。因此，我们还有另一种动物疾病，它可能在很长一段时间内造成少量的人类感染，这种疾病可能在动物身上存在了几个世纪，但直到20世纪初才对人类造成威胁。

被称为“流产型”波状热的疾病——与马耳他热关系密切——之所以在当代以前没有被认知，很可能是因为以前的时代无法避免的不准确诊断造成的。对于临床上类似的发热症状，希波克拉底有所了解。早在18世纪初期，为了与其他已知的、诸如疟疾或伤寒造成的发热做出区分诊断，人们对马耳他热做出了区分描述，然而，直到1918年，与之相似的、造成牛群流产的羊种布鲁氏杆菌以及一种在猪身上存在的杆菌才被人们所认知。直到1922年，通过运用细菌学方法，研究人员才得以确定，受感染牛群的牛奶以及受感染猪群的猪肉可以引发一种疾病，一种类似于地中海沿岸通过山羊奶传播的疾病。自那以后，这些疾病在我们生活的大陆上乃至欧洲部分地区，都成了公共卫生问题，但从某种意义上说，它们所谓的“新”，只不过是我们通过更为详细的诊断，从古老的疾病集合中细化出了一个分支而已。

❸

我们已经认识到，对所谓“新”疾病的评估，存在太多的漏洞。这主要是由于历史数据和早期相对原始的诊断方法的不准确造成的。然而，即便是针对这些问题的非常肤浅的讨论，也依然能够支持我们的论点，即传染病并不是静态存在的，它是根据寄生生物和被入侵物种之间不断变化的关系决定的，而这种变化关系必将导致临床和流行病学表现的变化。基于大量精确的研究，这一论点变得更具说服力——曾经一度广泛存在的、被详细记录和描述过的传染病，事实上要么已经发生改变，要么已经部分或全部消失了。在这种情况下，我们的推理拥有相当精确的证据支撑。

这方面的一个有趣的例子，是西欧腺鼠疫和肺鼠疫的灭绝[1]。黑死病主要就是腺鼠疫，是人类历史上的重大灾难之一。所谓重大灾难，战争、地震、洪水、野蛮人入侵、十字军东征以及上次世界大战都名列其中。据赫克估计，欧洲全部人口的大约四分之一，即至少两千五百万人死于黑死病。此外，黑死病还造成了道德、宗教以及政治方面的瓦解。正如我们之前所讨论过的，这种疾病就是一个很好的例子，因为病毒在群体中已经达到饱和。毫无疑问，在14世纪以前，欧洲暴发过多种可怕的瘟疫，但据我们所知，在黑死病暴发之前的几个世纪里，这些瘟疫都没有传播到欧洲中部和北部地区。对传染病的抵抗力是一种后天习得的特征，并非遗传所得，除非从进化的意义上说，对传染病抵抗力强的人选择性地生存了下来。这种通过自然选择而增强的抵抗力并不明显，除非感染能不受任何干扰、持续数个世纪地发生，且大多数的受感染者都幸存下来。因此，席卷欧洲的黑死病面对的是不堪一击的人群，他们惨遭该疾病的蹂躏。当黑死病首次横扫欧洲大陆时，由于缺少受害者，黑死病不过是强弩之末，只能在局部地区兴风作浪，伺机再起。1361年、1371年和1382年，黑死病再次卷土重来。这些连续性的灾难持续了三十四年。黑死病的暴发情形让我们明白，当一种传染病在感染饱和的人群中再次暴发时，它将变得越来越不具有致命性。当然，我们没有完整的数据做

1　很多历史学家都对鼠疫的历史进行了记载，其中最为翔实的是施蒂克（Sticker）的记载。

支撑，但查林·德·维纳瑞奥（Chalin de Vinario）留下的记录颇具指导意义。1348年，欧洲三分之二的人口感染了黑死病，最后几乎所有的受感染者都死了；1361年，一半的人口受到感染，有极少数的一部分人幸存下来；1371年，只有十分之一的人口受到感染，同时，患者的存活率也得到大幅提升；1382年，只有二十分之一的人口受到感染，而最后几乎所有的人都逃过了劫难。如果这种疾病继续暴发直至如今，并感染大部分的新生代人口，那么它可能会逐渐变成一种地方性的传染病，导致的死亡率也会相对较低。正如我们所知，在整个15世纪，黑死病在欧洲都有暴发，但其所影响的范围越来越小，其致命性较之以往也大大减弱。后来黑死病逐渐消失，直到1663年到1668年间，它再次暴发并发展为最后一次在欧洲全面流行的传染病。1664年，该疾病传播到伦敦，其发病情况被英国作家笛福（Defoe）和英国政治家佩皮斯（Pepys）生动地记述下来。

1661年，土耳其暴发了黑死病，该疾病首先传播到了希腊海岸和希腊群岛，接着又迅速向西扩散，同时也向东传播，但速度较为缓慢。1663年，黑死病在阿姆斯特丹登陆，在这个总人口不到二十万的地方造成了一万人的死亡。次年，它又以迅雷不及掩耳之势，致使当地约二万四千人死亡。之后该疾病又传到了布鲁塞尔（Brussels）和法兰德斯（Flanders），最后登陆伦敦。1664年12月的第一个星期，两名法国人死在伦敦德鲁里巷（Drury Lane）的一间房子里。此后的六个星期里，再没有其他的病例发生。1665年2月20日，新出现一个病例；此后直到4月，一切风平浪静。到了5月中旬，这场流行病全面暴发。对此，佩皮斯进行了如下描述：

1665年6月7日，我看到德鲁里巷两三座房子的门上都画着红色的十字架，还写着“吾主慈悲为怀”几个大字。这种令人悲伤的景象萦绕在我的脑海里久久不能消散，所以我不得不去买一些卷烟，想通过闻烟叶和嚼烟叶来驱走这种不快之感。

当查理国王（King Charles）庆祝大败荷兰舰队的胜利时，他看到越来越多的居民在墙壁上画上那令人感到害怕的红色十字架，于是不得已将宫廷移到了城外。三分之二的居民逃离了伦敦，将这种疾病带到了泰晤士河沿岸的其他城市，并最终将这种疾病传遍了整个英格兰。

黑死病在法兰德斯持续了几年，接着传播到了德意志西北部的威斯特法利亚（Westphalia），然后沿着莱茵河扩散到了诺曼底、瑞士，并于1668年登陆奥地利。在17世纪剩余的时间里，该疾病持续肆虐，直到18世纪的到来。在匈牙利、西里西亚、普鲁士、波罗的海沿岸地区以及斯堪的纳维亚半岛，该疾病都以局部流行病的形式暴发。1711年，在德意志的勃兰登堡（Brandenburg），共有二十一万五千人死于该疾病；在奥地利有三十万人死亡。1720年至1721年，另一波黑死病从法国港口城市马赛（Marseilles）扩散到了东南部的普罗旺斯（Provence）。此后，在18世纪的下半叶，该疾病的攻势虽然仍不容小觑，但其暴发呈现出局部性的趋势。尽管如此，它却逐渐向东蔓延。于是，在1770年到1772年间，俄国和巴尔干地区暴发的大规模流行病没有向西传播。在1820年以前，俄国和高加索（Caucasus）地区继续遭受着疫情的破坏，但是自这一年之后，俄国就再也没有暴发重大流行性鼠疫。在整个被称为西方世界的地方，也再也没有大规模暴发过该类疫情。

这种流行性鼠疫悄然退出欧洲，在流行病学中是一个无法解开的谜团。在这期间，该疾病一次又一次地传入欧洲和美洲各地，却再也没有表现出任何以流行病形式传播的趋势。1899年，的里雅斯特（Trieste）、格拉斯哥（Glasgow）、马赛以及那不勒斯出现了个案病例——在大多数的病例中，疫情都与来自疫源地的轮船上承载的乘客和水手有关。类似小规模的感染，在很多南美洲港口都有发生。1903年，澳大利亚的悉尼出现鼠疫感染的情况，极大地增加了鼠疫传播的神秘性。这年1月，一名码头工人死于鼠疫；2月14日，人们在码头上发现已经死亡的老鼠；2月15日，另一名码头工人在与老鼠接触之后，染上鼠疫而死；2月26日，又一名码头工人死亡；在之后的几周里，港口附近一家旅馆的老板被发现染上了鼠疫；到了6月末，悉尼郊区有个别病例出现。同年4月，类似的情况也出现在墨尔本，病例以个案和分散的形式出现。港口城市阿德莱德（Adelaide）也发生了同样的事情，城区和郊区均发现了染病的老鼠，但至此尚未暴发流行性疫情。1900年，鼠疫传播到纽约，但没有造成大量的死亡。同年，旧金山的华人中出现该疾病的身影。在加利福尼亚的各个地区，个别病例均以分散的形式出现，这种现象一直持续到20世纪第一个十年的末尾。1907年，旧金山的二十四名华人感染了鼠疫，其中十三人死亡。奥克兰（Oakland）和伯克利（Berkeley）也出现了个别病例。英格兰的港口城市和欧洲中部较大的城市，也时不时地出现一些鼠疫感染病例。1923年，人们还在欧洲的一座重要首府发现了染上鼠疫的老鼠。尽管如此，欧洲并未发生流行性疫情。

我们若要对这种现象做出解释，第一个进入脑海的答案，是欧洲的人口对鼠疫病毒已经获得了相当程度的抵抗力。而对于居住在印度或其他东方世界疫情中心的欧洲人来说，就没有那么幸运了。此外，我们不能将发生这样的变化，归功于消灭鼠害所取得的成功。至于跳蚤，即便是对于没有在9月这个跳蚤横行的季节去过欧洲中部和南部的人来说，他们也深知跳蚤在欧洲是何其泛滥。当把上述情况都考虑在内之后，我们仍然没有找到鼠疫从西方国家消失的合理解释。于是我们推测，尽管病毒的传染性在减弱，老鼠的数量有所减少以及它们被病毒感染的可能性有所减小，都是不争的事实，但流行病本身的进化，需要很多因素的微妙调整。值得庆幸的是，在20世纪的西欧和美洲，鼠疫本身的进化最终没能成功发生。最为合理的线索，在于人类对老鼠的驯化。鼠疫在人类中流行之前，通常会先在老鼠中广泛传播。在文明国度，房屋建设、食品储藏以及地窖建设等逐步发展起来，于是老鼠不再像过去那样在城市和乡村之间迁徙。之所以有很多人能够幸免于难，直接原因就在于老鼠得到了进一步的驯化。由于老鼠们在家里生活得很惬意，鼠疫疫源地就会局限于个别家庭和聚居地。

与鼠疫紧密相关的还有麻风病，这种疾病在古代为人们所熟知。在中世纪的欧洲，麻风病的患病人数一度急剧增加。尽管有迹象表明，在6世纪的法国，麻风病已经在一定范围内存在，但麻风病广泛地出现在欧洲，可能是在十字军东征归来以后。到了11世纪末，为麻风病人设立的隔离机构已经十分常见。第一所这样的机构是由名叫艾尔熙德（El Cid）的人于1067年在西班牙创立的。在教会的赞助下，类似的机构在规模和数量上都有了较大幅度的扩大和增加，以至于到了路易八世（Louis VIII）统治的时代，仅在特鲁瓦（Troyes）教区就有十九所麻风病院。

麻风病的故事和鼠疫的故事一样丰富，需要用一卷的篇幅来讲述。我们现在讨论的重点是，在15世纪中期以后，麻风病开始退出历史舞台，麻风病院也随之变得毫无用武之地。到了16世纪中期，这种疾病只是零星地存在于几个地区，而到了17世纪，它就基本上消失殆尽了。医学史将它的消失归因于各种各样模糊的理由，诸如卫生条件的改善等，但这些理由都不够充分。西格里斯教授认为麻风病的消失与黑死病暴发期间大量人口的死亡有关，这最有可能是问题的答案。当那场瘟疫横扫欧洲的时候，大量的人被夺去了生命，绝大多数的麻风病人被隔离在麻风病院中，这样的聚居使他们成了相对易受感染的群体。正如西格里斯教授所指出的，欧洲大多数的麻风病人可能都在那场浩劫中死去了，即便有少数病人幸存下来，也只是零散地分布在各地，不足以使这种疾病卷土重来。

❹

“英国汗热病（English sweating sickness）”可能是最为严重的瘟疫之一。该疾病以可怕的形式给人类带来了短暂的灾难，随后令人摸不着头脑地完全消失了。这种疾病的降临如同暴风雨一般，而它的消失也如它的到来一样突然。在1485年之前和1552年之后，再也没有类似的发热病症出现。

在博斯沃思（Bosworth）战役结束之后，亨利七世（Henry VII）控制了英格兰，但他的军队中暴发了一场疾病，使他无往不胜的军队不得不停止了行进。随着士兵的被遣散，这种疾病进入了伦敦。博斯沃思战役于8月22日打响，而到了9月21日，英国汗热病的暴发已经达到了顶峰。由此可以看出，该疾病的传播速度之快，可谓迅雷不及掩耳。“得益”于从军队中分散出来的士兵，英国汗热病很快就从东向西，覆盖了整个英格兰。仅仅用了一周的时间，它就夺去了伦敦两位市长大人和六位市参议员的生命。它对青少年也进行了无情的攻击。英国汗热病与皮卡迪汗热病（Picardy Sweat）具有相似性，我们在此不得不多说几句。根据霍林斯赫德（Holinshed）的记载，英国汗热病所造成的死亡率，可谓“每百人可活一人”。由于这个原因，亨利的加冕仪式也不得不被推迟。在牛津，后来建立了医学院的托马斯·雷纳克雷（Thomas Linacre）当时还是一名学生。由于疾病肆虐不止，牛津大学的教授和学生们只好逃离了大学，学校因此而关闭了六周。该疾病的首次暴发只局限在英格兰境内，苏格兰和爱尔兰并未被波及。

很多作家都对英国汗热病的发病症状进行了描述，不同的描述之间虽有细微的差别，但总体上是一致的。尤为重要的是约翰·凯恩（John Kaye）的描述，他于1552年出版了著名的小册子《汗热病》（*The Sweate*）。他在书中写道，在没有任何征兆的情况下，这种疾病通常会在夜间或清晨暴发，患者首先会出现打寒战的症状，不久之后便开始发热，身体随之变得异常虚弱。除了上述症状之外，患者还会出现心痛、心慌、剧烈头痛、昏迷等症状，部分患者还会出现呕吐的症状，但精神错乱的症状极为罕见。尽管一些作家没有提到皮疹的出现，但毫无疑问的是，另一部分作家，特别是腾吉尔斯（Tyengius）明确提到了这一点。腾吉尔斯的记述来自福雷斯特（Forest）。据福雷斯特所说，在流了一身大汗之后，患者的四肢会出现小囊泡，“这些小囊泡并未连成一片，这使得患者的皮肤显得粗糙不平”。全身大汗是这种疾病最明显的特征，一般在发烧后不久出现。死亡悄然而至的速度，可谓令人瞠目结舌。据说，很多人患病后一天之内就撒手人寰，其中有些患者甚至在几个小时之内便死去。一次发病并不能使人具有免疫力，因为很多人在较短的时间内连续发病两到三次。

经过短暂而暴虐的历程之后，英国汗热病完全消失了。在1486年到1507年间，我们没有发现任何关于它的报道。

英国汗热病的第二次疫情与第一次的情况极为相似，但我们手中并没有太多可靠的资料。它仍然在夏季暴发，地点是伦敦。正如森夫（Senf）所言，看似风平浪静，但这种疾病可能一直潜藏在伦敦，伺机再起。

1518年，英国汗热病第三次暴发，疫情更加严重。这一次，它依然只在英格兰肆虐，苏格兰和爱尔兰仍然安然无恙。然而，这一次该疾病传到了欧洲大陆，只是仅仅向着加莱（Calais）挺进。奇怪的是，据说只有英国定居者受到了感染。同样，它使大量的患者在两到三个小时之内命归西天。在牛津和剑桥，很多出身名门望族的人也命丧黄泉。在一些城镇，三分之一甚至二分之一的人口，都被病魔夺去了生命。[1]

通过一次又一次的暴发，英国汗热病似乎获得了能量，实力大增，最严重的一次疫情终于在1529年暴发了。[2]时间是这一年的5月，地点还是伦敦。该疾病暴发所造成的恐慌是如此严重，以至于社会动荡不堪，农业生产停滞，饥荒随之而来。此外，英国汗热病还跨越大海来到欧洲大陆，首先于7月现身汉堡，大概是跟随一艘从英格兰返航的轮船而来的。就在这个月，它又传播到了德意志东部，来到了吕贝克（Lübeck）和不来梅（Bremen）；9月，感染扩散到了哥尼斯堡（königsberg）和但泽（Danzig）；此后，它向东南方向传播，转移到了哥廷根（Göttingen），并在这里造成了大量的死亡，以至于一个墓穴里竟要塞进五到八具尸体。当时对那次疫情进行过描述的很多人都注意到了一个奇怪的现象，那就是该疾病到达

1 据统计，部分地区甚至损失了百分之八十到百分之九十的人口。

2 我们使用的日期来自汉泽的记述。由于英国历法和罗马历法不同，赫克等人记述的时间与汉泽存在一年的出入。

尼德兰（Netherlands）的时间，要比它出现在汉堡的时间晚了四周，而当时这两个地方与英格兰的海上交通都非常活跃。在马尔堡（Marburg），该疫情迫使改革委员会停工。在德意志的奥格斯堡（Augsburg），五天之内就有一万五千人病倒。当英国汗热病传到维也纳时，这座城市正处于奥斯曼帝国的君主苏丹苏莱曼一世（Sultan Soliman）的围攻之下。它可能将土耳其军队折磨得痛苦不堪，从而使苏莱曼一世终止了围城。不久之后，它在瑞士登陆。尽管如此，法国却安然无恙。

英国汗热病的第五次也是最后一次暴发，是在1551年。暴发地点仍然是在英格兰，但这次是在什鲁斯伯里（Shrewsbury）。4月，仅仅在几天之内，就有九百人因患上此病而殒命。接着，疫情扩散至整个国度，正如汉泽所描述的，“汗热病像一团毒雾一般四处飘散”。当时人们观察到一个奇特的现象，与之前加莱的感染只局限于英国定居者类似，这次的疫情也丝毫没有波及在英格兰的外国人。尽管如此，第五次疫情似乎也跟随英国人传播到了其他的国家，造成了法国人和尼德兰人的大量死亡。1551年暴发的疫情，正是约翰·凯恩在其著名的小册子里所描述的。

根据森夫的记载，在第五次疫情之后，欧洲又暴发了一次症状类似英国汗热病的疾病。然而，专家们经过多次研究，最终将其确认为皮卡迪汗热病。1802年，也就是在英国汗热病第五次暴发大约250年后，法兰克尼亚（Franconia）的罗廷根（Rottingen）暴发了一次与英国汗热病类似却是局部性的疾病。

将英国汗热病与现如今流行的传染病划归一类是行不通的。施努莱尔等人认为，英国汗热病是斑疹伤寒的另一种变化形式。正如森夫所指出的，在当时流行斑疹伤寒的国家，确实都没有暴发英国汗热病疫情。尽管如此，这种观点却不具有说服力。英国汗热病仍然是一种完全独立的疾病，如果现在再出现，是不能与任何已知的传染病划归一类的；其发作之突然，致死之迅速，除了偶然出现的脑膜炎和小儿麻痹症以外，是现如今的任何疾病都无法企及的。尽管它的传播速度和方式与流感的非常类似，但它没有明显的鼻黏膜炎的症状，没有继发性肺炎死亡，在短期内也不存在连续发作的可能性，上述所有这些，都能够将它与现如今暴发的流感区分开来。英国汗热病的一般特征使我们倾向于认为，它是由目前未知的一种滤过性病毒所致。以下这种推测是合理的，即英国汗热病是由一种病毒引起的，这种病毒几百年来一直以较温和的形式在欧洲大陆流行，并在英格兰极易受感染的群体中传播。这是唯一的依据，用来解释为什么该疾病唯独在英国人身上暴发，即使他们居住在国外也依然如此。鉴于小儿麻痹症病毒在现代人口中的广泛存在，而大多数人可能在成年之前就已经被感染了，只是没有表现出明显的患病迹象，因此我们推断小儿麻痹症病毒感染可能最终传播得十分广泛，最后使得全部人口都获得了免疫。一种起初具有严重传染性的疾病，最后可能成为局部性的流行病，然后逐渐发生变化，变得越来越温和，并最终消失。这种情况在麻疹、小儿麻痹症以及流感等疾病中肯定会发生，它们对我们来说属于局部性的可控疫情，但对于原始民族来说，则是极具破坏性和危害性的传染病。

另一种突然暴发，却在不到两百年的时间里几乎完全消失的疾病是“皮卡迪汗热病”。关于这种疾病与英国汗热病以及军营热的关系，人们存在一些误解。军营热包括大量已知的暴发性发热症，如麻疹、猩红热、水痘等。我们不可能查阅有关这些问题的大量有争议的文献，但有准确的记录表明，一种不同于任何现代流行疹病的特殊疾病于1718年突然出现在诺曼底，几年之后又传到普瓦图（Poitou）、勃艮第（Burgundy）以及法国北部的其他地区。对于在1718年以前，欧洲其他地区是否存在类似疾病，赫希、汉泽、奥扎拉姆等著名医学史学家的看法不一。汉泽认为，在1718年以前，阿尔萨斯（Alsace）和都灵（Turin）两地就存在疫源，但是在1718年以前，关于该疾病暴发情形的精确记载比较少。大多数医学史学家认为，除了暴发的地点不同之外，皮卡迪汗热病与英国汗热病的区别，主要在于伴随着前者而来的还有剧烈的精神症状。

关于皮卡迪汗热病在不同时间于不同地方的表现，一些精彩的描述确立了它作为一个明确的临床实体的特征。贝洛特（Belot）博士曾就1718年皮卡迪汗热病的暴发进行了首次精确的描述，而他的描述与范德蒙德（van der Monde）博士的描述大体一致，范德蒙德对1759年在吉斯（Guise）暴发的皮卡迪汗热病进行了报道。

皮卡迪汗热病的发作非常突然，常常伴有打冷战、腹痛以及呼吸困难等症状，接着是头痛欲裂、高烧不退、日夜难眠以及精神亢奋。发病后十二到二十四个小时之内，患者通常会出现盗汗以及瘙痒的症状。类似麻疹或丹毒的皮疹（这可能意味着甚至像猩红热皮疹一样发红），会在发病最初的四十八小时之内出现。此外，患者流鼻血频繁且出血量大。在致命性的病例中，患者还会出现精神错乱和抽搐的症状。很多患者在一到两天之内便死去。

从1718年到19世纪中期，法国暴发了很多次地方性的皮卡迪汗热病，开始时两次疾病暴发之间的间隔十分短暂，后来该疾病暴发的频率越来越低。在上述这段时期的末尾，意大利北部和德意志南部也暴发了类似的疾病。根据赫希的记载，1718年至1804年，皮卡迪汗热病在法国总共暴发了一百九十四次。至于该疾病的传播方式、暴发的原因以及消失的原因，我们不得而知。1751年，波伊尔（Boyer）发表了一篇文章，宣称这种疾病不具有接触传染性，也就是说，不存在个体之间相互传染的证据。对于这种观点，大多数的医学家表示认同。

与其他具有相同破坏力的疾病不同，皮卡迪汗热病总是呈现出单独暴发的趋势，大多数疫情局限于个别村庄或城镇。只有在少数案例中，它才扩散到了个别地区之外，尽管在一两个案例中，法国两个相距甚远的区域同时遭到该疾病的袭击。单独暴发的疫情很少持续几个月以上。

关于皮卡迪汗热病的性质，没有任何可信的说法，我们无法根据现代的划分标准将皮卡迪汗热病对号入座。在某种程度上，它与致命的猩红热类似，但它不存在任何严重的咽部感染的证据，这使得我们难以将它与猩红热划归一类。毫无疑问，它与麻疹和天花并非一类。我们唯一能够联想到的，与它同样具有致命性和突然性的疾病，便是暴发性脑膜炎球菌感染了。脑膜炎球菌感染在上次世界大战的军营中时常可以看到，它的发作非常突然，常伴有皮疹、盗汗、高烧的症状。在致命性的病例中，患者还会出现精神错乱和抽搐的症状。从临床上看，它与皮卡迪汗热病最为严重的病例具有极强的相似性。二者在其他方面的相似性，还包括病例之间缺少可以查得出来的关系以及传播的局限性。然而，当皮卡迪汗热病以一种温和的形式出现时——显然属于大多数情况，它与脑膜炎球菌感染的相似性就很弱了。我们只能得出这样的结论：我们在这里讨论的这种疾病，它要么是独一无二的，要么是一种现在还不为人知的幸存疾病，随着时间的推移而发生了改变。由于其发作之突然、寒战之剧烈以及出疹速度之快（一到两天），我们可以自信地断定它不属于斑疹伤寒。此外，皮卡迪汗热病频繁发生的剧烈瘙痒症状，也并非斑疹伤寒的症状表现之一。而且，在皮卡迪汗热病首次暴发的年代，斑疹伤寒已经以现存的形式存在了数个世纪之久。

目前，法国医学家报道过几个与皮卡迪汗热病症状相似的病例，就算这些病例是真实的，但是自19世纪70年代以来，皮卡迪汗热病就不曾暴发过，即使是小规模的。

Chapter 6

第六章

The epidemic diseases

传染病

❶

细菌性疾病从很早以前便向更高级形式的生命发起了攻击，这一点是毫无疑问的。

维也纳博物馆陈列着的史前狗熊遗骸，其牙齿和下颌有明显的大脓肿迹象。里森纳（Reasoner）从古生物学文献中搜集了史前动物遗骸上存在细菌的大量描述。他提到一种存在于二叠纪的爬行动物——异齿龙，据吉尔摩（Gilmore）的描述，有证据表明这头异齿龙患有慢性骨髓炎；而奥尔（Auer）对一头侏罗纪时期鳄鱼的描述，表明这头鳄鱼存在骨盆感染的迹象：感染还转移到了股骨、骶椎以及上颚处。雷诺（Renault）和穆迪（Moody）在数不胜数的化石中，发现了龋齿和风湿性关节炎的迹象。在化石遗骸中，骨坏死和随之而来的骨质增生也是十分常见的。

尽管雷蒙德（Raymond）在于法国发现的一具新石器时代原始人的骨骼上，发现了变形性脊柱炎和膝关节关节炎的迹象，但就细菌对人类的攻击而言，我们对原始人情况的了解仍然十分有限。少量古代的化石并不能解答人们心中的疑问。人类拥有的古生物学文献过于贫乏，无法为这一问题提供有价值的信息。尽管如此，有大量的证据表明，早在数百万年前，细菌就具有造成感染的能力，而且，我们也没有理由怀疑，在人类存在的最初阶段，传染病就已然是笼罩在人类头顶上的一团阴霾。在人类开始对历史进行记录的最早时期，许多传染病就已经存在了。在那时，虽然人们做出诊断非常困难，但可以确定无疑的是，在耶稣基督诞生几千年前，传染病就已经流行了。

根据古代医学文献对各种传染病做出诊断存在诸多困难，因为在确定描述性词语的含义时存在一定的不确定性，除非这些词语在多部不同的文献中均有提及。想得到针对皮疹性质的精确描述通常是不可能的，因为我们很难知道古代文献中的词语究竟应该翻译成什么才是准确的，是凸起的表面、囊泡、脓疱，还是溃疡？

就流行病的性质而言，西方研究者很少能够从中国的文献中获取有用的描述性记载。天花和一些疹病很可能起源于中国，后来经过波斯和北非传入欧洲。然而，正如怀斯（Wise）和摩尔（Moore）所言，我们无法找到有力的证据来支撑这一观点。摩尔以古老的中国医学论著为依据，认为公元前1122年到公元前249年间，天花在中国广为流行。1871年，史密斯（Smith）在《医学时报》（*Medical Times and Gazette*）上发表了一篇文章，援引证据表明天花由印度传入中国，大约是在公元前200年的汉代。[1]

在古代印度的著作中，如在《阿育吠陀》（*Ayur-Veda*）（成书时间不确定，但肯定是在公元前200年以前，部分著作可能成书于公元前900年）和妙闻（Susruta）的著作中，都有类似破伤风和舞蹈病的记述。各种各样的发热病症均已为人们所熟知，其中一些毫无疑问是疟疾，另一

1 这些信息主要来自赫希。然而，天花的来源是一个颇有争议的话题，克劳斯（Krause）、哈恩（Hahn）、韦尔霍夫（Werlhof）以及众多医学家都就这一主题发表过作品。汉泽对天花来源于印度和中国的观点提出了质疑，尽管他并不排除这种可能性。此外，他也不接受希波克拉底的著作中对天花的描述。关于这种疾病准确无误的描述，可以在公元40年以后的著作中找到。

些可能是炎症性风湿病或麻风病，麻风病在印度被称为“库斯塔（Kushta）”。一种肠道类型的疾病被准确地翻译为霍乱，这种疾病也已为人们所熟知。汉泽对怀斯的翻译资料进行了研究，发现了卡他性黄疸、淋病以及疑似肺结核存在的证据。特别有趣的是，妙闻的著作中有对生殖器溃烂的描述，对此，汉泽认为这种病症可能就是梅毒。

关于古代埃及存在的传染病，我们从《爱柏氏纸草纪事》（*Papyrus Ebers*）中得到了大量信息。该书大约创作于公元前1700年，其中提到的传染病包括埃及人称为“毛乌（Hmaou）”、类似于丹毒的病症，还有肠道疾病以及各种各样的眼炎。对于毛乌的治疗，埃及人主要是用驴粪。通过对木乃伊的检查，马克·鲁费尔（Marc Ruffer）爵士、艾吕特·史密斯（Eliot Smith）博士和伍德·琼斯（Wood Jones）博士发现了波特氏病（Pott’s disease）存在的证据。他们还在一具公元前1200年的木乃伊的皮肤上发现了类似天花症状的斑点。在拉美西斯二世（Rameses II）的脸部和身体上，他们也发现了类似的斑点。在拉美西斯五世（Rameses V）的腹股沟周围的普帕尔氏韧带的上方，他们发现了一块三角形的溃烂区，这表明拉美西斯五世可能患过腺鼠疫或国王病软下疳。在一些更为古老的木乃伊身上，由于木乃伊的腹部脏器并未被移除，鲁费尔爵士发现了肿大的脾脏，这可能意味着死者生前患有疟疾。[1]

1 我们引用的上述多项观察结果，都来自美国陆军上校里森纳（Reasoner）的一篇有趣的随笔。在此我们致以诚挚的谢意。

对于《旧约》(*Old Testament*)中提到的疾病，加里森(Garrison)在他的《医药史》(*History of Medicine*)中进行了总结，它们包括：淋病、麻风病以及疑似牛皮癣的疾病；《旧约·撒母耳记》(*Samuel*)提到了腹股沟腺肿大，表明可能存在鼠疫。《塔木德》提到了一种肺部的症状，与肺结核病症极为相似；此外，它还提到了一种肾脏脓肿的症状以及女性生殖器官的感染。

耶和华似乎对可怜的非利士人(Philistines)较为苛刻。《旧约·撒母耳记》描述过一场战争，其中非利士人战胜了犹太人，在看起来似乎十分公平的战斗中，非利士人杀死了三万犹太战士。非利士人能够取胜的原因之一，在于希伯来军队的士兵临阵脱逃，藏到了他们的帐篷里。于是，征服者将上帝的约柜搬进了供奉己方神灵的房子里。非利士人的神灵叫作大衮(Dagon)，形似半人半鱼。自此之后，大衮便再无宁日。希伯来人的上帝向大衮发起了攻击，砍掉了他的双手，将他扔下神坛，使他的脸部重重地撞到地面。这使得以色列港口阿什杜德(Ashdod)的非利士人惊恐不已，于是他们将约柜送回了迦特(Gath)。“运到之后，耶和华的手攻击那城，使那城的人大大惊慌，无论大小都生痔(emerod)”“原来神的手重重攻击那城。未曾死的人都生了痔。”只有上帝知道“痔”为何物；实际上，它是一种痔疮(hemorrhoid)。这两个令人不快的词的词源关系是显而易见的。即使是非利士人，也不太可能因染上痔疮而一命呜呼。“痔”这个单词，意思是肿胀或圆形的隆起之处。在其著作《圣经字典》(Dictionary of the Bible)中，黑斯廷斯(Hastings)并不认为所谓的“痔”就是我们所说的“痔疮”，他认为是黑死病。因此，他认同“痔”是指私处部位的肿胀，但对于肿胀部位是在身体的前部还是后部，他持有不同的看法。尽管根据现有的资料，我们无法对此做出精确的诊断，但由于这些圆形的肿胀具有流行性传播和高死亡率的特点，所以它有可能是鼠疫。[1]

在大卫统治的时代，以色列暴发了一场严重的瘟疫，七万人因此猝死，其中大多数人都是在一天之内一命呜呼的。关于这场疾病的性质，我们没有获得任何有价值的线索。

约瑟夫斯(Josephus)在《希伯来书》(Hebrews)中提到的古代疾病，没有一种疾病配有足够的细节描述，以支撑一个合理的诊断性猜测。在埃及人所遭受的灾难中，有一种疾病与水的污染有关，这种疾病给埃及人造成了巨大的痛苦；另一种疾病是因无以计数的虱子从死者的尸体中爬出而引发的(由于很多人死亡，所以埃及暴发了一种由虱子传播、与斑疹伤寒类似的疾病，尽管在这一历史时期尚不存在关于斑疹伤寒的任何记载)；第三种疾病是当时极具致命性的一种传染病——疖病。

从《圣经》描述的历史中我们可以看到，在犹太民族与其他民族进行的公平竞争中，希伯来人总是获得了最终的胜利。在其他人看来，希伯来人的上帝偏袒希伯来人且冷酷无情。我们想知道这是否为“种族主义作家”休斯顿·斯图尔特·张伯

1 普罗伊斯（Preuss）所著的《塔木德医学》（*Medizin im Talmud*）是圣经时代最具权威性的医学著作。

伦（Houston Stewart Chamberlain）的观点提供了辩解的理由，因为他完全以宗教间的冲突为基础来解释种族冲突。由于犹太人的教义在古代被广泛传播，如果人们相信上帝会对所有反对犹太人的人进行残忍报复，那么非犹太人的仇恨和敌意就很容易理解了。 126

❷

在大多数情况下，对发生在古希腊时代之前的传染病的解读，人们多半是靠猜测。尽管如此，我们还是得到了大量准确的信息，使我们能够对这些疾病的症状和临床表现形成一些合理的认知。在希波克拉底之前，虽然也存在不少医学信息，但我们感兴趣的、涉及流行病的内容还是较为少见。塞萨利（Thessalian）国王、太阳神阿波罗的儿子阿斯克勒庇俄斯（Asclepius，医术之神）基本上是一个神话中的人物，当时的一些传染病知识在他后来的追随者中广泛传播，很明显这些追随者来自建有其神庙的个别地方，这些地方比如提洛岛的法律规定，严禁人们将死去的人埋葬在神庙附近。古希腊哲学家德谟克利特提到过一种可能具有传染性的疾病，据说恩培多克勒斯（Empedocles）通过将一座山的缝隙封住，从而控制住了河水中的瘴气。此外，德谟克利特还相信，传染病之所以在人类中肆虐，是因为天体毁灭，灰渣坠落到了地球上。希腊神话中的人物阿尔克迈翁（Alcmaeon）利用大火，在雅典阻止了一场瘟疫的暴发。然而，在希波克拉底的时代到来之前，即使是希腊人也没有留存古代诊断结论的资料。

希波克拉底或许并不是古代第一位伟大的医生。实际上，古代埃及很可能出现过很多医术精湛、天赋异禀的医生。据希腊历史学家希罗多德所言，古代埃及医生的医术甚至比当代医生的更为高超，因为当代医生通常只研究身体上的一个器官，而古代埃及的医生既是牙医，又是内科医生和外科医生。然而，就我们从希波克拉底那里获得的记录和著作而言——这些记录和著作显示了一种处理医学问题的方法，这种方法完全类似于我们今天的处理方法——希波克拉底不愧为第一位伟大的医生。实际上，他在《传染病》（*Epidemion*）一书中对各个病例的描述是如此的精确，以至于我们可以从他的临床医学史中得出比他当时的诊断更为准确的结论。

各种各样的传染病曾使希腊人痛苦不已。希腊人习惯在户外生活，气候条件良好，人口分布较为分散，所以早期暴发于希腊的传染病并未引起历史学家的重视。在荷马时代的希腊军队之中，在斯巴达人与雅典人的早期战斗中以及在波斯战争中，历史学家关于流行病的描述之少，实在令医学读者震惊。当时的军队士兵众多，移动速度通常很快，军队中一定暴发过某种疫情，但无论是希罗多德，还是研究这一时期历史的其他历史学家，都不曾提及任何一场由于传染病造成的影响广泛、死亡率极高的疫情。这可能是由于当时暴发的疫情都被人们解读成了神的愤怒，而不是传染病的暴发。

在希波克拉底的记录里，我们发现了暴发于希腊萨索斯岛（Thasos）的传染病，症状为眼部红肿——极有可能是传染性角膜炎；腹泻，伴有发热、下坠感、水样便、呕吐、出汗等症状——可能就是细菌性痢疾；主要出现于秋天和早冬的持续性发热，很明显是三日疟、间日疟以及夏秋疟等造成的；还有长达二十四天以上的发热，伴有腮腺非化脓性肿胀，我们可以合理地将其认定为伤寒发热症；至于另一种发热，鉴于其在古希腊暴发的特征，我们可以将其认定为马耳他热；有一种疾病，我们可以将它确定为流行性腮腺炎——温和的发热，不会造成死亡，但会出现双侧腮腺肿胀、干咳以及偶尔的睾丸肿胀的症状；如果出现咽喉痛、咳嗽、发热以及精神错乱的症状，那么那种疾病要么是猩红热，要么是白喉。

在《传染病》一书中，希波克拉底记载了大量的病例，这些记载如同现代的记载一样详尽，我们据此可以做出诊断。对于许多病例，希波克拉底的观察是如此的精确，以至于我们利用现代知识，就可以弄明白某种感染的准确类型——在很多情况下，个例病症一定是由一种微生物造成的。关于许多非外科疾病的研究，希波克拉底所取得的成就，与现代的医生和家庭医学顾问一样出色，后者受到保守的同时代人的尊敬，且他们通过为医学的枪膛填装火药，将我们的行业从所有新式实验室中解放出来。[1]

以下内容来自希波克拉底的记载。海洛冯恩托斯出现了急性发热，伴有排泄物呈胆汁色液体状、下坠感、腹部压痛

1　见富星汉姆（Frothingham）的作品。

等症状；到了第五天，他开始精神错乱，并浑身出汗，排泄物继续呈液体状；到了第九天，他出现了大量出汗的情况；过了七天以后，这种情况又一次发作。海洛冯恩托斯一定是患上了急性细菌性痢疾、斑疹伤寒、副伤寒或者霍乱这几种疾病中的一种。鉴于他的病情只是个例，所以可以排除是霍乱的可能性。

和现在一样，溶血性链球菌感染在过去的时代也是一样的可怕。菲利努斯和多玛德斯的妻子，都是死于一种我们现在称之为产后脓毒血症的疾病。

伊普科拉底的妻子在分娩前两天咽喉痛，并伴有高烧不退的症状，一直持续了二十一天，八十天之后症状才彻底消除。她得的可能是伤寒发热症，或是亚急性链球菌感染。

希腊萨索斯岛的克里东突然感到大脚趾疼痛，接着当天晚上就出现了发热和精神错乱的症状；第二天，他的脚出现了红肿，并伴有小黑斑，腿也开始肿胀；两天之内他就被病魔夺去了生命。毫无疑问，他死于致命性链球菌感染，很可能是由于嵌甲引起的。

一名有三个月身孕的妇女突然感到背部疼痛，接着很快开始发热、头痛、脖子和右手痛，并失去了语言能力。到了第五天，该妇女出现了精神错乱、右上肢瘫痪的症状。记载中虽然没有提及患者在十四天后痊愈，仍有部分肢体瘫痪的症状，但从整个病症的临床表现来看，该妇女得的应该是急性脊髓灰质炎，或者是一种新型疾病——流行性脑炎。

一位无名士死于一种病症，我们基本上可以断定，他得的病不是急性阑尾炎，就是胆囊炎。在饱餐后的一个午夜，他突然开始呕吐、发热，并出现右胁下痛的症状；这些症状一直持续着，且经常腹痛；到了第十一天，他便离世了。因为没有一点黄疸病的征兆，所以我们认为他患的是阑尾炎。有趣的是，希波克拉底对病人所做的身体检查是那么的详细。他写道，在首次检查病人的身体时，他并未发现腹部僵硬的症状。因此，这种症状一定是后来才出现的，或者我们也可以说，即使伟大且细心如希波克拉底，也有百密而一疏的时候。

书中还有关于痈、丹毒、疑似白喉、各种形式的瘫痪的描述；由于存在腹股沟淋巴结炎，因而疑似为鼠疫[1]病症的描

1　如果希波克拉底描述的病例是真正的鼠疫，那就很奇怪了，因为书中并没有关于该疾病流行性传播的描述。他似乎在单个病例中发现了鼠疫的存在，关于这一点，我们可以从他的著作《格言》（*Aphorisms*）的部分文字中看出来。他在书中写道，除了短期发作的发热以外，其他由淋巴结炎引起的发热都是十分危险的。利特雷引用了《传染病》第二部中的一句话，表明希波克拉底对真正的鼠疫很了解。希波克拉底出生于公元前460年，即第十八届奥林匹克运动会的第一年。雅典最严重的一次瘟疫暴发于公元前430年，如果这次瘟疫就是鼠疫，希波克拉底也会这样认为。如同我们将会在其他地方看到的，尽管奥扎拉姆和其他一些医学家持不同看法，但根据病情的描述，雅典那次暴发的疾病不能被认为是鼠疫。在希波克拉底的一生中，波斯暴发过一次严重的传染病。波斯王亚达薛西（Artaxerxes）派使者前来拜访这位伟大的医学家，说如果他能向被病魔所困的波斯人伸出援手，那么波斯王将赐予他数不尽的财富。尽管希波克拉底出于爱国的原因，拒绝了波斯王的请求，但波斯使者肯定将国人所染疾病的具体情况详尽地告诉了希波克拉底。因此，极有可能的是，如果在公元前5世纪时，这种具有典型特点的瘟疫出现在希腊的话，希波克拉底一定会将它识别出来。关于这一问题，所有著名的医学史专家都已经详细地研究过了。如果当这种疾病在世界其他地方肆虐的时候，希腊人能够幸免于难，那么可能是因为希腊人的家中很少或者根本没有惯于生活在宅院中的老鼠。在探讨老鼠历史的章节中，我们讨论了这项推测成立的原因。然而，其中可能还存在其他的神秘原因。我们面临着相似的问题，在现代历史上，英国和欧洲西部都没有出现过鼠疫。在过去的二十五年里，人们在欧洲较大的城市中发现了鼠疫的孤立病例，但就其规模而言，几乎连局部疫情都称不上。从大约1721年开始，欧洲西部就没有出现过鼠疫疫情。在19世纪，俄国西部实际上也未出现过鼠疫疫情，但是携带跳蚤的老鼠确实数目众多且无处不在。

述；[1]此外，还有肺炎、胸膜炎以及类似肺结核的慢性肺部疾病的病症描述。风湿热这一疾病在当时似乎已经为人们所熟知了，但是相关的描述确实较为模糊。

之所以要仔细考察希波克拉底的临床医学史，是因为我们的目的是要找到斑疹伤寒存在于人类早期的证据。奥扎拉姆等人声称，希波克拉底曾经记载过斑疹伤寒，因为在《传染病》第一卷中，其所描述的第二例病人就是很好的证据。这位病人的名字叫作西勒诺斯，他由于疲劳和过度饮酒及锻炼而染上了一种发热病。刚开始时，他感到背部、头部和颈部疼痛。数天之后，他开始发热，并出现了一些肠道症状，腹部还有压迫感，且伴有失眠和精神错乱的症状。虽然数种类型的传染病都会出现上述类似的症状，但西勒诺斯得的病与斑疹伤寒的症状更为相似。到了第七天和第八天，他身上突然长出许多红色的球形斑点，并持续不退，也不发生化脓。第十一天，他离开了人世。在西勒诺斯的病例中，头痛、盗汗、精神错乱、出疹等症状以及疾病的发作和持续时间，都符合严重的斑疹伤寒的情况。我们对于该疾病的诊断，主要取决于皮疹的特性，而对皮疹特性的了解则取决于描述其特性的文字的准确意义。关于该疾病的一项重要描述，希波克拉底用了“Iovθol”一词，法尔（Farr）将其翻译为“样似囊泡”，而默西（Mercy）则将之翻译为“类似静脉曲张”。我们的同事古利克教授说：“我

1　希波克拉底似乎采用了一种听诊的方法。现代听诊器之父雷奈克（Laennec）曾说：“希波克拉底尝试了一种最接近于听诊的方法。”

在希波克拉底的作品中找不到‘Iovθol’一词的其他出处，因此不能确定其含义。从亚里士多德的记载中，我们可以知道，原意为发根的Iovθol，可以指有脓液的疹子，也可以指无脓液的疹子；此外，亚里士多德还对疹子为什么大多长在脸部发出质疑，认为它们与长在舌头上的肿块儿非常相似。盖伦（Galen）说疖子与Iovθol一样，是由皮肤潮湿引起的，它们或硬或糙或红肿发炎，如果红肿发炎的话，发热的症状随之而来。接下来，盖伦就如何治疗这种疾病开出了几个处方。”因此，将该病例看作是斑疹伤寒的一个实例，不过是纯粹的猜测而已。鉴于并没有与之相似的病例被提及，我们认为这个猜测多半是站不住脚的。

奥扎拉姆认为克拉索门尼亚的病例毫无疑问属于斑疹伤寒，而如果我们对该病例进行详细考察的话，会发现它实际上更可能是一种严重的伤寒。

因此，在希波克拉底的所有记载中，没有一处描述可以被确定无疑地认为是斑疹伤寒。如果你去查找其他可能描述过这一疾病的古典作家的记载，你会发现也是竹篮打水一场空。与希波克拉底同时代的欧瑞丰（Euryphon）是奈达斯学校的医师，他对某种疾病的描述经常被其他人引用，以支持古代存在斑疹伤寒的观点。盖伦说：“欧瑞丰将这样的发热命名为‘青黑’，并说它周期性发作于头部，并伴有剧烈腹痛，病情严重的病人甚至呕吐胆汁；当疼痛折磨病人的时候，医生很难做出诊断；病人的腹部变得干瘪，全身的皮肤都呈青黑色，嘴唇的颜色就好像刚吃过桑葚一样，白眼球也变成青黑色，病人看起来就像是被扼住了喉咙一样；当这些症状有所缓和的时候，病人的病症往往会呈现出新的变化。”显然，这种疾病也不是斑疹伤寒，以上描述倒像是对严重霍乱发作的生动写照。

❸

最早有记录、通常被认为是斑疹伤寒暴发的流行病，是在伯罗奔尼撒战争（Peloponnesian Wars）中暴发的雅典瘟疫。关于这场疫情，修昔底德（Thucydides）在《伯罗奔尼撒战争史》（*History*）的第二部中进行了描述。

在根据古代的病情描述对流行病做出诊断，且对同时发生的疾病无法做出区分时，我们需要知道，当任何大规模传染病暴发时，尽管绝大多数的病例代表着同一个类型的传染病，但与其同时暴发的，通常还有其他形式的传染病。因为有利于一种传染介质传播的环境，通常也会为其他传染介质的传播创造有利的条件，只有一种传染病尽情肆虐的情况极为罕见。修昔底德之所以没能做出准确诊断，可能是因为在雅典暴发严重瘟疫的同时，还有数种流行病也在肆虐。当时的环境正是如此。在公元前430年的初夏，希腊的阿提卡（Attica）驻扎着大规模的军队。这个国家的民众蜂拥进入雅典，于是这个城市开始变得拥挤不堪。这场流行病似乎起源于埃塞俄比亚，接着横扫埃及和利比亚，并最终来到了希腊东南部港口城市比雷埃夫斯（Piraeus）。它以迅雷不及掩耳之势传播开来，人们在毫不知情的情况下突然病魔缠身。患者最初的症状表现为剧烈的头痛和眼部红肿，随后会出现舌头和咽部发炎的症状，并伴有打喷嚏、声音嘶哑和咳嗽。不久之后，患者的胃部剧烈疼痛，并伴有呕吐、腹泻和干渴的症状。与之相伴发生的，通常还有精神错乱。一般在第七天到第九天之间，患者就会死亡。侥幸活下来的人通常身体极度虚弱，伴有持续腹泻，并无法痊愈。当患者发高烧的时候，其全身会出现红色的斑点，其中部分斑点会发生溃烂。重症患者痊愈后，他们通常会在康复期出现手指、脚趾或生殖器坏死的症状。有些人甚至会失明，还有很多人会完全丧失记忆力。那些痊愈了的人，从此便具有了免疫力，因此他们可以照顾病人而不会让疾病对自己构成威胁。那些未完全免疫的人，不会再次感染并因此而死亡。修昔底德就曾经感染过这种疾病。在沉寂了一段时间之后，当冬季来临时，这种疾病再次现身，并极大地削弱了雅典的力量。

无论雅典的瘟疫属于哪一种流行病，它都给历史事件造成了深远的影响。雅典军队为什么会遵照伯里克利（Pericles）的建议，没有试图驱逐蹂躏阿提卡的斯巴达人？这场瘟疫是一个主要原因。当时雅典人的生活已经完全陷入混乱状态。人们不再愿意为荣耀而战。正如修昔底德所言：“他们看到了那些曾经富甲一方，却突然死去的人；也看到了那些曾经一无所有，但片刻之间占有了他人大量财富的人；更看到了这种运势的变化是何其的迅猛。”对于人类乃至上帝的律法，没有人再心怀敬畏。无论虔诚与否，结局都是一样的，没有人指望自己能活到被审判的那一天。最后，斯巴达人匆忙忙离开了阿提卡。他们之所以离开，并不是出于对雅典人的惧怕，何况此时的雅典人已经蜷缩在他们的城市里。斯巴达人所畏惧的是那场瘟疫。同时，这场瘟疫使进攻斯巴达沿岸的雅典舰队没有完成其兴师动众的使命。因此，在这两个相互竞争的国家之间的斗争中，传染病造成的影响不亚于任何军事力量。

修昔底德时代暴发的那场瘟疫，与我们今天所知的任何传染病均不相同。汉泽认为，比起我们所熟悉的任何情况，它都更像是斑疹伤寒；赫克则认为它是某种形式的斑疹伤寒，只不过在随后的几个世纪里，它的特性发生了变化。事实上，它引起的皮疹与现在的斑疹伤寒的皮疹大不相同，倒是与天花造成的皮疹更为相似。综上所述，必须做出的总结是，我们无法确定无疑地为雅典瘟疫定性。在一座拥挤不堪、建有一万多栋相对较小的建筑物的城镇里，加上人口大量流入，雅典瘟疫传播的速度与许多传染病的表现是一致的；而它的发病、立即出现的呼吸系统症状、皮疹的性质以及后遗症，则与天花的十分相似。

在试图对雅典瘟疫进行诊断时，我们必须认真考虑赫克的观点，即在数个世纪的流行与沉寂交替的过程中，这种传染病可能发生了极大的改变。在医学与传染病的斗争中，人类取得的最大成就，就是发现在流行病间歇期间，潜在的疾病介质可以潜伏在人类、家养动物以及昆虫等载体上。在揭示细菌和病毒为适应不同的环境所发生的性状变化方面，现代细菌学已经取得了相当大的进步。斑疹伤寒一类的传染病的环境已经被着重研究过了。我们已经了解到，人类历史上的多种斑疹伤寒以及与之相似的发热类疾病，这些传染病的病毒可能是通过不同的啮齿动物、昆虫以及人类传播的。关于这些问题，我们会在其他的章节中进行更为详尽的讨论。

因此，在对公元前5世纪暴发于雅典的瘟疫进行分类时，我们必须在斑疹伤寒、腺鼠疫、肺鼠疫以及天花之间做出选择。

在我们看来，没有理由推断雅典瘟疫是某种斑疹伤寒。无论现存的分歧在何处，我们似乎可以肯定的是，与斑疹伤寒大不相同的是，雅典瘟疫所引起的皮疹后期会突然起泡；其发作的突然性、上呼吸道发炎的症状以及剧烈咳嗽，与我们今天所了解的斑疹伤寒亦不相符。肢体的坏死虽然符合斑疹伤寒的症状，但这种症状在雅典瘟疫中并不突出。斑疹伤寒一般在冬季暴发，而雅典瘟疫暴发的时间是在酷热夏季的伊始，这个季节因素也不符合斑疹伤寒的特征。此外，如果对其他的古代证据进行仔细审查，我们就会发现没有证据能够证实斑疹伤寒在当时的确存在，我们也找不到相关的可信描述。

腺鼠疫在当时可能已经存在。可以确定的是，早在耶稣基督诞生至少三百年前，腺鼠疫已经在近东地区和非洲北部海岸一带流行；在其他地区，我们也发现了某种形式的腺鼠疫，或是一种与之紧密相关的疾病，在圣经时代形成了严重的疫情。尽管如此，修昔底德对雅典瘟疫的描述无法给我们线索，让我们了解究竟是鼠疫杆菌或类似的有机体，以腺鼠疫或者肺鼠疫的形式，引发了这场瘟疫。

我们认为天花是最具可能性的选项。关于天花在当时的世界是否广泛流行一直有很大的争议。利特雷认为在古代文献中找不到天花存在的有力证据。汉泽则引用妙闻的记载，提及在古代印度曾经流行过一种与天花极为相似的疾病；德国物理学家帕邢（Paschen）相信，早在公元前1700年，中国就已经存在天花了。总的来说，博学的作家们似乎相当一致地认为，在古希腊罗马的古典时期[1]，欧洲并不存在天花这一疾病。然而，在我们看来，修昔底德的描述恰好指出了这类疾病的存在。另一种传染病的暴发，为这一推测提供了有力

1 一些作者认为，天花是随着四处游荡的日耳曼部族传播至整个欧洲的，但这也只是猜测。可以确定的是，在6世纪的时候，天花在非洲北部是一种常见疾病。大约在同一时期，法国也暴发了一场流行病。阿夫朗什（Avranches）的主教和图尔斯（Tours）的格里高利（Gregory）对这一情形进行过描述。我们可以确定地说，这场流行病就是天花。10世纪早期，拉齐斯（Rhazes）曾精确地描述过这一疾病。在那时，天花已经广泛出现在近东地区。据说，在6世纪的“象战（Elephant War）”期间，天花通过阿比西尼亚（Abyssinia，今埃塞俄比亚）传播到了阿拉伯半岛。此后，萨拉森人（Saracens）将其带入了西班牙，并由此自然而然地渗透进了欧洲。

到了1000年的时候，天花已经遍布整个欧洲。随着十字军的回乡，士兵们一次又一次地将天花从东方携带回国。腓特烈·巴巴罗萨（Frederick Barbarossa）所率军队的悲惨命运，可能是由天花造成的，而不是武力所为。蒙古人的入侵更是造成了天花病毒新一轮的大规模泛滥，于是欧洲人不得不建立了第一批隔离病院，用来为大量的患者提供庇护。最终，这一疾病成了全人类不可避免的考验之一。

在美洲新大陆被发现以后，天花紧跟开拓者的步伐来到了美洲。在征服墨西哥，迫使强大的当地部落屈服之时，欧洲人无疑得到了他们强大的同盟——瘟疫的帮助。在瘟疫面前，土著居民就像小孩子一样不堪一击。在这些瘟疫中，天花可谓拔得了头筹。西班牙征服者纳瓦埃斯船上的一名黑奴将天花带上了美洲海岸。据说，三百多万印第安人因此而命归西天。事实上，在天花于美洲新大陆快速传播的过程中，黑奴很可能扮演了一个相当重要的角色。到了16世纪中期，天花已经遍布世界的每一个角落。

在此后的两个世纪里，天花这一传染病可谓一有机会就死灰复燃，其暴发的规模和严重程度，今天的我们无从得知。可以肯定地讲，如果不进行牛痘疫苗的接种，天花仍将肆虐于当今世界，不断地向人类的后代发起进攻。

的支撑，狄奥多罗斯·西库路斯（Diodorus Siculus）对这一疾病的暴发进行了描述。公元前396年，当迦太基（Carthage）的军队围攻意大利西西里岛东部港口城市锡拉库扎（Syracuse）时，也就是在阿提卡暴发传染病之后不到四十年，另一种传染病袭击了这支军队。狄奥多罗斯是这样描述这场疾病的："起初，在太阳升起之前，由于冷风从水面吹来，他们冷得打起了寒战；而到了中午，气温又变得炙热难耐。在疾病发作的最初阶段，患者先是出现黏膜炎、咽喉肿痛的症状，继而开始发热，后背疼痛，肢体麻木；紧接着就出现痢疾，并全身起水泡。"此后，一些人就开始出现精神错乱的症状。对于大多数患者来说，到了第五天或第六天，就是死亡开始降临的日子。狄奥多罗斯将这种疾病归因于人群过于拥挤地集中在一个地方，夏季的干燥以及锡拉库扎低洼和潮湿的特点。由于大量的人因此而死亡，所以围城不得不停止，军队不得不解散。从历史的角度来看，这场疾病发挥了不容小觑的历史作用。布匿战争（The Punic Wars）距当时仅一百多年，主战场位于西西里岛。迦太基虽有强大的军队和建制良好的海军基地，但由于受到这种疾病的袭击，始终无法完全控制西西里岛。在征服迦太基人的过程中，罗马遇到了前所未有的困难。在战争初期，迦太基人占有绝对的优势，甚至很可能以其商业和闪米特文化，取代罗马的军事和政治文明，从而深刻地影响后续的历史进程[1]。狄奥多罗斯记载的这种疾病和发生在雅典的瘟疫一样，与天花的特征极为相似，患者同样是在第五天或第六天死去。

值得注意的是，当罗马和迦太基于公元前212年再次在锡拉库扎对阵的时候，一种类似的传染病同时袭击了双方的军队。尽管如此，对该疾病暴发的记载却并不详尽，因而我们难以做出确定性诊断。

1 可能会推动商业文明的发展。

Chapter 7
第七章
Epidemics and the fall of Rome
传染病与罗马帝国的衰亡

❶

一连串的流行病给一个国家造成的影响，并不能仅仅以死亡率来衡量。当传染病造成大量人口死亡之后，传染病的二次效应远比大量人口的减少更为深远且更具破坏性。在神秘的灾难面前，恐惧伴随着绝望而来。当然，从某种程度上说，现代人掌握的知识已经缓和了传染病的二次效应所带来的影响。

在这方面，现代细菌学形成了一种事态，可能会对未来世界的经济和政治产生深远的影响。通过现代科学，人们将部分传染病从无法控制的原始状态，转变为相对温和的可控状态；将部分疾病局限在有限的地域范围之内。即使是一些仍在肆虐的疾病，也受到了遏制，从而无法全面暴发，避免了一发而不可收的局面。尽管一些传染病，如流感、小儿麻痹症以及脑炎等，人类还没有找到有效的防控方法，但他们可以凭借坚强的意志和适当的策略，有条不紊地予以应对。毫无疑问，在这种情况下，人们心中恐惧的阴霾并未消散，但至少不会感到恐慌，甚至引发动乱，而恐慌和动乱给古代和中世纪社会造成的破坏，不亚于传染病所造成的实际的死亡。

在早先的时代，瘟疫是神秘的访客。它们是从无处不在的黑暗之处，迸发出来的更高权力的暴怒之音；它们冰冷无情、阴森可怖，让人无处可逃。由于恐惧和无知，人类竟做出了一些雪上加霜的事情，从而大大提高了死亡率。为了生存，他们从城镇和村庄夺路而逃，却不知死亡早已神秘地跟上了他们的脚步。恐慌使社会和道德陷入了无序的状态；农田无人耕作，食品供不应求；饥荒导致了大量人口的流离失所，最终导致了革命的爆发，导致了国内战争，甚至在某些情况下，还催生了狂热的宗教运动，从而在精神和政治领域造成了深远的变革。

罗马政权的解体是一个渐进的过程，而造成其瓦解的原因也比较复杂。虽然在公元423年罗马皇帝霍诺里乌斯（Honorius）去世时，只有不列颠正式摆脱了罗马帝国的控制，但罗马帝国最后的分裂只是时间的问题；而早在这之前，罗马皇帝卡拉卡拉（Caracalla）的法令，使各省的居民享有了同罗马市民一样的地位，但实际上，罗马帝国的骑士与尼科美迪亚（Nicomedia）的屠夫没有任何可比之处，就如同波士顿或纽约的共和党银行家，与俄克拉荷马州的民主党农民一样，不存在任何共同之处。庞大的官僚机构吞噬着政府，政府的财政入不敷出；周边的野蛮人已经在帝国境内定居——从现代的意义上说[1]，所谓的野蛮人，也就是移民。每逢农业歉收，这些野蛮人就率军向罗马挺进，以此表达他们对政治权力的渴望。被罗马皇帝狄奥多西（Theodosius）安置在多瑙河以南的西哥特人（Visigoths），在国王阿拉里克（Alaric）的率领下，于396年向罗马发动了攻击。若不是最终罗马帝国向其支付了一大笔赔偿金，这支军队恐怕会攻占罗马。405年，汪达尔人（Vandals）和苏维汇人（Suebi）占领了西

1　为了支持这一论点，我们需提及这一事实：对罗马霸权的最终争夺，是在汪达尔人的国王盖塞里克（Genseric）和苏维汇人里西梅尔（Ricimer）之间进行的，就如同奥·布赖恩（O’Brien）先生与拉·瓜尔迪亚（La Guardia）先生在纽约的政治角逐一样。

班牙，继而进入了非洲，建立了类似美国中西部一样的区域。在这片区域里，他们可以通过控制粮食的供给，来实现自己的政治愿望。

关于罗马帝国的瓦解，任何一个可能的角度，人们都已经分析过了，因为没有什么比一个古代文明的消亡更称得上是巨大的历史谜团了。何况罗马帝国的消亡是如此的彻底，以至于在数百年野蛮人的黑暗统治之下，竟然没有一丝火花闪耀。[1]根据各自的口味，历史学家们已经就罗马帝国瓦解的原因进行了分析。蒙森（Mommsen）、吉本（Gibbon）和费列罗（Ferrero）从各自的重点出发，从政治、宗教和社会学的角度，就罗马帝国的瓦解进行了推演。费列罗重点强调，“由于后期的罗马帝国在君主制和共和制两个根本不同的政体方面进行了妥协，从而导致了无休止的国内战争”；另一些人则试图从农业歉收的角度解释罗马帝国的瓦解；还有一些人将罗马帝国的消亡与令人胆寒的传染病——疟疾的影响联系起来，认为疟疾的肆虐加速了耕地的废弃（罗斯）。帕雷托（Pareto）在《普通社会学》（*Traité de Sociologie Générale*）第二卷第十三章“历史上的社会平衡”中似乎提供了最理性的分析。他综合了许多复杂的因素，认为是这些因素的相互作用，最终导致了罗马帝国的灭亡。即便是帕雷托，也没能将在罗马帝国政治上最为风雨飘摇的时期，一次又一次横扫罗马帝国的灾难性的流行病考虑进来。这些流行病即使没有对罗马帝国的

1　《中世纪》（*Le Moyen Age*）一书的第一章对每一处消失的古代文明遗迹都进行了生动的描述。

灭亡产生决定性的影响，也必然起到了重要的催化作用。 144

帕雷托警示过我们，“不要将简单的情况考虑得过于复杂”，因此，我们并不想犯那样的错误；我们也不想走向片面的极端，认为罗马帝国的衰亡仅仅是由传染病所致。我们相信，如果以罗马帝国建立的那一年至野蛮人最终胜利的那一年为时间段，对暴发于罗马帝国和亚洲的瘟疫的频率、范围以及严重程度进行一个简单的调查的话，那么任何一个毫无偏见的人都会相信，若想对强大的罗马帝国灭亡的原因进行分析，这些传染病灾难必须考虑在内。事实上，在将当时的情况考虑在内以后，我们倾向于认为，在完全缺乏现代卫生知识的条件下，要想永恒地维持一个如罗马帝国般规模和类型的政治及社会组织是不可能的。大量的人口聚集于城市之中，与世界各地特别是非洲和东方的自由往来，规模庞大且永无休止的军事行动，大规模的军队穿梭于世界的各个角落，上述这些全部都是传染病[1]暴发的必要条件。针对这些疾病的暴发，当时并没有任何的防御措施。瘟疫可谓所向披靡，它们横扫整个世界，就如同干柴遇到烈火一般，只要有人类居住的地方，就有它们的

1 这一点也完全适用于现代社会。1917年的兵营和军队的卫生情况充分表明了今天的战争同以往的征战没有什么不同，百分之七十五是卫生问题，而不到百分之二十五才是军事问题。如果战争双方的其他方面基本势均力敌，那么卫生方面做得最好的一方将会赢得战争的胜利。聪明的将军会采纳技师和卫生顾问的建议。卫生问题之所以在战争中表现得并不十分明显，只是因为双方的军事指挥官太过于志存高远，所以未能注意到各自的军队由于受到同一种传染病的侵袭而无法进行调动。

有时候，医学也会对重要战争施以间接影响。毋庸置疑，在上次世界大战中，美国士兵之所以勇猛无畏，是因为他们知道前面不过只有德国人，但在自己的身后，却集合着大量的美国医生，他们正卷起衣袖，挥汗如雨地工作着。

身影。在陆地上，它们跟随着贸易通道四处传播；在海上，它们通过船只到处扩散。只有在火焰自行熄灭的时候，它们蔓延的速度才会放慢。即便如此，在缓慢扩散的时候，它们往往会变得更加强悍，在免疫力下降的新一代人群中作威作福，从而使自己的火焰再度燃烧起来，制造另一个恐怖时期。一旦一个国家不再以农业为主，卫生知识就成为维持这个国家必不可少的知识。

东罗马帝国皇帝查士丁尼（Justinian）死于565年。查理曼（Charlemagne）大帝于800年加冕。在600年至800年期间，意大利是外来野蛮人的战场，野蛮人为了争夺战利品而来。古代意义上的罗马帝国已经不复存在。罗马帝国最后的防御力量彻底崩溃的时间，是以查士丁尼命名的大瘟疫暴发之时。虽然将罗马帝国的最后崩溃单独归因于这场瘟疫的暴发并非明智之举，但瘟疫作为原因之一，甚至是最重要的原因是毫无争议的。

此外，在此之前的六百年历史中也存在数不胜数的例子，这些例子让我们一次又一次地看到，罗马帝国的力量和世界政体的前进步伐，都被唯一一股力量——流行病所打断。在传染性疾病面前，政治上的天赋和军事上的勇武毫无用处。在现代历史上，我们找不到类似的案例供我们做出结论，除了1917年到1923年间的俄国。那段时期的俄国，斑疹伤寒、霍乱、痢疾、肺结核、疟疾等传染病对政治产生了深远的影响。对此，我们可以多做一些讨论。在那段时期，正是波兰和南部边境高度发达的卫生体系，阻止了疾病、苦难、饥荒向整个欧洲蔓延。这种

观点可能会引起争论，但至少它具有一种合理的可能性。 146

无论如何，在公元元年之后的最初的几个世纪里，传染病的传播没有遇到任何阻碍。它如暴风雨一般，所到之处，万物惊慌失措。男人们被恐惧压弯了腰，放弃了他们的争斗、事业和雄心，直到这场暴风雨结束。

我们苦苦地在这一时期寻找斑疹伤寒存在的证据，但仍然徒劳无功。尽管如此，传染病在罗马帝国衰亡中发挥的重要作用是那样的令人着迷，请读者原谅我在此处的稍许离题。

❷

在1世纪的文献中，关于流行病的资料相对较少。公元前54年以后，也就是在罗马皇帝尼禄（Nero）统治时期，一场瘟疫暴发了。罗马历史学家塔西佗（Tacitus）将其描述为“极具破坏力”。然而，我们从他的记载中却找不到任何能够做出诊断的线索。在意大利的各个城市中，一种令人闻之色变的传染病肆虐横行，家家户户都堆满了尸体，大街上到处都是送葬的队伍，“无论是市民还是奴隶，都摆脱不了死亡的命运。很多人刚刚还在为逝者哀悼，转眼间自己也命归西天。他们和他们哀悼的人被抬到同一个火葬坛上”。至于这种疾病是不是只出现在意大利，我们不得而知。就在同一时期，罗马帝国的各省还出现了许多其他的流行病，其中一种叫作“脾瘟”。由于脾瘟可以感染牛、马和人类，所以可能与我们今天所熟知的炭疽热相似或相同。根据一些作家的记载，80年，正是这种疾病使匈奴人苦不堪言，当时三万匈奴人正带着四万匹马和十万头牛向西游牧。

在1世纪里，有记载的灾难包括地震、饥荒、火山爆发以及描述模糊的传染病。然而，我们能够找到的、关于瘟疫首次暴发的可靠性记载，是一种被称为“安东尼纳斯瘟疫（Plague of Antoninus）”的疾病。165年，该疾病在东部作战的韦鲁斯（Verus）的军队中暴发。根据阿米阿努斯·马尔切利努斯（Ammianus Marcellinus）的记载，最初的感染源于一座刚刚遭到士兵洗劫的寺院金库。当这些士兵返程之时，这种疾病就随之扩散开来了，并最终被带回了罗马。不久之后，这种传染病就从波斯扩散到了莱茵河沿岸，甚至蔓延到高卢（Gallic）和日耳曼部落。最终，这种传染病扩散到了世界的每一个角落。据罗马皇帝马可·奥勒留（Marcus Aurelius）所说，很多城市的情形可以用尸横遍野来形容。奥罗修斯（Orosius）说，意大利死了不计其数的人，城市遭到了遗弃，村庄被荒废了，灾难和混乱是如此严重，以至于进攻马科曼尼人（Marcomanni）的计划不得不被推迟。当双方的战争于169年再次爆发时，根据汉泽的记载，大量的日耳曼战士死在了战场上，他们的身上没有任何创伤，死亡是由瘟疫所致。马可·奥勒留本人也感染了这种疾病。因为知道自己所患的疾病具有传染性，他拒绝与儿子见面。[1]由于拒绝进食，病情日趋恶化，马可·奥勒留最终于患病后的第七天不治身亡。上述事情发生于180年，此时，盖伦的著作《论治疗

1 许多个世纪以来，历史的变迁、文明的更替、宗教信仰以及各种风俗习惯都无法改变的唯一东西，便是亲情的生物学法则。

的方法》（*Methodus Medendi*）已经完成。由此可见，欧洲的这场传染病持续了至少十四年。至于死亡的大概人数，虽然我们无法得到确切的数字，但毋庸置疑的是，死亡人数是如此之多，以至于社会、政治和军事都陷入了混乱状态。此外，由于这场传染病造成了极大的恐慌，以至于没有人敢去护理患病之人。以上信息都出自阿米阿努斯·马尔切利努斯的记载。从我们目前掌握的资料来看，180年的疫情仅仅消停了九年。根据罗马历史学家迪奥·卡修斯（Dio Cassius）的记载，在罗马皇帝康茂德（Commodus）统治时期，该传染病于189年再次暴发，“这是我所知道的最为严重的一场疫情，通常在一天之内，罗马就有两千人因此而死去”。该传染病在后期的暴发似乎比初期的更加致命。

关于这种传染病的性质，我们无法断定。与以往一样，这场疫情不是由一种传染病所致，而是由几种不同的传染病在同一时期集中暴发所引发，其中最具致命性的一种，也就是此次疫情的“主犯”，则是天花或某种与之极为类似的疾病。事实上，安东尼纳斯瘟疫与雅典瘟疫非常相似。根据盖伦的记载，在大多数的病例中，患者在染病之初都有咽部发炎、发热以及腹泻的症状。大多数的患者会在患病后的第九天长出有时带有小脓疱，有时却干瘪的疹子。在准确理解描述这种皮疹特性的文字时，我们再次遇到了极大的困难。不过由于这种疾病所导致的突起皮疹通常表现为囊泡和脓疱，所以与雅典瘟疫相比，这种疾病的不确定性要小得多。在掌握了一些证据之后，我们赞同汉泽的观点，认为这种流行病就是天花的一种，或是与现代形式的天花密切相关的一种疾病。从这种疾病在整个已知世界传播的速度和范围来看，更是印证了其是天花的可能性。

毋庸置疑，这种持续了十多年的灾难，再加上内部矛盾以及与外围敌对野蛮人持续不断的征战，罗马帝国的政权已经是风雨飘摇了。此时的罗马帝国，军事征战停止，城市人口减少，农业生产荒废，商业往来瘫痪。

如果不将军营中接二连三暴发的疾病对前线军队的困扰考虑在内，[1]在罗马皇帝康茂德统治时期至250年期间，罗马帝国相对而言并没有受到重大疫情的侵扰。在这一期间，罗马帝国与入侵的野蛮人陷入了动荡不堪、与日俱增的斗争中。在哥特人于阿伯里图斯战役（Battle of Abritus）战胜了罗马皇帝德基乌斯（Decius）之后，野蛮人的威胁变得更为严重了。就在这时，一种传染病暴发了，圣·西普里安（Saint Cyprian）等人对该疾病进行了描述，因此后来人将这场疫情称为西普里安瘟疫。据说，该疾病与雅

1　大约是375年，罗马作家韦格蒂乌斯（Vegetius）在写给罗马皇帝瓦伦提尼安（Valentinian）的《兵法简述》（*De Re Militari*）中，谈及了罗马军队中暴发传染病的频繁程度，“军队绝不可饮用不洁净的水，因其与毒药无异，凡是饮用之人，都有可能遭到感染”。此外，在该著作的最后一章，他提到以下内容：“在夏秋季节，如果一支军队在一个地点驻扎时间过长，那么那里的水源就会遭到污染，饮用这种水会有碍健康，空气也会遭到污染，这样，传染病就会应运而生，而应对之法唯有频繁地变动军队的驻地。”

典瘟疫一样，起源于埃塞俄比亚，后经埃及传到了欧洲。在该疾病肆虐的十五六年里，它从埃及传播到了苏格兰，覆盖了当时整个已知世界。它时而会销声匿迹几年，然后会在同一地区再次暴发。据塞卓纳斯（Cedrenus）所言，该疾病的传染性极强，不仅可以通过直接接触传染，还可以通过衣物等传染。对其暴发的突然和可怕的破坏性，尼撒的格里高利[1]和尤西比乌斯（Eusebius）都留下了记载。256年，在本都王国（Pontus）一个城市的剧院里，由于观众对罗马神话中的主神朱庇特有所不敬，作为惩罚，这种疾病再次现身；在亚历山大港（Alexandria），它造成的死亡率非常高。许多省份正在进行的战争，大大加快了该疾病传播的速度：日耳曼部落正在入侵高卢和近东地区；远东各省正在受到哥特人的攻击；里海东南部的古国帕提亚（Parthians）正在对美索不达米亚发起攻击。恐怖的氛围挥之不去，幽灵似乎就在各家各户的房顶上盘旋。圣·西普里安通过驱魔，使很多人开始信仰基督教。在整个基督教早期，饥荒、地震以及瘟疫等自然灾难的发生，都会导致大量的人改变信仰。另一个间接的影响是流行病导致了古典文明的毁灭。黑死病和天花并不亚于

1 根据尼撒的格里高利的记载，在格里高利·托马斯格斯（Gregorius Thaumaturgus）的有生之年也暴发了同样的瘟疫。在格里高利三世（Gregorius Ⅲ）的描述中，该疾病的症状如下："一旦疾病袭击了一个人，它就会迅速扩展至患者全身。高烧和干渴迫使患者寻找泉水或井水，但水对患者来说是无用的。这种疾病具有极强的致命性，死的人比活下来的人多，以至于没有足够的劳力掩埋死者。"

地震和火山爆发，它们为基督教带来了数目众多的信徒。

相比于雅典瘟疫，西普里安瘟疫的性质更难界定。汉泽认为黑死病在其中扮演了主要角色，并将此结论建立在季节因素的基础之上。然而，由于缺乏腺体肿胀和淋巴结炎的确切信息的支持，这种观点只不过是一种猜测。西普里安对这种疾病的症状的描述为：以眼睛红肿为开端，接着咽喉发炎，腹泻、呕吐不止。[1]此外，他还提到了脚部的坏疽、下肢的瘫痪、失聪以及失明。然而，他并没有对皮疹进行描述。我们必须再次假定这场瘟疫是由多种疾病的同时流行所致，其中包括脑膜炎和急性细菌性痢疾。从当时的作家所观察到的症状来看，我们无法做出确切的诊断。

尚且不论这些症状究竟是由何种疾病造成的，西普里安瘟疫的破坏性如此巨大，对政治和社会发展造成了深远的影响，这一点是毋庸置疑的。从下面的文字中，我们可以看出西普里安瘟疫带来的恐慌是何其巨大："人们蜂拥进入大城市；只有最近的田地得到了耕种，较远的田地已变得杂草丛生，变成了狩猎用的围场；耕地没有任何价值，因为人口数量已经大大减少，少量的耕地所产出的粮食就足够养活人们。"即使是在意

1 西普里安主教在其著作《死亡论》（*De Mortalitate*）中描述道："腹泻使得身体虚弱无力；骨髓中仿佛孕育着火焰，进而发酵成为咽喉部的炎症；不断的呕吐使肠道翻江倒海；眼部像是着了火一样呈现出血红色；有时，脚部或肢体的其他部位由于受到了这种疾病的感染，而不得不进行截肢，从而导致了肢体的腐烂。"

大利的中心，大量的土地也被荒废了，沼泽湿地的范围大大扩大，侵蚀了伊特鲁利亚（Etruria）和拉丁姆（Latium）的海岸土地。希罗尼穆斯（Hieronymus）写道，人类已经“被彻底摧毁了”，地球重新回到了一片荒漠和森林的状态中。[1]

根据巴罗尼乌斯（Baronius）的记载，在西普里安瘟疫肆虐期间，基督教教徒穿黑色衣服悼念亡者的习俗开始形成。之前，罗马皇帝哈德良（Hadrian）也曾采用过这一做法，在前任罗马皇帝图拉真的皇后普洛蒂娜（Plotina）归西后，他身穿黑色衣服达九天之久。

在西普里安瘟疫与下一次大规模暴发的查士丁尼瘟疫之间，一系列的灾难——地震、饥荒以及严重但相对小范围的传染病等接连发生。在一个大批军队不断调动、贸易往来频繁的庞大帝国里，这些灾难相对来说波及范围较小。与此同时，农业人口向城市的迁移，使大量的人口拥进狭小的区域，却没有任何必要的现代医学保障。

塞卓纳斯谈到过在罗马皇帝戴克里先（Diocletian）和马克西米安（Maximian）统治时期暴发的一种瘟疫。尤西比乌斯后来也对该次疫情进行了描述，但他同时还提到了一种新的疾病——可能

1 在研究历史的长周期波动时，我们明白评判关乎人类命运的政治、社会以及其他变革，必须将考察时间建立在两到三个世纪以上的周期之上。从我们自己的经验来看，我们只能对自己所处的小段历史曲线进行评估，而无法把眼光放长远，除非我们经过训练，能够回头看到这条曲线的起点，也就是至少两三百年前。罗斯福先生和他的智囊团成员认识到这一点了吗？

就是脾瘟。脾瘟发作之时，患者身体的各个部位都会出现红肿和急性溃烂症状，多数患者甚至会出现失明症状。与此同时，大量家畜因此而死去。于是，疾病和饥荒一发不可收，一直持续到313年。

关于此后一段时期的情况，文字记载相对较少，尽管期间不乏疾病的肆虐。这段时期是欧洲民族迁徙最活跃的阶段。当时人流就好像波浪一般从东向西涌动，而这一事件的起因，则可能是由于匈奴被赶出了中国，继而游牧到了里海。后来可能是受到疾病[1]的驱使，匈奴人不得已继续向西迁徙。他们遭遇的第一次冲突，是与黑海东北部的古代游牧民族阿兰尼人的冲突。最终，一部分阿兰尼人落荒而逃，还有一部分阿兰尼人则跟随匈奴人去攻打哥特人，后者只得从北方沿着河床向黑海迁移。被匈奴人和阿兰尼人驱赶出来的哥特人，只好逃进了罗马帝国的领土，在多瑙河沿岸定居下来。

到了406年，野蛮人部落——苏维汇人、阿兰尼人、勃艮第人和汪达尔人迁徙到了意大利和高卢，并穿越了比利牛斯山，来到了西班牙。根据伊达修斯（Idatius）的记载，这一时期充满了战争、饥荒和瘟疫。444年，不列颠群岛暴发了一场可怕的流行病，这似乎也是历史上撒克逊人（Saxons）成功征服不列颠

1　施努莱尔如是认为。

的原因之一。在《英吉利教会史》（*Historia Ecclesiastica Gentis Anglorum*）[1]一书中，英国历史学家比德写道，走投无路的樊缇加（Voltiger）向撒克逊人首领亨吉斯特（Hengist）和霍萨（Horsa）求助，"一场可怖的瘟疫降临在他们头上，数不胜数的人因此而殒命，以至于连掩埋死者尸体的人手都不够。他们绞尽脑汁寻找着出路，思考如何得到援手，以抵御北方民族的频繁侵扰——显然，他们的战斗力量已经被瘟疫大大削弱。449年，撒克逊人登陆不列颠，成为不列颠人的保护者"。因此，不需要太多的想象，我们就可以得出这样的结论：不列颠群岛的历史，包括种族、风俗、建筑，等等，在很大程度上是由一场流行病疫情决定的。

尤西比乌斯谈到一场于455年和456年，在罗马帝国各省和维也纳附近暴发的流行病疫情。该疾病的症状表现为：眼部发炎，全身皮肤红肿，第三天或第四天伴有严重的肺部症状——患者有时会死亡。要判断这种疾病究竟是什么是不可能做到的，但它有可能就是链球菌感染，或是某种形式的猩红热，并伴有继发性链球菌肺炎。[2]

根据巴罗尼乌斯的记载，467年，罗马暴发了一种导致不

1　比德（*Beda*），《全集》（*Opera Omnia*）。

2　1917年，美国军队的一处营地里暴发过一场溶血性链球菌肺炎疫情。

计其数的人死亡的传染病；在接下来的数年里，高卢各省也暴发了局部性的流行病；477年，当撒克逊国王奥多亚塞（Odoacer）前往意大利的途中，途经高卢西部的安茹（Anjou）时，一场严重的瘟疫在当地居民和入侵者之间暴发了。此后不久，非洲北部暴发的饥荒和瘟疫极大地削弱了汪达尔人的力量，因此他们在与伊斯兰教徒的战斗中彻底落败。

在接下来的五十年里，欧洲没有出现严重的疫情，但在526年，古叙利亚首都安提俄克（Antioch）爆发了一次大地震，致使数十万人遇难。

这就把我们带到了动摇古代文明根基、最为严重的一次瘟疫——查士丁尼瘟疫面前。关于此次瘟疫的具体情况，我们从拜占庭历史学家普罗柯比（Procopius）的著作中获知了一些细节。

6世纪是历史上罕见的多灾多难的时代。在《查士丁尼大瘟疫》（*Die Grosse Pest zur Zeit Justinians*）一书中，赛贝尔（Seibel）对现有的资料进行了全面的整理，使自己的作品成为后来大多数作者援引的权威之作。据他记载，在长达八十多年的时间里，一系列的地震、火山爆发、饥荒和瘟疫，给整个欧洲、近东以及亚洲带来了极大的恐慌，造成了严重的破坏。在所有的自然灾害中，最具破坏性的非地震莫属；其次是火灾，526年，火灾毁灭了安提俄克，致使二十万到三十万当地居民死亡，那些幸存下来的人慌不择路地逃离了这座城市。君士坦丁堡（Constantinople）和东部的其他城市以及欧洲多地也发生了地震。在所有的地震之中，最为严重的一次发生在克莱蒙特（Clermont）。此后，该地又暴发了一系列的洪灾和饥荒，可谓雪上加霜。伴随这些灾难而来的贫困、流离失所、农业混乱和饥荒，肯定为瘟疫的暴发和传播起了推波助澜的作用。现代的经验已经多次证明了这一点，潮汐、地震和洪水等自然灾害，也同样会带来类似的浩劫。

查士丁尼瘟疫起源于埃及的贝鲁西亚（Pelusium）附近。关于其起源于埃塞俄比亚的说法含糊不清；似乎有一种源于古代的传统猜测，认为瘟疫通常起源于埃塞俄比亚。普罗柯比如是写道：

540年，一场瘟疫暴发了。无论你在世界的哪个角落、属于何种人种以及处于何种季节，它都使你无处遁形。它所向披靡，迅速席卷了整个世界，不论男女老少，它都毫不留情。它起源于埃及的贝鲁西亚附近；接着传播到了亚历山大港，进而覆盖了埃及全境；然后扩散到巴勒斯坦，并从此地蔓延至整个世界；不论什么地方或什么季节，都无法阻挡其扩散的势头。无论你在天涯海角，都无法逃脱它的魔爪。如果它暂时还没在某个地区现身，早晚也会在那里出现，而不是去攻击早先已经深受其苦的人们；只有在夺走了相当数量的生命后，它才会意犹未尽地离开。它似乎总是从沿海区域向内陆传播，继而更进一步地向内陆深处扩散。

第二年春天，它来到了古罗马城市拜占庭（Byzantium）。很多人看到了化为人形的鬼影，遇到这些鬼影的人会遭到鬼影的重击，从而感染上这种疾病。其他人则将自己锁在屋子里，但鬼影并不会因此而放过他们，而是出现在他们的睡梦中，或者让他们听到一个声音，告诉他们死神即将降临。[1]

由于普罗柯比对瘟疫暴发的原因深信不疑，所以他的记述反映出当时人们内心深处的绝望和恐慌。于是，绝望和恐慌同瘟疫一起四处扩散。

四个月以来，这场瘟疫一直停留在拜占庭。起初，很少有人因此死亡，后来死亡人数渐渐多起来，先是一天五千人死去，继而是一天一万人死去。“最后，连挖墓者都所剩无几了，人们只得将城堡的塔顶拆下来，然后在里面堆满尸体，最后再用别的东西代替原来的塔顶。”有些尸体则被装上船，最后被扔进了海里。“这次瘟疫结束之后，颓废与淫靡之风盛行，好像躲过这一劫难的全是邪恶之人。”

普罗柯比用了大量的篇幅对这次疫情进行了描述，他的记

1　《波斯战记》，第二十二章（*De Bello Persico, Chap. XXII*）。

载也成了我们对该疾病做出诊断的唯一线索:

被感染的患者会突然间发热:一些人是在睡觉时发作,而另一些人则是在白天从事各项工作的时候发作。从清晨到夜晚,这种发热显得如此轻微,以至于患者本人和医生都没把它放在心上,也没有人将它和死亡联系在一起。然而,很多人在发病的第一天就死去了,其余的也熬不过几天。有些人的腹股沟处和腋窝下会出现一个肿块,有些人的肿块则出现在耳后或是身体的任何其他部位上。

截至目前,这种疾病在每个人身上发作的症状大致相同,但到了后期,患者的症状表现却变得因人而异。有些人陷入了深度昏迷,有些人则出现了严重的精神错乱症状。那些既没有陷入昏迷,也没有出现精神错乱症状的人,他们身体上肿胀的部位则会变成坏疽,他们最终会死于无法忍受的痛苦。由于没有任何医生或个人由于接触患者或死者而被感染;而且,出乎所有人的意料的是,那些护理患者或是掩埋过死者的人,仍然安然无恙地从事着自己的工作;所以人们确定该疾病不会通过接触传染。一些医生因为对这种疾病不熟悉,认为腹股沟淋巴结炎是罪魁祸首,于是他们检查了死者的尸体,切开了腹股沟区,发现很多地方都长有脓疱。

有些患者很快就死去了;有些则能勉强存活数日;有些人

的身体上会长出扁豆般大小的黑色水疱。那些没有活到第二天的患者一般会很快死去，许多人会大口吐血而亡。医生们无法区分病例的轻重缓急，也没有任何治疗的方法。

558年，阿加斯（Agathius）再次描述了拜占庭暴发的同一种传染病，也提到了腹股沟淋巴结炎以及患者会在第五天突然死亡的现象。各个年龄段的人都是这种疾病袭击的目标，但是男性比女性更容易患病身亡。

一个有趣的现象是，这种流行病展现了现代流行病学经常提到的一个特点，那就是在疾病暴发的初期，患病的人数和死亡率均相对较低，但随着传染病传播速度的加快，情况就发生了颠覆性的变化。

不容置疑，查士丁尼瘟疫主要是一种黑死病，但在很多病例中，黑色水疱的常态出现，表明一种严重的天花也是其中的罪魁祸首。无论查士丁尼瘟疫究竟是由何种流行病引起的，因为它波及的范围如此之大，疫情又如此严重，以至于像汉泽一样的评论家认为它对东罗马帝国的衰亡施加了一定的影响，而历史学家们常常忽视了这一点。在六十到七十年的时间里，已知世界的大部分地区都被这场瘟疫摧毁了。城市和村庄遭到遗弃，农业生产停滞。受感染地区的饥荒、恐慌以及人口的大量流失，使整个罗马帝国陷入了万劫不复之地。

在谈及这场瘟疫时，吉本说：“在这场大灾难中，我们无法确定具体的死亡人数。我只知道，在三个月的时间里，君士坦丁堡每天都有五千到一万人死亡；东部的很多城市都成了空城；在意大利的很多地区，庄稼和葡萄枯萎在田间而无人打理。战争、瘟疫和饥荒的三重蹂躏，使查士丁尼治下的百姓苦不堪言，而查士丁尼的统治，也因人口数量的骤降而饱受诟病。”

对于自己所描述的大多数事件，普罗柯比本人就是见证者。在东罗马帝国将军贝里萨留斯（Belisarius）开展的军事行动中，普罗柯比跟随在将军左右，因此他占据了有利的条件，能够洞悉君士坦丁堡的宫廷里所发生的一切。因此，人们可以推测，他关于那段时期动荡局势——战争、政治腐败以及瘟疫——的描述，并没有过分夸大。由于我们刚刚经历了一场规模更大、波及范围更广且更具破坏性的战争，也因为我们今天的政治腐败与任何历史时期相比都同样的普遍和根深蒂固，所以我们有理由推测，正是由于我们拥有了较强的疾病防控能力，才使现代世界没有像查士丁尼的罗马帝国那样崩溃。

在通过普罗柯比的视角研究查士丁尼的统治时，我们可以看到一幅十分生动的画面，画面显示三个元素（战争、政治腐败和瘟疫）是如何彼此协作，摧毁了整个罗马帝国的。为了恢复罗马帝国的昔日实力，查士丁尼做了最后的努力。在世界各个分散的区域，他与波斯人、非洲的汪达尔人以及意大利的哥特人开战，向四面八方的前线增派军队。这些做法耗尽了政府的全部力量。在各个地方，罗马的防御体系被实力不断增长的野蛮人所突破。此时，这些野蛮人已经从他们先前的主子那里学会了战争和组织的艺术。内部叛乱，如532年的拜占庭内乱威胁着后方。背叛和贪污削弱了元老院的行政权力。在这些几乎完全无法克服的困难之上，还加上了瘟疫——从东到西，从北到南，一次又一次暴发，几乎持续了六十年——造成了死亡、恐怖和混乱。

这场瘟疫一直持续到590年，或是更晚一些。568年至570年，意大利的大部分地区都被伦巴第人（Lombards）征服了。正如一名叫作库尼蒙德（Cunimund）的野蛮人所言，“伦巴第人的身材和气味，同萨尔马提亚（Sarmatian）平原上的母马一样”。罗马帝国昔日的强权、威仪以及执政理念，已经一去不复返了。

Chapter 8

第八章

The influence of epidemic diseases on political and military history

传染病对政治史、军事史的影响

如果不是因为在战争中有那么多完全不相干的人或死于疾病，或死于杀戮，人们不会把战争当回事儿。事实上，如同对美食和美色的渴求，人类对权力和利益的贪图，是战争爆发的根本原因。尽管战争一再重演，但仍令我们疑问重重的是，如果人类不自以为是地固执己见，能正确理解战争产生的真实原因，那么这些现实的原因，是否还会促使战争频繁地爆发呢？当然，所谓的荣耀，根本不是促使人类发动战争的根本原因。诸如此类的理由，不过是人们用来掩饰根本动机的幌子。更深层次的原因，是对于大多数人来说，和平时代的日子枯燥得无法用言语形容，男人们玩玩战争游戏，虽然不乏幼稚愚蠢，却能带来极大的快感。等他们真正到了灰头土脸、胡子拉碴、疲惫不堪、惊恐不安、疾病缠身和遍体鳞伤的时候，这种快感才会消失殆尽，正如上次世界大战那样。试想一下，一个人居住在萨默维尔（Somerville）或维霍肯（Weehawken）郊区的木屋里，每天早上八点十五分开始巡视地面，直到下午六点二十分结束，除了八月的两个星期之外，这样的生活日复一日，如此长达十年之久！试想，当他跟在乐队后面沿着百老汇大道行进，夹在欢呼的制衣工人之间的时候，他是何等的畅快和自得。再想想，黎明之时站岗警戒，或是藏身在一摞沙袋后面向敌人发起攻击，或是与自己的战友们一起痛饮，心中知道自己在世人的眼中是位英雄，自己的家庭将永远地受到政府的关照，此时，他是何等的意气风发！

除了将自己从无聊的生活中释放出来以外，制服带来的喜悦感也促成了战争的爆发，正所谓爱美之心人皆有之。此外，正如男人们天生喜欢军旅生活和戎装一样，女人们则天生渴望歌颂她们心目中的英雄（男人）所做出的那些值得大书特书的勇敢暴行：“我把一枚手榴弹扔进了敌人的掩体，炸死了六名德国士兵，将军要对我进行嘉奖啦。”“他是不是很棒，当之无愧是个勇士！”人们可以听到这个杀人魔鬼的祖母敬畏地看着自己的孙子将一个尖叫着的罪人送上绞刑架时称赞说：“哦，别西卜（魔鬼的名字）——你真是个了不起的男孩！”

如果是在为和平基金会撰写一本宣传手册，而不是在创作一部疾病的传记，我们可能会致力于对发动不必要的战争进行劝诫。由于我们的重点是斑疹伤寒，所以我们不能在这些问题上花费太多的笔墨。重点是，即使在军事专家看来，战争也不过是一种严肃的士兵游戏。实际上，行军、射击和作战策略不过是战争这场悲剧中很小的一部分，是侥幸逃出军营流行病魔掌的残余力量所开展的最后行动。事实上，在将军们还不知道他们要将总部的烂摊子设在哪里之前，军营流行病已经决定了战争的胜负。

对于普通的军官来说，军医是令人讨厌的非战斗人员。在他们看来，军医只会诊断伤员、开通便药、给交通运输制造困难，使作战计划变得复杂，使水质闻起来刺鼻。当然，在一次军事行动结束后，军医可能有一些用武之地，可以被派去收拾破败不堪的残局，若非如此，军医几乎完全是个摆设。当上次世界大战接近尾声时，美国第二集团军中暴发了呼吸系统疾病和伤寒，而监察长O上校对此既不了解，也丝毫不关心。一名主要的卫生监察员由于过于疲惫，在向O上校敬礼的时候将另一只手插在了口袋里。O上校为此大发雷霆，将他痛骂了一顿。在十万人的军队中，可能有许多人没有系好扣子或没有将绑腿整理整齐，但竟然只有这名军医受到了责罚，因此，我们对他表示同情。他是多么痛苦和辛苦啊！1918年9月，这名军医在为前进的军队寻找水源时，工程兵上校H上校却说："对我来说，你的存在没有任何意义，你根本就不算是军中的一员。"军营中偶尔也会出现一位明事理的指挥官，比如布拉德（Bullard）将军。相比之下，他显得很突出。这样说似乎有点儿不满，但事实并非如此，它直接引导我们回归了主题：士兵很少赢得战争，在传染病的轮番袭击之下，他们很少能够独善其身，而斑疹伤寒和它的兄弟姐妹——鼠疫、霍乱、伤寒、痢疾等，它们对军事行动的影响，远胜于恺撒（Caesar）、汉尼拔（Hannibal）、拿破仑以及历史上的各位名将。传染病因战败而成为众矢之的，而将军因为战胜而名留青史。实际上，一切本不该如此。或许有一天，军队的组织能够发生变化，前线军官会做军医处处长让他做的事。若与其他措施一并实施，这种改变能够为养老金制度节省出大约百分之九十的开销。

在讨论斑疹伤寒特殊的军事用途之前，先以较常规的方式探讨一下传染病在战争中的决定性影响可能是有趣的，这样我们就可以用一些事实来证明我们的论点是正确的。

在这方面，难点不在于找到证据，而在于从众多的证据中选择有代表性的。普鲁士军队的军医冯·林斯托（Von Linstow）也持类似的观点，他精选文献，从普通的历史记载中挑选出了一些最具启发性的例子。今天的我们对于他和其他随军历史学家以及军医的研究成果进行了自由的引用。

希腊历史学家希罗多德在他的著作中讲述了一个瘟疫和痢疾拯救希腊的故事。当时波斯王薛西斯（Xerxes）率领一支约八十万人的军队进入萨利亚（Thessalia）。薛西斯的大军刚一进入希腊领土，其后勤补给就跟不上了。随着士兵们的忍饥挨饿和营养不良，传染病悄然而至。于是，波斯王只好中止这次军事行动，率部返回亚洲，而此时他的军队只剩下不到五十万人。

雅典瘟疫曾一度削弱了雅典在陆地上的势力。这场瘟疫暴发的第二年，三百名骑士（二等公民）、四万五千名公民以及一万名自由民和奴隶因此命归西天，雅典政治家伯里克利也因此丧命，从而使斯巴达人得以自由地在半岛上游荡。

在公元前414年到公元前396年间，迦太基人对锡拉库扎发动的围城，就是由于一场类似雅典瘟疫的传染病的暴发而不得不放弃。如果汉尼拔将自己的舰队和军队牢牢地扎根在西西里岛上，那么布匿战争的结果以及罗马的未来会如何还未尚可知呢。

公元前88年，在罗马的内部斗争中，马里乌斯（Marius）的胜利得益于一场导致奥克塔维厄斯（Octavius）军中一万七千人死亡的流行病。

425年，匈奴人之所以放弃了向君士坦丁堡的进军，是因为一种未知的瘟疫摧毁了他们的部落。

如果阿比西尼亚国王没有因为所谓的“神圣之火”撤离麦加（Mecca），阿拉伯帝国（Saracen Empire，也称萨拉森帝国）的未来又会怎样呢？没有人知道。这次战争通常被人们称为“象战”。阿比西尼亚的六万大军，被某种类型的天花或是兼有丹毒和葡萄球菌感染症状的传染病折磨得溃不成军。

毋庸置疑，十字军东征所遇到的困难，与其说是阿拉伯人的军事力量，倒不如说是流行病。十字军东征的历史，读起来像是一系列传染病的编年史。1098年，一支三十万人的十字军包围了古叙利亚首都安提俄克。在极短的时间里，大量的人因疾病和饥荒而殒命，以至于尸体都来不及被人掩埋。短短几个月之内，骑兵部队的七千匹战马中有五千匹死亡，致使骑兵部队失去了战斗力。然而，经过九个月的围困，这座城市还是被攻陷了。在十字军向耶路撒冷进军的途中，军队遇到了比异教徒更为强大的敌人。当耶路撒冷于1099年被攻占的时候，十字军最初的三十万人只剩下六万人；而到了1101年，只剩下两万人。

由法国的路易七世（Louis VII）领导的第二次十字军东征，其悲惨程度与第一次十字军东征大同小异。总共五十万大军，最后只有很少一部分士兵——大多数连马都没有——设法返回了安提俄克，而最终活着返回欧洲的士兵，就更是寥寥无几了。

安提俄克似乎是各支十字军遭到瘟疫伏击的地点。除了这座城市暴发的瘟疫，军队的伤亡还有别的原因。由于土耳其向导的背叛，一支一千一百九十人的十字军被困荒漠。饥荒、瘟疫和荒漠三种因素共同发力，致使一支十万人的十字军到最后仅剩下区区五千人。

第四次十字军东征在威尼斯的多杰（Doge of Venice）和法兰德斯的鲍尔温（Baldwin of Flanders）的率领下进行。当时正值夏季最为炎热的时期，在这支军队刚刚离开君士坦丁堡之后不久，军队中就暴发了一场可怕的黑死病，以至于这支十字军没能到达耶路撒冷。

1227年，当德意志的腓特烈二世（Frederick II）在意大利南部的布林迪西（Brindisi）登船的时候，痢疾尾随他的军队上了船。当皇帝本人也身染此疾病时，舰队不得不返航，于是这次远征彻底地失败了。

坏血病并不是一种传染病，因此，在讨论斑疹伤寒一类传染病对历史造成的影响时，我们就不对其进行深究了。尽管如此，一旦军队的粮食供给跟不上，这种疾病总会给军队带来极大的威胁。于是，在围城或是远征的情况下，坏血病通常会趁势而发，使大量士兵的身体变得虚弱，最终导致他们无法抵御接踵而来的传染病。从这个角度来看，坏血病可以被看作传染病的有力盟友。我们虽不打算在坏血病对军事史的影响方面多费笔墨，却想引用一个简单的例子，来说明其对军事行动结果的巨大影响。

在1250年大斋期的第一个星期五之前，圣·路易斯（Saint Louis）的十字军还能够抵抗萨拉森人，但在此之后不久，根据茹安维尔（Joinville）的记载，“十字军开始遭受重创”。他将这场疾病的原因归咎于死尸的恶臭和河里的鳗鱼——这种贪吃的鱼以死尸为食。毫无疑问，这种疾病就是坏血病：“这种疾病在十字军中暴发了。患者的腿部肌肉开始萎缩，腿部皮肤上出现斑点，呈现出像一双旧靴子一样的黑褐色；患者的牙龈开始腐烂；没有人能够逃出它的魔掌，死亡是唯一的出路。死亡的征兆是鼻子出血，一旦出现这种症状，此人必死无疑。”此时，土耳其人封锁了河流和补给船，新鲜的食物变得更加稀缺，多名指挥官也相继病倒。“就这样，这种疾病开始在十字军中传播，士兵的牙龈开始腐烂，军医不得不将他们口中的腐肉切除，以防他们在咀嚼食物的时候将腐肉吞咽下去。军医在为士兵们切除口中的腐肉时，整个军营会陷入一片鬼哭狼嚎之中，士兵们哭喊着，犹如正在分娩的妇女。整个情形令人感到他们甚是可怜。”疾病肆虐不已，撤兵乃是当务之急。国王下令不惜一切力量打破萨拉森人的封锁。在一片狼藉之中，国王及所率骑士一起成了俘虏。

路易斯在第二次东征中只到达了突尼斯。在那里，他和儿子杜克·德·纳韦尔（Duc de Nevers）分别于1270年8月3日和8月25

日死于痢疾。

1167年，一种无法准确归类的怪病摧毁了腓特烈·巴巴罗萨在罗马的军队。克内（Kerner）和莱尔施（Lersch）对该疾病的发病情况进行了记载。由于该疾病刚开始发作时，患者会出现严重的头痛、四肢和腹部疼痛，并伴有发热、寒战以及精神错乱的症状，所以它有可能是斑疹伤寒。有些人一旦患病，几天之内就会死亡。该疾病的死亡率之高以及带来的恐慌之甚，以至于在1167年8月6日，也就是该疾病暴发四天以后，这支军队烧掉了营帐，开始向北转移。罗马遭到了遗弃，大多数士兵在行军途中染病而亡。

西班牙与法国之间持续长达数个世纪的争斗，也是一次又一次地受到了传染病的左右。1285年，法国的菲利普三世（Philip III）停止了向阿拉贡（Aragon）进军的计划，因为一场性质不明的瘟疫导致了法国军队大量的士兵和军官甚至是国王本人的死亡。在后来的西班牙军事史中，斑疹伤寒一直扮演着一个极具破坏性的角色。关于这一点，我们会在下一章中继续讨论。

1439年10月1日，德意志皇帝阿尔布雷希特（Albrecht）率军来到了巴格达城下。10月13日，皇帝本人离世，其军队也变得溃不成军，究其原因，竟是痢疾这一传染病所为。

在亨利二世（Henry II）统治英格兰期间，关于英国汗热病所制造的动荡，我们已经在其他章节中描述过；我们已经讨论过，在法国的查理八世针对那不勒斯发动的军事行动中，梅毒造成了怎样的影响；1528年，斑疹伤寒在法国与西班牙争夺欧洲大陆霸权的斗争中扮演了决定性的角色。

16世纪的情形大体上与之前的相同，虽然斑疹伤寒和鼠疫已经开始成为主角儿，但痢疾、伤寒和天花无疑也占据着一定的地位。由于坏血病、痢疾和斑疹伤寒的暴发，神圣罗马帝国皇帝查理五世（Charles V）不得不解除对法国东北部城市梅斯（Metz）的包围。在三万士兵染病而死之后，他的军队全面撤离了这座城市。

最早扮演决定性角色的斑疹伤寒曾使德意志皇帝马克西米利安二世（Maximilian II）的军队溃不成军。当时，他正率领着八万将士准备在匈牙利与苏莱曼一世作战。1566年，驻扎于科马罗姆（Komorn）的军营中暴发了斑疹伤寒。该疾病来势猛烈而又致命，导致马克西米利安二世不得不放弃针对土耳其人的军事行动。关于该疾病在欧洲东南部肆虐的情形，我们会在另一章中进行讨论。

在“三十年战争”的各个阶段，致命的流行病都发挥着决定性作用。随着军队的四处调动，各种瘟疫也在欧洲大陆扩散开来，因此，如果我们想要对这些流行病暴发的细节进行描述，无异于将那次战争的历史从头到尾地重述一遍。然而，有一部分史实值得我们特别关注，因为在这部分史实中，在双方军队尚未投入战斗之前，斑疹伤寒已经单枪匹马地将他们各个击溃。1632年，为了争夺纽伦堡（Nuremberg）这一战略目标，古斯塔夫·阿道尔弗斯（Gustavus Adolphus）与华伦斯坦（Wallenstein）各自率领军队在这里对阵。斑疹伤寒和坏血病致使一万八千名士兵殒命，于是双方为了逃出传染病的魔爪，匆匆撤离了这一城市。

查理一世（Charles I）的命运，有可能就是因为斑疹伤寒而画上了句号。1643年，查理一世在牛津遭遇了艾塞克斯（Essex）率领的议会军队，双方率领的军队各自约有两万人。由于双方的军中均暴发了斑疹伤寒，国王不得不放弃了进军伦敦的计划。

1708年，由于暴发了瘟疫，在俄国南部所向披靡的瑞典人陷入了绝望，被迫彻底放弃了他们千辛万苦换来的胜利果实。

1741年11月，由于三万奥地利士兵死于斑疹伤寒，法军轻而易举地占领了布拉格。

由于军中暴发了严重的痢疾，已经战胜了玛丽娅·特蕾莎（Maria Theresa）大军的腓特烈大帝（Frederick the Great），被迫退出波希米亚。

在某种程度上，法国大革命的结果是由痢疾这一传染病决定的。1792年，普鲁士的腓特烈·威廉二世（Frederick William II）联合自己的奥地利同盟，率领四万两千人的军队向法国革命军发起进攻。然而，痢疾似乎站在了法国革命军一边，同盟军能够作战的只剩下三万人。于是，普鲁士人不得不撤回到了莱茵河对岸。

海地共和国的建立虽然通常归功于杜桑·卢维杜尔（Toussaint l' Ouverture）的英明决策，但实际上的功臣是黄热病。1801年，拿破仑派勒克莱尔（Leclerc）将军率领两万五千人前往海地镇压黑人起义。法国军队在法兰西斯角（Cap Francais）登陆，击败了杜桑，并将他赶入了内陆。德萨利纳（Dessalines）对黑人军队进行了集合和重组，但若不是黄热病将法军折磨得痛苦不堪，他们不可能成功地对抗纪律严明且装备精良的对手。总共两万五千人的法军，两万两千人死于这种疾病，1803年活着撤离出该岛的仅有三千人。

在流行病面前，即便是最伟大的军事天才拿破仑也同样束手无策。拉尔雷（Larrey）对拿破仑在俄国的军事行动进行了记录，但更为具体且有价值的记载来自骑士迪特·德·基尔霍夫（dit de Kirckhoff），他是法国军队中的一名军医。在从德意志北部延展至意大利的法军军营之中，驻扎着超过五十万人的军队。在大军集合之时，传染病还没有暴发的迹象。马格德堡（Magdeburg）、埃尔福特、波兹南以及柏林的医院中只有少量的病人。当军队进入波兰以后，基尔霍夫对当时悲惨的情形进行了描述。相比于其他欧洲国家，当地人民的贫穷、悲惨和奴役现状，令他感到震惊。由于各个村庄尽是受昆虫感染的茅舍，所以军队不得不露营驻扎。士兵们没有足够的食物，白天炎热而夜晚寒冷，于是，肺炎、咽炎甚至白喉等呼吸系统感染的患病人数迅速增加，新的医院不得不在但泽、哥尼斯堡以及索恩（Thorn）等地建立。1812年6月24日，大约在大军横渡尼曼河时，斑疹伤寒病例开始少量出现。在立陶宛，他们遇到了大片的森林和泥泞不堪的道路；俄国人烧毁了城镇和村庄；士兵们找不到遮风挡雨的栖身之所，也没有足够的食物补给；饮用水水质恶劣，天气炎热，疾病——主要是痢疾、肠热病和斑疹伤寒等开始肆虐。在奥斯托俄（Ostrowo）战争之后，也就是7月末，患病的人数已经超过了八万。9月初，当他们到达莫斯科河时，基尔霍夫所在的原有四万两千人的部队，只剩下不到一半的士兵了。在莫斯科河边展开的战斗致使负伤的人数超过了三万人，这对军医来说简直是不可战胜的挑战。9月12日，军队中的斑疹伤寒和痢疾疫情更加严重。9月14日，这支军队进入莫斯科。莫斯科原有市民三十万人，但在法国军队进入之前，大多数市民早已逃离这座城市。9月15日，在罗斯托普斯基（Rostoptchin）总督的命令下，被释放的囚犯用硫黄火炬纵火，火势从布尔斯（Bourse）开始，一直蔓延至整个城市。莫斯科拥有许多设备齐全的医院，但这些医院很快挤满了患者和伤员。由于城市的大部分已经在炮火和火焰中变成了灰烬，所以这支被疾病所困的军队只得驻扎在城外，挤在破旧不堪的茅舍下。俄国人或带走或焚毁了几乎所有的粮食。

从这时开始，斑疹伤寒和痢疾成了拿破仑的主要敌人。10月19日，当法军从莫斯科开始大撤退时，能够执行任务的士兵只有不到八万人。返乡的行军变成了溃败，这支遭受疾病和疲惫双重折磨的法国军队，还不断遭到敌军的骚扰。天气骤然变冷，法军中的大量士兵由于生病和疲劳而变得精疲力竭，最终被冻死了。11月初，当法军再次进驻斯摩棱斯克（Smolensk）时，骑兵部队只剩下两千人了，而仅是住在这座城市医院中的病人，就有约两万人之多。11月13日，当法军撤出斯摩棱斯克时，很多患有斑疹伤寒的病人被留在了那里。横渡别列津纳河，又是一次灾难般的经历。若不是士兵们对军医拉尔雷爱戴不已，将他举过头顶跨过了桥，拉尔雷恐怕难以幸免于难。关于这次死亡的人数，我们虽然没有查到准确的记载，但估计有四万人左右。虽然斑疹伤寒仍是当时主导性的疾病，但痢疾和肺炎病例的增长也毫不逊色。据说，在前往维尔纳（Vilna）的路上，一万五千名士兵被冻死了。12月8日，当法军到达这座城市的时候，那支昔日规模庞大的军队，最终只剩下两万名病病恹恹、心灰意冷的士兵了。在奈伊（Ney）元帅统帅的第三集团军中，最后只剩下二十名士兵。维尔纳的医院变得拥挤不堪，伤病员们躺在腐烂的稻草上忍饥挨饿，无人护理。迫不得已，他们只能以皮革制品甚至是人肉为食。于是，以斑疹伤寒为首的各种疾病，逐渐传播到周边国家所有的城市和村庄。12月，各地的患者都被转移到了维尔纳，使这个地方的患者人数上升至两万五千人。到了1813年6月末，这些人中只有三千人幸存了下来。从俄国撤回来的剩余士兵，也几乎无一例外地染上了斑疹伤寒。

基尔霍夫在书中对他的伟大领袖的战略表现出了极大的兴趣。他认为，如果拿破仑占领波兰后有所收敛，致力于包括疾病防控在内的重组，那么拿破仑的军事行动就有可能成功，拿破仑的强权也会永久地建立起来。

关于拿破仑的天才的最好证明，是他在这次惨败之后，于1813年东山再起，重新召集了一支五十万人的新军。由于缺少成年兵源，这支军队中的大部分士兵都是娃娃兵，于是对流行病的抵抗力也就更弱。由于在包岑（Bautzen）、德累斯顿（Dresden）以及卡尔斯巴德（Karlsbad）的几场战役中，拿破仑的军队有所折损，加上感染疾病者不少，在与盟军于莱比锡（Leipzig）相遇时，拿破仑新招募的大军已经只剩下十七万多人了，而盟军的军队尚有二十万人。[1]拿破仑在欧洲的霸业究竟是毁于流行病之手，还是败于对手特拉法尔加（Trafalgar），有待人们进一步考证。

就1853年爆发的克里米亚战争（Crimean War）而言，从传染病方面来推断战争的结果颇有难度，因为战争的双方都受到了霍乱、斑疹伤寒、痢疾以及其他军中流行病的影响。然而，这场

1 根据冯·林斯托（von Linstow）的记载，战争造成的伤亡人数只有十万零五千，而传染病造成的伤亡人数高达二十一万九千。

战争对本书讨论的主题具有非凡的意义，因为我们得到了非同寻常的精确记载，从而使我们了解到，与武装冲突相比，流行病的破坏力要大得多。关于战时军队中暴发的流行病，我们可以从嘉可（Jacquot）和阿曼德（Armand）的记载中获得确切的信息。他们记载的斑疹伤寒分别暴发于1854年12月和1855年12月。该疾病首先出现在俄国人中，接着攻击了英国人和法国人，随后进入君士坦丁堡，并从那里登上了舰艇和商船，进而扩散到了整个俄国和奥斯曼帝国。1855年，在阿尔玛（Alma）战役之后，一场严重的霍乱疫情暴发，并一直持续到1856年4月。在各种疾病最为猖狂的时候，仅仅四个月时间，四万八千名士兵就不得不因病退出了军队，相当于每个月有一万两千人因病退出战争。据阿曼德所说，法国派出了三十万九千人向东挺进，其中二十万人因病住院。在住院的伤员中，因战斗受伤的只有五万人，而因病住院的却高达十五万人。下面这张表格中的数据来自冯·林斯托的记载，该记载对1854年到1856年间各国士兵的伤病及死亡情况做了总结。

	受伤人数	因伤致死人数[1]	患病人数	因病致死人数
法国	39869	20356	196430	49815
英国	18283	4947	144390	17225
俄国	92381	37958	322097	37454

1　包括在战争中死亡的人数，等等。

Chapter 9

第九章

Evolution of louse

虱子的进化

❶

一方面，正如我们所看到的，写人的传记已经形成了一定的套路，除了新近采用的精神分析方法和夹杂少许让人欲火焚身的文字，自希腊历史学家普鲁塔克以后，传记的写法基本没什么变化。若要为斑疹伤寒这样的传染病写一部自传，那就有必要开发一套新的写作模式。另一方面，我们可以避免斯特雷奇（Strachey）、路德维格（Ludwig）以及莫洛亚（Maurois）学派内情不清晰的情况。在这种情况下，我们不得不给予其他的、令人不愉快的主题更大的空间和更多的关注，因为斑疹伤寒病毒为了存活，大部分时间和阶段都存在于虱子、跳蚤以及老鼠的身体内。它可能还存在于其他我们尚且无法确定的宿主身上。对于上述我们明确掌握的，我们必须跟随着病毒一起经历这些阶段，同时致力于对这些生物进行一定程度的了解。尽管它们表面上令人作呕，但实际上和我们一样并无恶意，都是受害者。尽管人类感染的疾病来源于它们，但它们也从彼此之间或人类身上获得感染。因此，双方可谓平摊责任，谁也占不得理。

相比于阐明乔治·桑（George Sand）对肖邦（Chopin）产生的影响，就虱子与人类的关系而言，显然我们很难代表虱子的观点。因此，我们不能就斑疹伤寒病毒寄居在虱子身上做一个简单的科学描述。为了达到目的，虽然可能再一次耽搁对斑疹伤寒的探究，但我们必须试图以一种长期的亲密关系所产生的人道主义精神来对待虱子。毫不夸张地说，如果一个人连续几周把装满这些小生物的药盒塞在自己的短袜里，怎能不对它们萌生出一种怜爱之心？特别是这个人为了科学的目的而利用它们，每天清晨都会发现一两个这样的小生物溘然长逝，其他苟且活命的也备受折磨——行动迟缓，食欲全无，精疲力竭，毫无生气。

本章主要围绕虱子展开讨论，如果哪位读者是急性子，迫不及待地想进入斑疹伤寒的正题，那么我们建议他跳过这一章。对于那些批评我们东拉西扯、过于散漫的人，我们想说，我们不过是以皮埃尔·贝尔（Pierre Beyle）为榜样罢了，在他的著作里，脚注是正文的四倍多。

尽管许多粗俗的人时常以取笑虱子为乐，但是在众多重要而又有尊严的生物中，虱子可谓首屈一指。尽管这种不怎么招人待见的昆虫给人类的历史带来了巨大的影响，但在《大英百科全书》（*Encyclopedia Britannica*）中，它只占了专栏三分之二的篇幅，仅是“劳斯〔Louth，爱尔兰伦斯特省（Leinster）的一座沿海县城〕”所占篇幅的一半，是肯塔基州（Kentucky）的路易斯维尔（Louisville）所占篇幅的五分之一。这种小生物身上所携带的病毒能够造成城市衰败，居民流离失所；这种小生物能将所向披靡的军队变成一群乌合之众，但在《大英百科全书》中仅仅被三言两语地描述为“一种无翅膀的昆虫，寄生在鸟类或哺乳动物身上。严格地讲，属虱目”。

虱子同人类一样，不幸地成为斑疹伤寒病毒的猎物。如果虱子会害怕，那么它们的噩梦一定是定居在被感染的老鼠或人类身上。之所以这么说，是因为被感染的宿主或许尚可存活，而那些将口器插进受感染的皮肤中，吸入那些令人厌恶的病毒的虱子，则是彻底的无药可救。虱子会在受感染后的第八天一病不起；到了第十天，可以说它已经是病入膏肓了；在第十一天或是第十二天的时候，它微小的身体会变得通红，它的肠子里会渗出血来，并最终一命呜呼。人类常常以自我为中心去看待大自然的万事万物。对虱子来说，人类是可怕的死亡使者。经过数个世纪的调整适应，虱子本来过着一种相对无害的生活，却不承想突然间晴天霹雳，一场流行病暴发了。由于它的宿主身染重疾，对它来说唯一的世界变得暗淡无光，凶险异常。如果在其不可控制的情况下，它身染沉疴的身体将会转移到另一个宿主身上，于是病毒也会随之转移。然而，这并不是虱子存心而为，它只是出于生存的本能，却不知此时自己也已经病入膏肓。由于在传染病面前，虱子与人类都是受害者，所以我们对虱子心存一点儿同情之心也不为过。

虱子也并非总是需要依靠宿主才能生存的生物。它们曾经是一种热爱自由的生物，当其他昆虫向它们打招呼时，它们能够用复眼望着对方，对之报以微笑。这是比《独立宣言》的颁布还要遥远许久的事儿了，因为虱子花了好几个世纪才放弃它的个人主义。

那是很久很久以前的事了，因为我们没有任何关于新石器时代，甚至是尼安德特时代出现虱子的记载，因此我们也就无法追溯虱子清晰的血统。事实上，关于虱子祖先的问题仍然是一个极其困难的问题。包括恩德莱因（Enderlein）在内的很多饱学之士认为虱目或吸血虱起源于有吻目或蝽类，很大程度上是基于它们的口器具有相似性。汉德利尔斯基（Handlirsch）教授及其追随者对此观点嗤之以鼻，他们认为现在的虱子源自以皮毛为食的鸟虱，理由是很难三言两语解释清楚的技术性问题。如果不引用专家们的研究，我们很难对这样一个根本性的问题做出公正的判断。我们仅仅是想指出，关于虱子祖先的问题，相关专家存在分歧。与人类的起源不同，虽然虱子的祖先问题并不涉及宗教情感，却也让大家争论不休。

博学多识的汉德利尔斯基教授的看法，似乎是相关专家最为认同的观点。现在的虱子，分为两种亲缘关系密切的类别，一种是食毛目，也就是咬人的虱子；另一种是虱目，也就是吸血的虱子。这两个分支可能都源自蟑螂的前身，现如今的蟑螂和白蚁就是由蟑螂的前身进化而来的。蟑螂的前身是上石炭纪的化石生物，由于其存在的年代过于久远，因此无法引起我们的关注。现在的吸血虱可能源自食毛目的昆虫——啮虫科等翅膀较小或无翅膀的生物，最为人们所熟知的代表，就是现在最常见的书虱了。啮虫科生物不是虱子的直系祖先，而只是同一个主干上衍生出来的分支而已。就如同高等类人猿与人类的近亲关系一样，通常被人们误以为是上下关系，就如同梯子上的台阶，而不是同一灌木丛中的树枝。

同出一脉的祖先起源，可以是向上的，也可以是向下的。以虱子为例，由于我们只能依靠解剖学的数据做出判断，因此我们对它的了解也就相对较少。由独立自由的形式向寄生的形式转换，看起来似乎是从高级向低级发展。以人为例，人类与类人猿的关系，肯定比虱子与啮虫科的关系要近得多。人类与类人猿在身体结构和血液成分上非常相似，而作为二者之间的仲裁者，我们认为人类是更为高级的形式，因为我们有精神和思想追求，而类人猿却没有这些特点。一位著名的生物学家近期声称，根据解剖学和生理学的研究，人类与正在发育的年轻类人猿之间的相似度，远比人类与成年类人猿的相似度要高。根据这一说法，人类可以被看作是被抑制生长或是无法适应环境的类人猿，而类人猿则经过这一阶段，逐渐走向成熟。此后他们将懂得满足，不再为不能得到的东西而挣扎。这与歌德的观点是一致的，即人类永远处于青春期。

无论是否如此，在虱子进化的传奇历史进程中，一种不同于现今的虱子，即独自生活的虱子的后代发现，如果依附于某些提供食宿的宿主，自己将不必从稻草、树皮、苔藓和地衣、腐烂的谷类和蔬菜中抢夺食物，那样的生活不是无比轻松自得吗？自然的进化似乎是谨遵逻辑的，虱子的进化便是其中一个例子。它牺牲了自由，从此不再为食宿问题而奔波，也不会再处于鸟类、蜥蜴以及青蛙的攻击之下，虽然可能失去了拥有翅膀的乐趣，却从此在一片衣食无忧的领地上逍遥自在。因此，虽然它获取食物的方法比贸易和银行交易更为直接，且为其提供给养的对象也并非同类，但通过适应寄生生活，虱子实现了资本家的梦想。

如此这般，寄生形式的虱子就这样出现了。首先出现的，可能是咬人的虱子，也就是食毛目。此后，它们的进化演变显示出了大自然无限的灵活性：

鸡虱

鸭虱属鹅虱

细鸭虱

鸽虱

火鸡虱

豚鼠咬虱

马虱

上面简单举了几个例子。从这些或者与之平行进化的动物中，产生了我们主要关心的动物。当不满足于皮毛头屑一类的菜单之后，这些微小动物凭借无与伦比的机智，发现在热血动物的皮肤之下蕴藏着丰富的“红色矿藏”——可能同中国人发明了烤乳猪一样，虱子们也是在不经意地一搔之后，便获此发现。此后，他们便进化出了钻孔和吸吮的生理结构，接着就出现了：

猪虱

狗虱

鼠虱

羊足虱

猫虱

短鼻牛虱

猴虱

人类的头虱和体虱

❷

人类的头虱和体虱是我们最关注的。它们之间的关系最为紧密，即使是现在，由于年轻人颈部与颈部相交的偶然机会，体虱可能入乡随俗，与头虱杂交。至于阴虱，我们就不过多叙述了，它可能是一种不同的物种，既不值得尊重，也不值得同情，甚至不必对它感到害怕。

尽管起初头虱是从毛皮动物身上转移到原始野蛮人的毛发中的，但即使从这方面来看，给予与得到似乎也并不是完全单向的。尤因（Ewing）认为蜘蛛猴身上的虱子可能来自土著人；此外，他认为人类身上的虱子与各种猴子身上的虱子是如此的相似，以至于它们可以互换宿主而生存，却不会造成任何伤害。我们曾经用一只来自东印度群岛的猴子喂养两百只阿拉伯头虱，每次喂几周，阿拉伯头虱的死亡率相对较低。尽管如此，像这样的更换宿主通常是不可能的，在大多数情况下，一只虱子更换了宿主之后，可能会导致其消化困难，甚至足以致命。

尤因进一步提出，在人类远离旧大陆开拓新世界，来到热带美洲之后，其身上所携带的虱子也随之转移到了当地的蜘蛛猴身上。在粗度与密度方面，蜘蛛猴的皮毛与人类的头发非常相似，且蜘蛛猴的血液在生理上与人类血液的相似度，远非新世界其他种类的猴子所能企及。尤因的上述观点对本书来说具有重要意义，因为人们经常质疑，是否早在墨西哥被征服以前，斑疹伤寒就已经存在于美洲了。正如尤因所言，如果蜘蛛猴身上的虱子的发展史，与宿主身上的虱子的发展史一致，那么极有可能的是，虱子已经在美洲存在了很长一段时期。蜘蛛猴在美洲的分布非常广泛，从中南部的巴西到墨西哥的韦拉克鲁斯州（Vera Cruz），从厄瓜多尔的太平洋沿岸到巴西的大西洋海岸，都有它的身影。权威机构已经认定，美洲的虱子主要分为两种，一种寄生在人类身上，另一种寄生在猴子身上。“寄生在人类身上的主要是杂交头虱，它们的纯正品种最初是在生活于各个地理区域的白种人、黑种人、红种人以及黄种人身上发现的。据我们所知，寄生在美洲猴子身上的虱子，根据不同的宿主分为不同的种类，因此在某种程度上表明宿主与寄生生物之间至少存在一个平行发展史。如果猴子身上的虱子来自人类，那么它们不是来自近代人类，而是来自数万年前的人类——时间足够长，以至于能够发生物种分化。”

当虱子在野蛮人头上定居下来后，它们就开始一代又一代地传承下来，并在这一进化进程中发生轻微的体型和特征变化。因此，今天我们似乎可以从分布在世界各地的虱子的特征入手，推断出一些关于人类种族关系的信息。寄生于非洲黑人头上的虱子，与寄生于欧洲人和现代美洲人头上的虱子存在些许不同。在史前美洲印第安人木乃伊的头皮上发现的虱子，也与现代美洲人头上的虱子有所不同。这种古老的寄生生物和欧洲的头虱，一起被从印第安人的头皮上取下来，这是人类文明的众多收获之一。

在虱子研究方面取得杰出成就的权威人物尤因，对美洲人身上的各种各样的虱子进行研究之后，发现虱子的类别与人类宿主的种族类别没有相关性。美洲是各类人种的汇集之地，也是各类虱子的聚集之地。尤因逐渐发现，他所面对的美洲虱子，是不同人种身上的虱子的混血儿。尤因的这一结论，得到了科学家最近取得的一项新发现的证实。巴考（Bacot）认为，人类的头虱与体虱之间会进行“异族通婚”，并生出可生育的后代。在认识到对现代知识分子的头部进行检查，将无法获取任何美洲虱子的信息之后，尤因开始在美洲人的木乃伊头皮中寻找这些昆虫。起初，他的搜寻没有任何成果，原因在于尽管他在秘鲁人的木乃伊头皮上发现了很多幼虱，却没能找到成年虱子的样本。此后在美国自然历史博物馆的卢茨（Lutz）博士的帮助下，他从二十具史前美洲印第安人木乃伊身上取得了头皮和毛发样本。在其中三个样本中，他不仅找到了幼虱，还找到了各个发育阶段的虱子。经过对比，他发现秘鲁人的木乃伊身上的虱子，与美国西南部的虱子存在一些不同之处，此外，从史前木乃伊身上获取的所有虱子，都与从活生生的现代印第安人身上获取的虱子存在差别。据尤因所言，可能是由于现代印第安人曾携带有高加索和埃塞俄比亚的头虱，现在身上存在这两者与美洲的本土虱子的杂交品种。值得一提的还有，美洲人的木乃伊身上的虱子类别，与日本等地的均有所不同。

希普利（Shipley）告诉我们，虱子会根据宿主的颜色调整自己的颜色以求适应，所以非洲的虱子是黑色的，印度的虱子是烟熏色的，日本的虱子是黄棕色的，而北美印第安人身上的虱子是深棕色的，因纽特人身上的虱子是浅棕色的，而欧洲人身上的虱子则是脏灰色的。

虽然证据有待进一步完善，但史前美洲虱子的特征，与中国人身上的头虱以及阿留申群岛上因纽特人身上的虱子非常相似——这进一步为亚欧民族穿越白令海峡的大迁徙提供了论据。

当裸体的人类开始穿上衣服的时候，头虱的源头之处便衍生出了另一支脉——体虱。原始人类身上并不存在体虱。随着宿主的日趋文明化，虱子也取得了进步，开始将卵茧粘在人类衣物的纤维上，而不是粘在身体的毛发上，从而在一定程度上保障了自身的安全和提高了活动能力。

在头虱发展为体虱的进程中，出现了很多非常有意思的习性变化。虱子通常不会出现在皮肤上，除非是在进食的时候；这些昆虫一般待在内衣里与人类的身体保持接触，即使在进食时，它们的腿部也依然附着在衣物的纤维上。受孕后不久，母虱就开始产卵，每天大约产五个卵或者更多，一直持续大约三十天。这些卵会通过一种胶合剂物质附着在衣物的纤维上。根据不同的温度，卵的孵化周期也各不相同。在人类的正常体温之下，孵化可能会在一个星期以内完成，如果卵被反复暴露在寒冷的环境中或孵化温度被控制得比较低，那么孵化的过程可能会超过一个月。破卵而出之时，幼虫会表现出强烈的进取心。首先，它会掀开一个小小的壳盖，通过这个空隙，它第一次感受到自由的精彩。这个洞还太小，无法使它破壳而出。这只小动物非常聪明，它开始从前面吸入空气，然后从后面排出，如此这般逐渐增大卵内的压力，直至最终破壳而出，来到这个伟大的世界。此时，一只幼虱诞生了，它具有和它的父母一模一样的完美形象。然而，如果这时的它得不到喂养，它就会在一到两天之内死去。反之，它将顺利蜕皮，在四到七天的时间里，进入幼虫生长的第二阶段，然后通过类似的过程进入幼虫生长的第三阶段。在这个阶段中，除了两性之间的交配权以外，它将享有虱子一族的所有特权。只有在破壳而出的两到三个星期以后，它才能长成一个性成熟的虱子。但是一旦到了那时……喔，天呐！

Chapter 10

第十章

Louse and human

虱子与人类

虽然我们明白读者对于进入终极主题——斑疹伤寒的渴望，但我们还是想恳请他们原谅，因为接下来还需要多花几页篇幅，就虱子这种备受误解的小生物展开讨论。关于动物进化的研究，如果我们对法布尔、梅特林克（Maeterlinck）、惠勒等人的观点有所研究的话，我们会发现似乎存在着一种几乎完全被忽略的社会力量，这种社会力量在昆虫的组织生活中扮演着极其重要的角色。蜂巢是令人钦佩的高效的封建母权社会，相比于人类取得的成就，它似乎更具有优越性。同样，正如惠勒教授所描述的那样，白蚁的共产主义组织似乎代表了苏联理想的终极性完美实现——比人类想象的还要完美。尽管如此，在所谓的低等动物的生活中，我们将它们取得的成就，也就是人类凭借着所谓的“智力”奋力争取的东西，归因于它们的“本能”或进化的力量。我们至少有理由假设，虽然人类的躁动不安加速了人类社会和政府的改变，但这种改变也同样受制于外部力量。[1]

在上一章中，我们提到了虱子寄生的可能性，即虱子之所以进化为寄生动物，是由于一种资产阶级的冲动，即那些偶然被带到一个食物简单、生活安全的地方的个体，渴望过上舒适的生活。那么同样具有可能性的是，这些居住在富饶土地上的“殖民者”越来越相信，所有的虱子生来都是平等的，自由、平等、博爱应当成为社会普遍接受的信条，因此，失去翅膀、

1　无疑，亨德森教授关于帕雷托的研讨会，为这种思想的传播提供了重要的推动力。

自由甚至是开拓精神，可能会换来基本的生活保障。无论如何，和人类一样，出于这样或那样的原因，虱子未能像蜜蜂和白蚁一样，发展出高级、复杂的文明体系。由于虱子并不需要为温饱操心，所以这样的文明体系对它们来说可能并无多大用处。在温度适宜、有吃有喝、气味怡人、郁郁葱葱，同时又便于传宗接代的地方，它们欢天喜地、无拘无束地生活着，就像库克船长到来之前的波利尼西亚人（Polynesians）一样。在它们的脚下，就是无穷无尽的美食，它们只需要将中空的针管插入柔软的皮肤里，便可以获得每天两到三顿饭，这比土著居民把椰子从树上敲下来省事多了。如同卢梭所描绘的高贵的野蛮人一样——与白璧德先生的观点相左，在这种简单轻松的生活方式下，虱子们过着身心无拘无束的快乐生活。[1]如果诚如白璧德先生所言，那么人类就可悲了，我们就无法对未来的变化心存任何美好的期望了。对于人类来说，精神的升华迫在眉睫，我们对陆地进行了彻底的开发，容易开采的资源已经濒临枯竭。

1　从一个重要的方面来看，这种卢梭主义的定位对虱子来说并非是完全公平的。虽然在其他的习性方面，虱子过着衣来伸手饭来张口的慵懒生活，但在性生活方面，虱子却保持着高度的理智。对于幼虱来说，大自然并没有为它提供性器官。这里所谓的幼虱，就相当于人类的高中生一般。只有在它们的身体长成之时，性器官才会生长发育。于是，只有到了一个能负得起责任的年龄，它们才能够繁殖后代。如果人类的生理机制也能如此，在人的大脑发育完全成熟之后才能拥有性能力，那么多少身体上的困难和道德上的困惑都可以得到避免啊。

两百年以来，人类就像虱子一样过着自由散漫的生活。[1]只要喧嚣的人类存在，虱子就能无穷无尽地存在下去。每一个人类的新生儿都是一片处女地，虱子也就成了开拓者。

我们可以确定的是，自从人类存在以来，虱子就成了我们密不可分的伙伴。与其他的寄生生物不同，除非出现意外和灾难，否则虱子永远也不会离开它的宿主。如果它被驱离宿主，或是宿主死亡的话，除非它能马上找到新的宿主，不然它就会一命呜呼。这一事实导致很多有宗教倾向的虱子研究专家，就亚当和夏娃身上是否布满虱子展开了推测。针对这一有趣的问题，科万（Cowan）引用了1746年的《君子杂志》（*Gentleman's magazine*）上一位作者说过的一句话："如果我们相信约翰·弥尔顿（John Milton）的话，那么以亚当和夏娃之整洁，他们的身上就不大可能有虱子。然而，既然虱子不屑于在田间吃草，也不屑于舔土为生，那么它们又依靠什么生存呢？"虽然这一问题至今为止没有统一的答案，但我们可以确定的是，在世界各地的最为古老的木乃伊身上，科学家都发现了虱子的存在。此外，早期的旅行者描述过他们在所遇到的所有原始族群中都见过这种昆虫的身影。科万在他的

1　如果太平洋一直延伸到密西西比河西岸，那么我们此时可能已经形成了年轻的批评家们所追求的、与众不同的美国文化。当人类的生命力受到外部资源枯竭的驱动时，一百年前种在康科德（Concord）的种子，可能会绽放出美丽的花朵。

《昆虫历史上的有趣现象》(*Curious Facts in the History of Insects*)一书中,引用了万利(Wanley)关于塞西亚(Scythia)的布迪尼人(Budini)食用虱子的故事,霍屯督人(Hottentots)和美洲印第安人也有关于这一习俗的记载——这一习俗在猴子之中甚为普遍。根据这些民族包括中世纪英国人的记载,虱子具有药用价值,特别是在治疗黄疸病方面有效果。同样是在这本书中,我们还发现了引用自《珀切斯的朝圣者》(*Purchas' Pilgrims*)中的一段话,这段话指出马拉巴尔(Malabar)当地人的一些奇怪习惯,"虱子非常令人厌恶,一些信仰宗教的虔诚人士会将其他人能够抓到的所有虱子放到自己的头上,为虱子提供食物和营养"。这是一种仁慈的自我牺牲,通过此种做法,他们可以进入圣人的行列。

关于这一非常具有可能性的推断——在西班牙征服者科尔特斯(Cortez)到来以前,斑疹伤寒就已经在阿兹特克人(Aztecs)中存在了,就出自托尔克马达(Torquemada)的记载。"在与西班牙人暂住在蒙特苏马(Montezuma)期间,有一天,阿朗索·德·奥赫达(Alonzo de Ojeda)在父亲的宫殿里发现了许多束紧开口的小袋子。起初他以为其中装的都是沙金,打开其中一个袋子之后,他惊讶地发现里面装了满满一袋子虱子!"奥赫达将这件事告诉了科尔特斯,于是后者去找玛丽(Marina)和阿圭勒(Anguilar)问个究竟。他们告诉他,墨西哥人有向统治者进贡的传统,贫困潦倒的人如果没有什么东西可以进贡的话,就会每日清理身体，将捉到的虱子保存起来，当虱子多到可以装满一小袋的时候，他们就会把装满虱子的袋子放到国王的脚下。韦泽尔（Weizl）告诉我们，当他在西伯利亚北部的土著中短暂逗留时，造访过他的小屋的年轻女子会调皮地往他的身上扔虱子。这一行为令他颇为窘迫，仔细询问之后他才尴尬地获悉，这是当地的一种示爱风俗，并非嬉笑打闹之举，类似于“我身上的虱子，即是你身上的虱子”的一种仪式。

然而，我们没有必要将虱子在人类社会生活中扮演的亲密而重要的角色，仅仅局限于原始部落或古代种族。在当今那些不幸的人之中，在文明程度最高的社区之中，这些小生物也依然相当的普遍，尽管据美国作家厄普顿·辛克莱（Upton Sinclair）所说，在像波士顿那样纸醉金迷的地方，如果不是轻车熟路，要想找到一定数量的虱子非常困难。根据我们的经验来看，当我们急需一定数量未受感染的虱子，用于放在疑似斑疹伤寒患者身上的时候，我们首先需要使一位警官感受到科学的使命和召唤，然后请他拘留一位有色人种之男士——我们通常可以在该男士身上找到这种昆虫。当然，这位男士将他的“囤货”拱手交出之后，很快就会被释放。

然而，每一个真正经历过战争的人都知道，当水资源匮乏，肥皂变得稀缺，或是更换衣物不勤时，虱子就会以迅雷不及掩耳之势，重新回到人的身上。实际上，在不久之前，即使对于社会上层人士来说，虱子也如同洗礼和天花一样，是生活中不可避免的一部分。

在政治上，虱子甚至还发挥过重要的作用。科万曾经讲述过这样一个故事：在中世纪瑞典的兴登堡（Hurdenburg）流行着这样一个习俗，市长是通过如下方式选举出来的：候选人围坐在桌子旁，头低着，把胡子放在桌子上。一只虱子被放在桌子中间。接下来就很关键了，虱子钻进谁的胡子里，谁就是下一任市长。

中世纪的生活方式使众多虱子普遍存在无可避免。在12、13世纪的英格兰，穷苦之人居住在小茅屋里，屋顶通常会留出一个洞，用于排放炉火所产生的烟。在寒冷的天气里，晚上一家人会穿着外衣挤在一起。由于每个人只有一件衣服，所以洗衣服实际上是不可能的；而那些富裕阶层的人，由于缺乏良好的供热系统，生活也舒服不到哪儿去，虽然他们可以穿上很多衣服御寒，但同样很少换洗衣服。作家麦克阿瑟（MacArthur）撰写的故事——托马斯·贝克特（Thomas à Becket）的葬礼就是很好的例子：12月29日傍晚，这位大主教在坎特伯雷大教堂遭到谋杀。人们将他的尸身放在大教堂里一整晚，准备在第二天进行安葬。大主教身穿华丽的服装，在一件棕色的大披风之下，是一件白色的法衣；法衣下面是一件羊毛大衣，然后是一件羊毛外套，再往下是一件黑色的本笃会披风；再往下是一件衬衣，贴身处是一块奇怪的麻布，上面覆盖着亚麻布。随着大主教的尸体渐渐变冷，寄生在层层叠叠衣服之中的虱子便开始从里面爬出来。正如麦克阿瑟引用编年史作者的话：“那些虱子就像烧开了的水从大锅中溢出来一样，这令旁观者哭笑不得。”

毫无疑问，从某种程度上说，剃去头发戴上假发的习惯，是为了遏制虱子的滋生。整个欧洲的绅士和小姐们都采取了这一做法，但他们戴的假发中通常长满了幼虱。英国皇家海军部长佩皮斯在自己的日记中多次谈到这一点，他曾抱怨自己买的新假发上全是虱子：“因此，我前往威斯敏斯特找到了我的理发师，要求他最近将我的假发中的幼虱清理干净；这使我非常苦恼，他竟然将这样一件东西交到我手里。”

即使在上层社会，虱子的活跃以及由此引起的抓挠，也是一个严重的问题。即使在皇室子弟的教育中，相关人员也会进行与虱子相关的、个人卫生方面的培训。勒布（Reboux）谈到17世纪中期法国公主的教育时说：“有人会非常仔细地教育公主，习惯性地抓挠虱子咬过的地方是非常恶劣的举止；当众从脖子上捉住虱子、跳蚤或是其他的寄生虫，然后将它们杀死，是非常不礼貌的举止，除非身边都是最亲近的人。”

他还讲述了另一个故事，说明即使在贵族中，虱子也普遍存在。年轻的吉什伯爵（Comte de Guiche）由于和国王的弟媳眉来眼去，所以不受国王待见。于是，国王派这位伯爵的父亲前去向他下达驱逐令，而在父亲到来的时候，伯爵竟然还没有起床。当伯爵的父亲站在床前时，一只虱子从他的假发中爬了出来，沿着这位老人额头上深深的皱纹一路前行，一直爬到了眉毛的边缘，然后又钻回到假发中。由于吉什伯爵只顾全神贯注地观看虱子的冒险，所以全然不知父亲说了些什么。

即使到了18世纪，虱子仍被视为必需品。整整一代细菌学家都在思考，肠道中大肠杆菌的广泛存在是否意味着它们拥有某种生理学的意义。同理，聪颖如林奈者曾提出，正是由于有了虱子的保护，儿童才得以避免遭受一系列疾病的侵扰。

在鲁珀特·休斯（Rupert Hughes）所著的乔治·华盛顿的故事中，我们找到了题为《文明准则》（*Rules of Civility*）的文字，是华盛顿在执政时期颁布的："不可在他人面前杀死跳蚤、虱子等害虫；若在同伴的衣服上发现它们，则要悄悄地将它们拿下来；若是别人帮你这样做了，一定要感谢那个人。”

自殖民时代以来，情况就发生了变化。上流社会中再也看不到虱子的身影，对中产阶级来说，即使不是家家户户都拥有一辆汽车，但几乎每个房子和公寓里都有一个浴缸。渐渐地，在浴缸里存放煤炭的习惯也消失了。于是，虱子生存的空间在慢慢缩小，逐步被局限在社会底层的贫穷人群之中。尽管如此，在生活仍旧原始的地区，在浴缸仍然是奢侈品的地方，在洗澡被认为是大逆大道的行为的地方，虱子仍然广泛存在。虱子永远也不会完全消亡，即使是对于那些卫生条件较好的人群，它们仍有卷土重来的机会。

只要虱子存在一天，斑疹伤寒流行的可能性就仍然存在。

Chapter 11
第十一章

Much about rats, a little about mice
大鼠，而非小鼠

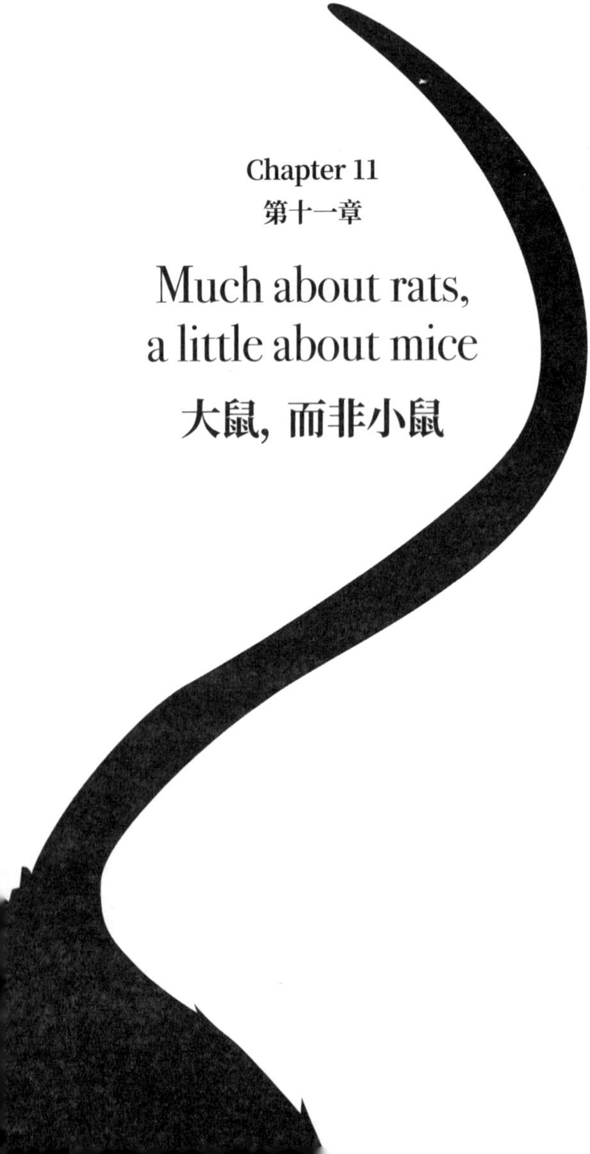

❶

毫无疑问，我们这部传记的对象在其冒险存在的某些阶段，与大鼠有着密切的关系。由于我们的写作目的是写一份面面俱到的报告，不受夸大的重点或遗漏的影响，因此我们有必要对这些啮齿动物给予一定的关注。在人类历史上，大鼠扮演着和其他斑疹伤寒宿主同样重要的角色。在讨论大鼠的时候，我们会想到比它们的体型更小的兄弟——小鼠。因为小鼠不仅具备了大鼠的十八般武艺，而且斑疹伤寒病毒可以在一些小鼠的体内生活得高枕无忧，这就意味着小鼠也可能会成为未来流行病学的研究对象。实际上，斑疹伤寒的近亲——恙虫病（Japanese River Valley fever）便是通过秋螨，从小鼠身上传染到了人的身上。[1]

1　接下来，我们关于啮齿动物的分类知识，更多的是从保罗·A. 穆迪（Paul A. Moody）教授那里得来的。（除此之外，我们还参考了《北美啮齿动物列表》，1923年，格利特·S.米勒（Gerrit S. Miller），美国国家博物馆）——

啮齿目
总科鼠科
仓鼠亚科（新世界）
亚仓鼠亚科
白足鼠属：鹿鼠
棉鼠属：棉鼠
田鼠亚科
田鼠属，家鼠属
（亚科还包括旅鼠、麝鼠）
鼠亚科（新世界）
巢鼠属：欧洲禾鼠
家鼠属
黑鼠
褐鼠、挪威鼠或大家鼠
小鼠属：小家鼠

事实上，我们对于大鼠和斑疹伤寒关系的认识仍然是初步的。不过，我们能确定的是，人们在墨西哥城疫源地的鼠蚤身上和大鼠的大脑中，发现了美洲新大陆斑疹伤寒病毒。上述地点所提到的疾病，可能是通过跳蚤，从受感染的大鼠身上传染到人身上的。我们还发现，生活在地中海沿岸的大鼠受到了类似的感染。过去几年的研究显示，在墨西哥和美国所发现的斑疹伤寒病毒以及在地中海盆地所发现的地方性斑疹伤寒病毒，都高度适应啮齿动物。在人类流行病间歇期间，斑疹伤寒病毒会附着在大鼠身上，通过鼠虱和鼠蚤，进行鼠鼠相传。待时机成熟之时，斑疹伤寒病毒就会通过鼠蚤从大鼠身上传到人类身上。因此，尼科尔（Nicolle）称这种斑疹伤寒病毒为“鼠型”病毒。

那些从东欧地区及非洲斑疹伤寒疫源地所获取的病毒，对啮齿动物的致命性要弱一些。我们有理由相信，从技术性的角度来看，这种病毒已经传播了几个世纪，它不仅存活于大鼠体内，也依靠人类进行传播。欧洲的斑疹伤寒病毒以受感染的人类为载体，被传播到美国。斑疹伤寒被美国人称作“布里尔氏病”。所以我们美洲大陆现在受两种类型的斑疹伤寒折磨。两种类型的斑疹伤寒病毒很有可能同源，那也是最初感染啮齿动物的病毒。因此，我们将目光聚焦到啮齿动物的身上。它们不仅仅是斑疹伤寒流行病学的研究对象，也是鼠疫流行病学的研究对象。古往今来，不论是斑疹伤寒还是鼠疫，它们都会奏起人类的悲乐，带来无尽的痛苦，造成大规模的死亡。

一个奇怪的事实是，早在人们可能对啮齿动物作为疾病携带者的危险特性有任何认识之前，人类就对这些动物感到恐惧并加以追捕。施蒂克从古典文献和中世纪文献中搜集了大量关于这一主题的参考资料，并在欧洲中世纪的民间传说中发现了很多证据，这些证据表明人们模糊地认识到瘟疫与老鼠之间存在着些许联系。在古代的巴勒斯坦，犹太人认为七种老鼠品种（阿克巴）为不洁之物，并认为它们和猪一样不适合人类食用。古代波斯国国教拜火教之祖琐罗亚斯德（Zoroaster）的崇拜者就很讨厌水老鼠，并认为消灭老鼠是对神的侍奉。同样值得注意的是，阿波罗·斯明透斯（Apollo Smintheus），这位被认为是保护人们免受疾病之苦的神，也是传说中的“老鼠杀手”。还有圣·格特鲁德（Saint Gertrude），早期天主教堂的主教们曾恳求他去预防瘟疫和老鼠。施蒂克告诉我们，1498年是德意志的大瘟疫之年，当时法兰克福的老鼠是如此之多，以至于国王的侍从们每天都要在桥上工作几个小时，忙忙碌碌地给抓来老鼠的人发放芬尼，一只大鼠值一个芬尼。侍从们割下老鼠的尾巴（可能是一种原始的计数方法），然后将老鼠的尸体扔进河里。根据施蒂克的记载，海涅（Heine）曾谈到15世纪神圣罗马帝国的统治者向法兰克福的犹太人征收的一种税目，其中就包括每年要上缴五千条老鼠的尾巴。在大瘟疫流行期间，大鼠和小鼠的天敌猫和狗，就成了对抗瘟疫的战士，而这样的故事便源源不断地载入了欧洲不同地区的民间传说的长卷中。

大多数的学者认为，古典文献中没有关于大鼠的可靠记载。希腊历史学家希罗多德曾提到过“田鼠”。古希腊语中还有“泡菜坛子里的老鼠”的表达，意为“身处困境”。后来由古希腊语演化为罗马语的“地鼠（Sorex）”一词，虽然指的不是啮齿动物，而指的是形似老鼠的动物，但这种动物和老鼠一起，被写进了文学作品里。我们博学的朋友兰德教授给我们讲了一个凯勒引用过的故事：据说罗马帝国的皇帝黑利阿加巴卢斯（Heliogabalus）曾经发动过一场“老鼠大战”，让一万只小鼠、一千只地鼠和一千只黄鼠狼混战。结果地鼠很快就“打败”了小鼠，而小鼠和地鼠又成了黄鼠狼的“手下败将”。[1]

罗马人对小鼠很熟悉，并视其为有害之物，但“小鼠”一词曾被罗马战神用以表达“亲爱的”之意。小鼠“musculus”的词根（波斯语为“muishi”，印度语为“musa，musi”，巴利语为“musiko”）表明在古代世界里，小鼠可谓“举世闻名”。

在早期，关于小鼠和大鼠，人们并没有进行详细的界定。不过，权威人士貌似也大体赞同，当时人们提到小鼠时，并没有特意指大鼠，至少希腊人和罗马人是如此。鉴于古代老鼠在

1 讲到黑利阿加巴卢斯的相关故事，大鼠居然没有被收入其古怪的爱好中，着实令人吃惊。根据汉密尔顿和欣顿的描述，在十字军东征之前，大鼠就毫无争议地存在于东方世界了，并在1095年后不久，在欧洲站稳了脚跟。黑利阿加巴卢斯原名瓦瑞乌斯·阿维图斯（Varius Avitus），是埃美萨（Emesa）人。在罗马皇帝卡拉卡拉（Caracale）遇刺后，他被从罗马带到了他的出生地埃美萨。在那里，他成为叙利亚太阳神埃拉加巴卢斯（Elagabalus）的大祭司，他后来的名字“黑利阿加巴卢斯”即取自太阳神的名字。219年，他回到罗马成为皇帝。黑利阿加巴卢斯做了很多“顽劣、淘气”的事，招致了众人的不满，“老鼠大战”就是证明其劣迹的一个事例。真正的黑鼠确实是在十字军东征后到达意大利的，当时黑鼠被称为“地鼠”，而“地鼠”来源于“属”（鼩鼱）一词。这也就证实了一个猜想：关于黑利阿加巴卢斯故事中的地鼠可能就是大鼠。比起真正的地鼠，大鼠战胜小鼠简直是易如反掌。真正的地鼠以食虫为生，不像大鼠那样体形硕大、战无不胜。根据汉密尔顿和欣顿的描述，在之后的文学作品中，黑鼠就是被称作“属”。

东方国家的盛行，希腊和地中海沿海城市的海上往来频繁以及埃及和罗马之间的谷物流通，我们很难相信整个古代欧洲完全没有老鼠。

说到生活在近东地区的小鼠和大鼠，希罗多德告诉我们，有三种小鼠活跃在利比亚的国土上：一种被叫作“两条腿”小鼠；一种被叫作“兹格瑞斯”（Zegeris，意为“小山”，大概是一种草原犬鼠）；第三种被叫作“多刺鼠”。他还详细讲述了一则故事。当阿拉伯半岛和亚述国国王辛那克里布（Sanhrib）率领一支庞大的军队与埃及交战时，在战争前夜，“田鼠蜂拥而至，吃掉了战士的剑鞘、弓箭以及大量的盾牌，以至于第二天战士们不得不落荒而逃”。这则故事的主角听起来更像是大鼠而不是胆小的田鼠。然而，类似的传言无据可查。[1]

尽管这将澄清流行病学状况，但要证明在古典时期的欧洲确实存在真正的老鼠，其可能性微乎其微。自从伯罗奔尼撒战争以来，鼠疫和斑疹伤寒的传播方式可能通过病毒改变对宿主（昆虫和啮齿动物）的适应而发生了变化。古代文献中所记载的如小鼠和大鼠般如此相似且关系紧密的啮齿动物之间的动物学差异是不准确的。大鼠可能曾经存在过，尽管没有被驯化。这给了我们更宽广的维度去猜测流行病的性质。诚然，在古代生活的环境下，流行病很少像后来那样随着人口的集中而变得如此广泛或致命。因为不管怎么说，如果那时的大鼠像今天的

1　约瑟夫斯（Josephus）曾讲过类似的故事。

大鼠一样多，那么我们肯定早就找到了可靠的历史记载。当时的家庭生活节俭，餐食所剩无几，即使是像珀涅罗珀那样的主妇，可能也无法给予家鼠寄生人类的机会。

然而，这一切都只是猜测。就连这个领域最博学的学者，也只能掌握十字军东征之后的欧洲大鼠的情况。在史前时期，大鼠肯定在欧洲存在过，但是后来消失了。在上新世时期（欧洲乳齿象时期）的意大利伦巴第以及更新世晚期的克里特岛，我们发现了大鼠的化石。在冰河期，它们与骚扰梅克伦堡（Mecklenburg）和德国西部的湖上居民生活在一起。从那时起，大鼠零零星星地存在了数千年。

为了弄清楚大鼠是何时在欧洲重新露面的，我们的同事，那些兢兢业业的生物学家们搜集了大量的信息，其中很多信息被巴雷特·汉密尔顿（Barrett Hamilton）和欣顿（Hinson）整理到他们所著的《英国哺乳动物历史》（*History of British Mammals*）一书中，也被唐纳森（Donaldson）写进了《老鼠回忆录》（*Memoir on the Rat*）一书中。然而，在我们推进这一主题之前，我们不妨考虑一下老鼠和人类之间惊人的相似之处。大鼠和小鼠比其他任何动物都更依赖人类，也正因如此，它们发展出了很多与人类惊人相似的特性。

首先，和人类一样，大鼠基本上是杂食动物。它们会吃下任何可以吃的东西，甚至和人类一样，在困境面前连同类都不放过。它们可以在任何季节繁殖生育，也像人类一样，最容易在春季“春心荡漾”。[1]大鼠很容易发生“杂交”行为，但我们从黑色大鼠和棕色大鼠之间的紧张关系来判断，它们也会对杂交行为产生社会或种族偏见。大鼠的性别比例和人类的有相似之处。此外，近亲繁殖对大鼠来说也是常有之事。公鼠的体型稍微大一些，而母鼠则稍微胖一些。大鼠的生存能力很强，能够适应各种气候。它们之间同类相残的戏码总是接连不断地上演，不过没有爆发过全国性的战争。到目前为止，大鼠之间的战争还局限在部落之间，如同没有产生国家之前的人类之间的战争。如果大鼠能够继续模仿人类，那么几个世纪后，我们也许就能够看到法国大鼠吃德国大鼠，或者纳粹大鼠袭击共产主义大鼠或是犹太大鼠。只不过如此高的文明程度，不可能存在于任何动物之中。除此之外，像人类一样，大鼠也是崇尚“个人主义”的，除非它们真的需要帮助。也就是说，大鼠为了食物或者爱情，会无所畏惧、单枪匹马地对抗其他弱小的对手。当然，在必要时，大鼠也懂得召集鼠队，协同作战。

基于神经系统的发展阶段，唐纳森估算出一只三岁的大鼠相当于一位九十岁的老人。按照这个计算方式，大鼠在人类十六岁的时候达到自己的青春期，大鼠的更年期相当于人类的四十五岁。大鼠适应季节和环境变化的能力，比除了人类以外

1　乍一看，大鼠的繁殖能力好像超过了人类的繁殖能力，因为大鼠到青春期时才走过了人生之路的一半多一点，而且大鼠一年会生下一两窝幼鼠，平均每次生下五至十只。

的其他任何动物都要强。

❷

到达欧洲的第一批大鼠被叫作黑鼠、家鼠或者船鼠。它们可能是在400年到1100年，也就是在欧洲民族大迁徙期间，随着从东方浩浩荡荡地涌入欧洲的游牧部落而来到欧洲的，也有可能直到后来第一批十字军东征归来时才跟着士兵们来到了欧洲。700年的《埃皮纳勒词汇表》(*Epinal Glossary*) 并没有提及“大鼠”一词，但1000年英国大主教埃尔弗里克 (Aelfric) 编写的词汇表中出现了“raet”一词。一些权威人士指出：“rata”一词为普罗旺斯语，意思是家鼠，这个词当时可能已经从普罗旺斯传到了英格兰。[1]汉密尔顿和欣顿说，威尔士的编年史作家格拉尔德 (Giraldus Cambrensis) 在自己的著作中首次明确区分了大鼠与小鼠。从那以后，二者的区别经常被提及。

权威人士普遍赞同东方是黑鼠的故乡这一观点，但对其东方起源的确切地区却众说纷纭。德莱尔 (De L' Isle) 认为亚历山大老鼠就是欧洲黑鼠的起源，然而，根据他的说法，亚历山大老鼠直到7世纪之前都不曾寄生在人类社会，而是一种野生动物，大概生活在阿拉伯沙漠。这也说明，黑鼠在古典欧洲时期

1 大鼠和小鼠属于同一属种，二者的紧密联系也通过伊凡诺夫 (Ivanoff) 的实验得到了证明。他通过用白色大鼠的精子使白色小鼠人工受孕，经过二十七天的孕期，最终得到了两只杂交老鼠。小鼠可能是由大鼠演化而来的，为了能够钻进小洞里，它的体型变得没有那么肥硕，品性也没有那么暴躁了。我们这些生活在战后时代的人可能会欣赏小鼠钻小洞的本领。

没有跟随贸易团队来到欧洲，也没有在中世纪早期抓住萨拉森人入侵的时机成功潜入欧洲。到十字军东征的时候，大鼠开始被人类驯服，并开始追随人类的脚步。大鼠在船上爬来爬去，窜上窜下如履平地，因此被称为船鼠。大鼠很快就蔓延到地中海的各个港口。根据汉密尔顿和欣顿的说法，威尼斯人称大鼠为“帕塔根纳（pantagena）”，热那亚人把它误以为鼹鼠，称它“萨尔帕（Salpa）”，这表明大鼠对他们来说是一种新型动物。

自抵达之日起，大鼠就以迅雷不及掩耳之势，迅速蔓延至整个欧洲，其传播速度甚至比白人席卷美洲的速度还要快。在13世纪末以前，大鼠已经成为一种有害动物。在大约创作于1284年的《哈默尔恩的捕鼠人》（*Ratten fänger von Hameln*）这部民间传说中，捕鼠人通过吹笛子，将大鼠吹进了威瑟河里。因为镇上的人没有履行承诺如约向他支付费用，他便吹着笛子，将镇上的孩子送进了科本伯格山的山谷中。这个时候，大鼠已经侵入英格兰。在此之前，大鼠已经到达爱尔兰，它被当地人叫作“外国鼠”或是“法国鼠”。专家告诉我们，直到今日，爱尔兰人仍然称外来的为“法国的”。此后，大鼠又陆陆续续来到丹麦、挪威以及毗邻的岛屿。到了莎士比亚时期，黑鼠已经泛滥成灾，以致祈祷上帝也无济于事。捕鼠倌（详见《罗密欧与朱丽叶》第三幕）在当时是非常重要的官员，就像是现在的科学家和艺术家一样（或者是房地产经纪人和殡葬从业者）。

用了比汪达尔人在北非、萨拉森人在西班牙或是诺曼人在意大利生活的时日多一倍的时间，黑鼠在欧洲形成了自己独特的生活方式。在“三十年战争”和之后的17世纪的战争中，毁灭性的瘟疫乘虚而入，而大鼠就是罪魁祸首。在它占据统治地位的几个世纪里，伴随着战争和饥荒，极具毁灭性的斑疹伤寒不断地折磨着人类，时至今日，悲剧还会时不时地上演。中世纪欧洲的黑鼠是否在斑疹伤寒疫情中扮演了一个角色还不确定，但是它们在瘟疫流行病中起着主导作用，这一点是毋庸置疑的。

正如北欧文明被来自东方的野蛮人彻底破坏了一样，黑鼠建立的霸权最终被褐鼠的入侵所取代。这一生性残暴、短鼻小尾的亚洲鼠，在18世纪早期横扫欧洲大陆。直到现在，长鼻长尾、善于攀爬的黑鼠被赶到了最初的据点，尽管它们后来不断繁衍，但也仅仅以小规模群体生活在像南美洲和其他热带地区的沿海、港口和岛屿上，或者是褐鼠还没有“占领”的其他地域，在这些地方它们的寄生生活才不会受到褐鼠的威胁。黑鼠依靠自身强大的攀爬能力，在船舶上仍然占有优势，维持着海上霸主的地位。[1]

1　在波士顿最近的一项老鼠调查中，人们只在一些靠近码头、狭小局促的地方发现了黑鼠。

褐鼠同样来自东方。因为人们对它的起源有错误的认知，以为它是普通的棕色老鼠或者是沟鼠，所以褐鼠现在也被称为“常见的”老鼠。根据汉密尔顿和欣顿的说法，褐鼠真正的起源地很可能是中国内蒙古，或者是贝加尔湖的东部地区。在这两个地方，人们发现了与褐鼠相似的土著老鼠种类。汉密尔顿和欣顿也同样引用了布拉休斯（Blasius）的话，后者相信曾经生活在里海附近的古人可能知道这种老鼠。2世纪的罗马修辞学家克劳迪亚斯·埃利亚努斯（Claudius Aelianus）在他的《论动物的本质》（*De Animalium Natura*）一书中提到，在里海沿岸的国家，褐鼠“就像成群结队的姬蜂一样，周期性地发动无数次袭击”“（它们）咬住彼此的尾巴，通过这种方法游到河的对岸去”。真实情况是否如此，不得而知。可以肯定的是，在18世纪之前，西欧人不知道褐鼠为何物。

帕拉斯（Pallas）在他的《俄罗斯亚洲动物学》（*Zoographica Rosso-Asiatica*）（1831）一书中，称1727年为老鼠年——成千上万的褐鼠在地震后游过伏尔加河。它们入侵了阿斯特拉罕（Astrakhan），并从那里迅速向西蔓延。它们大概是在1728年乘船到达英格兰的。由于汉诺威王朝不受人欢迎，褐鼠被不公平地叫作“汉诺威老鼠”，尽管当时它们可能还没有去过德意志。1750年，它们出现在普鲁士，到了1780年，它们开始变得很常见。法国博物学家布冯（Buffon）直到1753年才知道褐鼠的存在，而林奈直到1758年才知道这个世界上存在褐鼠这一动物。两位绅士在当时已经是著名的科学家。褐鼠于1762年来到挪威，不久之后到达西班牙，1770年左右到达苏格兰。1775年，褐鼠从英格兰到了美国。似乎只有在人口十分稀少的国度，褐鼠才会过上惨淡的生活。在苏格兰，从1776年至1834年，褐鼠花了五十八年的时间，才从塞尔扣克郡（Selkirk）到达莫里郡（Morayshire），并且直到1869年，才敢进入瑞士境内，但还是躲不过瑞士人的喊打。由于沙漠、河流和“施舍”之间的长距离，褐鼠慢慢地蔓延到我们的大陆。1851年之后不久，褐鼠才到达加利福尼亚。现在，加利福尼亚是褐鼠的安逸之地。褐鼠在加利福尼亚的繁殖速度比它在其他任何地方的繁殖速度都要快。现如今，褐鼠已经遍布从巴拿马到阿拉斯加州的北美大陆，且进入热带特征并不十分明显的南美地区，到达了南太平洋诸岛、新西兰以及澳大利亚。实际上，褐鼠已经征服了世界。只有极寒的格陵兰岛让褐鼠感觉索然无味。与因纽特人不同的是，无论褐鼠何时被引入北极地区，它们都有很强的判断力，一有机会就向南迁徙。

无论褐鼠走到哪里，它都会将黑鼠和其他一切与它竞争的啮齿动物全部赶走。从其他生物的角度来看，褐鼠是极其令人讨厌的动物。[1]褐鼠能够以天为盖以地为庐，也从来不挑食，什么东西都可以吞下肚。迫不得已之时，褐鼠会亲力亲为，自己挖洞，但是，只要能乘人之危，它们就会侵占其他动物的居所。例如，褐鼠会侵占兔子的领地，并杀害成年兔子和幼兔。它有很多本领，善攀爬，好游泳。

褐鼠携带着人类和动物身上的疾病：鼠疫、斑疹伤寒、旋毛虫病、鼠咬热、传染性黄疸，还有可能携带着战壕热或者口蹄疫和马流感等。它的破坏性是极大的。美国农业部的兰茨（Lantz）对褐鼠的破坏性做过一些粗略的估计（我们对内容进行了精简）：

褐鼠破坏种植谷物的种子、嫩芽甚至是果实。

褐鼠啃食印第安人的玉米，即使是生长中的玉米也不放过。据说它们能吃掉一半的玉米。一只褐鼠一年能吃掉四十到五十磅粮食。

它们破坏货物。无论是储存中还是运输中的物品，书籍、

1　诚然，褐鼠可能是一种廉价的食物来源。在1871年的巴黎围城战中，褐鼠曾被当作食物来吃。据兰茨所说，此前1789年，法国的卫戍部队驻扎在马耳他。当时的食物是如此匮乏，以至于褐鼠尸体的价格都很贵。兰茨还写道，乘坐北极探索船“前进号”的凯恩博士，便是以褐鼠为食，撑过了整个冬季，而他的那些颇为讲究的队友们却无一例外地患上了坏血病。还有一个故事，我们无法找到出处：几年前，一位研究啮齿动物的专家在美国一所知名大学做完演讲后，被主办方带到一家以烹饪“水龟”闻名的餐馆用餐。当他兴致勃勃地享用美味佳肴时，突然发现盘子里的骨头非常像褐鼠的骨头。据说这名专家后来查看了餐馆的“水龟”养殖地，却发现餐馆养的是白鼠。这一事件可能会被看作是一种商业机遇。罗伯特·索西（Robert Southey）就曾经提议过，将褐鼠变成秀色可餐的美食，才是灭绝它们的成功之道。

皮革、马具、手套、织物、水果、蔬菜、花生，等等，都成了它们的口中之物。

褐鼠是家禽的天敌。它们会咬死小鸡、雏火鸡、鸭子、鸽子，还会吃掉不计其数的鸡蛋。

褐鼠也不放过各种野生鸟类。野鸭、丘鹬和鸣鸟都是它们的最爱。

它们还捣毁植物的球茎、种子、幼苗或花朵。

它们啃咬木头、管道、墙体以及地基，给建筑物造成巨大的破坏。

褐鼠咬烂了三头大象的脚，致使哈根贝克动物园不得不将这三头大象杀死。褐鼠还咬死了很多小羊羔，咬破了肥猪的肚子。

它们在堤坝上咬了很多小孔，导致洪水泛滥；它们啃食火柴，引发了火灾；它们咬破邮袋，吃掉了里面的邮件；而且，它们大面积地破坏庄稼，使印度本不充裕的粮食现状雪上加霜，造成了饥荒。

它们啃食婴儿的耳朵和鼻子，甚至有一次在废弃不用的矿井里狼吞虎咽地吃掉了一个人。

❸

显然，对老鼠进行普查是不可能的。不过，可以肯定的是，它们繁殖的速度远远超过它们在世界上许多地方被消灭的速度。我们只能通过有组织的灭鼠运动中处死的老鼠数量和老鼠造成的破坏程度来估算老鼠的数量。希普利讲过一则故事：大约在1860年，蒙特福孔（Montfaucon）有一个马匹屠宰场，其主人打算将它搬到离巴黎更远的地方。马匹屠宰场每天屠宰的马匹数量有时高达三十五匹，然而通常会在第二天晚上被老鼠洗劫一空。杜萨索斯想出一个主意，用来估算“强盗”老鼠的团体数量。他将屠宰场的出口围了起来，并在那儿放了马肉来做诱饵。第一天晚上他诱杀了两千六百五十只老鼠。一个月结束后，总共有一万六千只老鼠死在他的手里。希普利因此估算出当时大概有四千万只老鼠藏匿于英格兰的各个角落。1881年，印度一些地区暴发了鼠患。在之前的两年里，印度的庄稼产量急剧下降，远远低于平均水平，很大一部分庄稼都被老鼠毁坏了。为消灭老鼠而提供的奖励导致了一千二百万只老鼠的灭顶之灾。据希普利估算，老鼠每年给英国带来的损失约为一千五百万英镑。如果用谷物喂养一只老鼠，一年大概要花费六十美分到两美元。农场里的每只老鼠每年会造成五十美分的损失。美国农业部的兰茨补充说，酒店经理估算出每年每只老鼠造成的损失至少为五美元。他认为在人口密集的地方，估算老鼠的密度为每英亩一只并不为多，而且在绝大多数城市，老鼠的数量和人的数量一样多。1909年，他经过调查，得出华盛顿和巴尔的摩的老鼠所造成的大概的全部损失。根据自己所掌握的数据，他计算出老鼠每年给这两座城市带来的损失分别为四十万美元和七十万美元。考虑到当时的人口数量，这两座城市的居民平均每人每年需承担一美元二十七美分的损失。当时美国的城市人口为两千八百万人，基于相同的计算方式，老鼠每年给美国造成的直接损失为三千五百万美元。在丹麦，每只老鼠每年给每人造成的损失为一美元二十美分；在德国，损失为八十五美分；在法国，损失几近一美元。这些还不包括不计其数的财产损失和防御投入的成本。

以上所述虽然与我们研究的主题毫不相关，但是本书从老鼠入题，而且从另一方面来看，这为消灭老鼠，改善卫生状况提供了新的思路。

如果你读过现代老鼠迁徙的真实记录的话，那么你就能够理解老鼠为什么能够以如此惊人的速度蔓延至世界的各个角落。老鼠有季节性迁徙的习惯。阳光温暖、果实累累之际，老鼠们会成群结队地从高楼大厦涌入开阔的田野。寒冷来袭之时，它们又会回到庇护所。兰茨博士告诉我们，1903年，成群结队的老鼠突然在伊利诺伊州西部的数座城市之间迁徙，好些年都没有看到那么多老鼠。一位目击者向兰茨博士描述道，在一个月色皎洁的夜晚，他正走在回家的路上，突然听见附近的田野里传来窸窸窣窣的声音，随后他看见一支庞大的老鼠“军队”在面前穿过马路，目光所及之处尽是它们的身影。此类场景肯定发生在禁酒法案《美国宪法第十八修正案》颁布之前，而且其后还有很多不为人知的秘密，因为接下来的冬季和夏季，整个周围乡间的农场和村落都被老鼠们严重损坏。一个农场仅在4月份就捕获了大约三千五百只老鼠。1904年，兰茨在堪萨斯河边的小村庄亲眼看见了类似的老鼠大迁徙。兰茨当时是一名政府官员，也是美国农业服务局里有身份的人，其关于月光之下老鼠“军队”迁徙的言论是可信的。在英格兰，每年10月都会有老鼠从海岸向内陆迁徙，这种迁徙与鲱鱼季节的结束息息相关。在捕捞鲱鱼的旺季，成群的老鼠被吸引到岸边，等待着疯抢被渔夫们清理掉的鲱鱼杂物。鲱鱼季节结束后，老鼠便返回它们常待的地方。兰茨告诉我们，在南美洲，鼠疫在巴西的巴拉那州（Paraná）会周期性地暴发，周期大概是三十年。同样，鼠疫在智利也会周期性地暴发，只不过周期是十五到二十五年。针对老鼠迁徙的相关研究显示，鼠疫与当地的主要物种竹子的成熟与枯萎有着紧密联系。森林里成熟的种子是老鼠们的最爱。在它们尽情享受了一两年后，这些植物就不堪重负了，老鼠们就只能返回耕地地区。1878年，巴拉那州暴发了大饥荒，大量的玉米、稻子和木薯被老鼠破坏殆尽。1615年，老鼠入侵百慕大群岛，随后却又消失得无影无踪，就像中南美洲的一些短命的印第安帝国一样突然兴起又突然衰落。黑鼠在那一年也现出了身影，并且在接下来的两年里以惊人的速度进行繁殖。它们肆无忌惮地啃食水果、植物、树木，以至于造成了当地的饥荒。当地政府不得不颁布一条法律，要求岛上的每位男士必须配备十二套捕鼠装置。然而，这一切都无济于事。直到有一天，老鼠们都不见了，大概是死于瘟疫。

在上文中，我们曾指出，老鼠的自然史与人类的自然史有着不幸的相似之处。人类和老鼠的进化方向迥异，因为两者的遗骸都曾在冰川时期的化石中被发现，而经过几十万年的进化，两者就达到了现在的状态。

老鼠的一些明显特征与人类的相似，诸如凶猛残暴、什么都吃、能适应各种气候变化，这些我们在上文中提到过。我们也曾指出两种物种不计后果、在一年的任何季节都繁殖的不负责任的繁育能力，这使得它们/他们会在不可避免的、偶然发生的食物歉收中遭受大规模的灾难。然而，为了公平起见，我们不得不解释说，老鼠肆无忌惮地生育是出自其本愿，是因为它们暴饮暴食，无所事事。然而，人类除了本能因素以外，还要背负来自传统习俗、孝敬美德以及传宗接代的压力。但是，生育繁殖毕竟是人类的生物学现象。尽管人类的生育繁殖不像老鼠的那样纯粹出于本能，但也是由于自身头脑发热，才会落入相同的悲惨境地。所以，人类难辞其咎。

人类和老鼠都没有实现社会、商业或经济的平稳发展。

反而是其他的一些动物，例如蚂蚁、蜜蜂、一些鸟类和少数海洋鱼类，或几近完美或多多少少实现了这一目标。到目前为止，人类和老鼠几乎是最为成功的猎物。对于其他形式的生命来说，他们是彻头彻尾的破坏者；对于其他任何物种的生物来说，他们都是毫无用处的。细菌滋养着植物，植物养活了人类和猛兽。昆虫有序地经营着自己的社会，可能会对某种形式的生物造成威胁，但对另一种生物是有益的。大多数其他动物都满足于过一种和平、舒适的生活，沐浴在一片朝气蓬勃之中，感谢生活所带来的恩赐，以最小的伤害满足个体所需。人类和老鼠却是彻头彻尾的破坏者。大自然所提供的一切，不管是植物还是猛兽，都成了他们满足一己之私的牺牲品。

渐渐地，这两种生物席卷了世界，几乎保持着相同的步调。二者虽然呈敌对之势，却无法消灭对方。在物质需求的驱使下，褐鼠从遥远的东方来到西方，而且，与其他生物不同的是，它们有时还会同类相残，引发战争。黑鼠被褐鼠无情取代，逐步走向灭绝之路，这种情况与人类的同根相煎，从本质上来说不可同日而语。丹麦人征服英格兰人，诺曼人征服撒克逊—丹麦人，诺曼人战胜西西里岛的伊斯兰教徒，摩尔人赶走拉丁—伊比利亚人，法国人对抗摩尔人，西班牙人挑战阿兹特克人和印加人，欧洲人消灭世界各地的土著居民，等等，靠的是品质，而不是像褐鼠驱逐黑鼠那样的手段。无论是人类的战争，还是老鼠的战争，对于强势一方来说，都是残酷无情的，而强势一方已经变得冷酷无比。弱势一方或被强势一方赶尽杀绝，或者受他们奴役，为他们做事而不能获得同等的报酬。黑鼠只能在被孤立的殖民地中求生存，就像弱小的国家一样。然而，即使是这样的夹缝之所，最终也可能会被强势一方夺去。

不过，老鼠倒是有借口。据我们所知，老鼠是没有灵魂的，也没有公正、怜悯和理性这些无形的品质，而这些品质都是心理进化所赋予人类的。我们不能对老鼠苛求太多。它们花费了十万年的时间改变骨头上的骨节和肌肉上的纹路，而将腮变成肺、将尾巴缩短花费了更长的时间，而柏拉图、佛陀、孔子诞生仅仅两千五百年，基督诞生仅仅两千年。与此同时，荷马、圣弗朗西斯、哥白尼、伽利略、莎士比亚、帕斯卡、牛顿、歌德、巴赫、贝多芬以及大量天赋并不如上述之人的人们，证明了人类精神进化的可能性。这样的心智是非常罕见的，他们的思想虽然在这三千年里传播乏力，但他们毕竟代表着优良基因的组合，而且如果条件允许的话，基因组合的速度必然会加快。如果说在过去的三千年里，人类的精神和智力发展不是很明显，也就是说最优秀的现代人的心智与亚里士多德的相差无几的话，那么我们应该记住的是，就进化改变而言，三千年短得简直可以忽略不计。如果说上次世界大战和之后诸多的愚蠢之策，使人类的文明退化到了老鼠文明的阶段，那么这无疑显示了从尼安德特人进化而来的现代文明所代表的水平是如何初级，人类内心所隐藏的新石器时代的野兽面孔，可以轻而易举地取代人类的精神光环。不管怎么样，经历了三四千年的沧桑变化，远古时代的“野兽”终于学会了思考和探索。一些孤立的成就已经证明，在适于人类发展的情况下，基因组合会发生奇妙的变化。这时，人类所蕴含的思维和精神能量，就会造福世间万物。这个问题最令人费解但又充满希望的一面是，连续几代人总是能培养出足够数量的英杰，他们的素质比野蛮的大众高得多，足以让人们对这些至高无上的成就保持敬意，并使之成为一种累积的遗产。从生物学的角度来看，随着人类优秀个体的不断积累，全人类的变革之路会迈向一个又一个新的台阶。这样下去，数万年之后，人类与老鼠的子孙后代就有了云泥之别。

人类和老鼠如死敌般互相竞争，而老鼠拥有的对抗人类的武器，是其永久保有瘟疫和斑疹伤寒的传染性病原体。

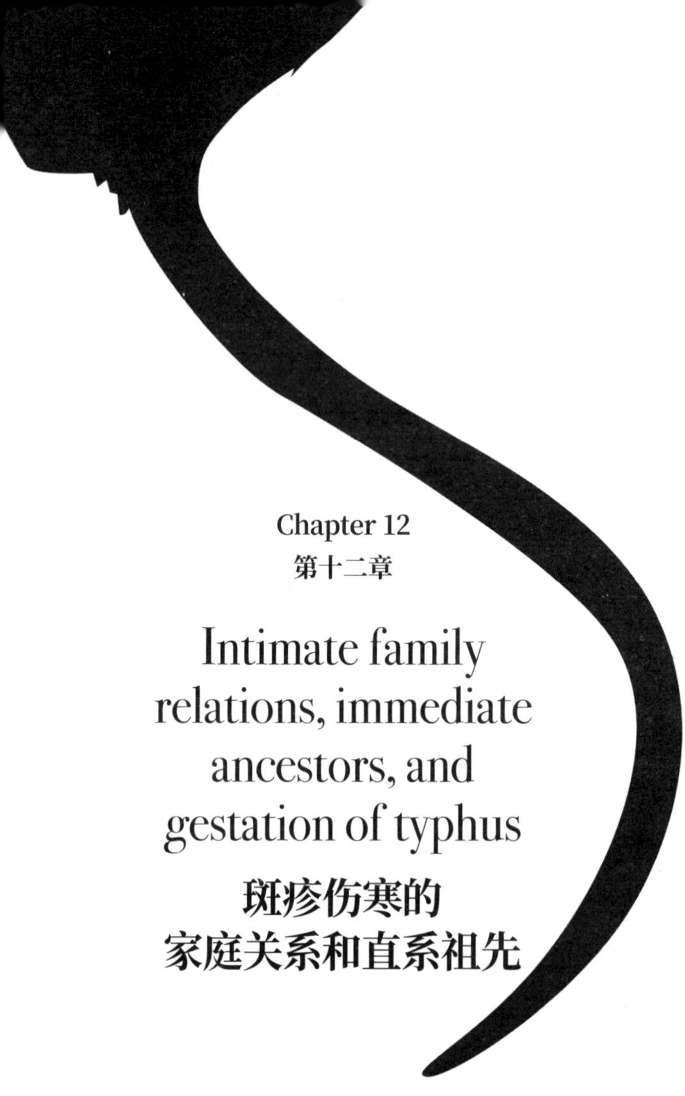

Chapter 12

第十二章

Intimate family relations, immediate ancestors, and gestation of typhus

斑疹伤寒的家庭关系和直系祖先

❶

前面所提到的大量内容，是我们在对传染病文献进行研究时的偶然所得。对传染病文献进行研究，目的是为了确认在有记载的历史中，斑疹伤寒被明确描述的最早时间。研究显示了很多次要问题，引起了我们的兴趣，以致我们一次次地离题。我们跟随自己的直觉进行探索，完全将读者抛在了九霄云外，而在引言部分，读者认为书中的内容是关于斑疹伤寒的。因此，毫无疑问，我们需要道歉。因为这本书几近终结，但我们想让读者了解斑疹伤寒的目的还没有达到。现在，战后欧洲疫区对于我们来说又是一个极大的诱惑，使我们再一次推迟了对斑疹伤寒的描述，而将目光锁定在了瘟疫和饥荒给欧洲大陆带来的经济和社会剧变上来。历史学家是否记得，在建立苏维埃共和国的过程中，俄国除了要承受战争和武装革命所带来的痛苦之外，还要忍受两场霍乱带来的噩梦，忍受自“三十年战争”之后空前的饥荒以及斑疹伤寒、疟疾、伤寒、痢疾、肺结核和梅毒等传染病的困扰。除了痛苦无助的亲历者，没有人能够想象当时的惨状。塔尔阿斯维奇（Tarassewitch）估计（精确的统计是不可能的），1917年至1923年间，仅在俄国的欧洲地区就有三千万人患上斑疹伤寒，最终三百万人死于该疾病。

塔尔阿斯维奇是个真正的男子汉！他是我们处于人生低谷时期的精神导师。犹记得，我们就像有幸与一位国王共同用餐一样，在他的餐桌上享用了有奶酪、面包和茶的早餐。“毕竟这是我的国家。”他说，“虽然没有几个受过这种训练的人留下来与我并肩作战。我是俄罗斯人，这里有我的人民。”他说这些话的时候，就像一个淳朴的绅士，言辞中完全没有夸张的成分，可能是担心我们认为他沉浸在个人英雄主义中。他有无数的机会可以从剥夺他一切的环境里逃脱出来，但是唯独无法逃脱与民众共同面对这个伤痕累累的国家这一现实。他和其他像他一样的人，例如萨伯罗特尼（Zabolotny）、科斯基尤恩（Korschun）、巴瑞科恩（Barykn）一起，虽然他们知道自己进行的是后卫战，但是他们仍然坚持着。对于侮辱、羞辱以及贫穷，他们骄傲地不予理会，因为他们希望能够将队伍中剩下的人团结起来，为祖国效力，而这是其他人无法做到的。他们知道，无论祖国的政治命运如何，祖国都需要有人为它效力。在他莫斯科的家中，塔尔阿斯维奇站在我面前。他身穿薄薄的亚麻布衬衫和裤子，脚上穿的是凉鞋而不是皮鞋。当他说这些话的时候，他浑身散发着傲慢和英勇的迷人魅力。有很多人像他一样，尽管已经离世，却永远活在我们的心中。之后少数的同志们，了解他们的目标，以他们为榜样，变得更加快乐和勇敢。

这些都是美好的记忆。到目前而言，漫谈离题一直是本书的软肋。至少我们认识到，我们需要重新回到斑疹伤寒的主题上来。

我们在前几章的讨论清楚地表明，我们在古老东方、中国和古典的文献中，在中世纪早期的编年史和历史典籍中，都没有找到关于斑疹伤寒的记载。我们虽然学识浅薄，但是在许多能力出众的学者的耐心帮助下，我们查阅了许多可以得到的原始记载，还研究了最重要的医学历史学家的专著。对于我们这些流行病学史的业余爱好者来说，幸运的是，许多学识渊博的人——其中最重要的是施努莱尔、奥扎拉姆、赫克、赫希、默奇森、汉泽和施蒂克，已经做了详尽的研究，并在他们的作品中引用了大量的古代文献中的重要段落。我们从中还获得了大量的信息和资料引导，这些内容大多可以在哈佛图书馆、国家图书馆、军医图书馆、纽约医学图书馆、波士顿医学图书馆等处查阅到。虽然我们不能说我们的文献调查有多少独创性，但是我们认为以当代知识的标准来仔细审查古代文献中描述的细节，可能有一些价值。伟大的历史学家们的作品辞藻华丽、寓意深厚，且在他们那个时代，他们所拥有的医学知识是渊博的，然而在过去三十年里，尽管当代研究者在实验室和诊所里积累了大量关于传染病的资料，但他们并没有提及自己曾从任何一位历史学家那里获得过信息支持。

将现代的技术评价标准应用到其他时期的传染病的记录中，我们发现虽然在12世纪之前，没有病例作为斑疹伤寒的例子被提及，但根据可信的记载，古代人记录下来的某些症状，就是斑疹伤寒的表现。克拉索门尼亚的痛苦经历，即希波克拉底的《传染病》第一卷第十例精确描述过的病例，被奥扎拉姆作为“斑疹伤寒”病例来引用，不过在我们看来那个病例更像是“伤寒”。在古典时期和后古典时期，无论是希罗多德、韦格蒂乌斯、埃提乌斯（Aëtius）、盖伦，抑或其他被不时引用的古代作家，都没有见过斑疹伤寒，他们没有留下可以得出可靠结论的任何描述。经过一番研究，我们和其他人一样并无太大收获，因此推论出在弗拉卡斯托留斯时代前不久，西欧人才真正与斑疹伤寒“见面”。斑疹伤寒是通过从塞浦路斯归来的士兵传到欧洲的，它可能早已在东方静静地孕育了很长时间。我们知道，这一结论是可有可无的。 226

在我们深入研究这一问题之前，先考虑一下斑疹伤寒病情的描述标准，这些标准使我们能够评判历史学家提到的疾病是否为斑疹伤寒。

斑疹伤寒属于急性发热病，并不总是以常规的方式发病。它的典型发病过程大致如下：斑疹伤寒的前期表现极其剧烈，后期渐趋温和。因此，从前期来看，斑疹伤寒非常像严重的流行性感冒。患者的体温会急剧上升，一般会达到39℃至40℃，并伴有打寒战、情绪低落、浑身无力、头部和四肢疼痛等症状。发病四五天后，患者开始出疹子。除非在流行病高峰时期，否则的话，患者在出疹子之前，其病情是很难被确诊的。随着疹子的出现，患者的体温会进一步升高。皮疹首先出现在肩部和躯干，其后蔓延至四肢、手背和脚面，有时甚至还会蔓延至手掌和脚底。在接下来的几天里，皮疹会更加严重，但是很少出现在脸颊和前额上。皮疹起初呈粉色小点状，随后很快变成紫色，继而呈现出棕红色，最后褪色为棕色。斑疹伤寒还有一个非常重要却容易被忽视的早期症状，那就是剧烈的头痛。斑疹伤寒的头痛比起其他急性发热病的头痛更加让人无法忍受。也正因为此，尽管不能完全肯定，人们倾向于认为中世纪作家笔下各种各样所谓的“头部疾病”或“脑部炎症”，可能就是斑疹伤寒。然而，在非流行病高峰时期，如果没有出疹子，即使是在今天，患者的病情也很难被诊断为斑疹伤寒。不过，最近人们发现可以根据一种特殊的血液反应来做出判断。

当皮疹、发热、头痛、精神错乱和极度虚弱等症状被清楚描述时，患者的病情就很容易被确诊为斑疹伤寒；但是必须记住，在温和、孤立的地方性流行病病例中，皮疹是如此轻微且短暂，以至于不熟悉斑疹伤寒的医生根本没有注意到。因此，在斑疹伤寒变成流行病之前，个别病例经常无法被确诊或者被误诊，因为人们无法将它们和麻疹、猩红热、伤寒、疟疾以及古代和中世纪常见的其他发热病区别开来。很显然，斑疹伤寒存在于15世纪，之后乘流行病之风大规模蔓延。在这种情况下，对流行病时期斑疹伤寒的特征、季节性和其他非主要因素的影响、传播方式和死亡率的记录，进一步增强了人们对个别严重的典型病例的认知。这样的话，我们总算能勾画出相互关联的结构图，看到斑疹伤寒的本质。

因此，我们能带着些许自信得出结论，即斑疹伤寒作为一种流行病，是直到15世纪才在欧洲出现的。弗拉卡斯托留斯和早期西班牙观察者根据他们的观察，认为斑疹伤寒是“第一次”出现在欧洲。然而，斑疹伤寒并不是从那时开始的，而是在之前就早已存在，只不过是以地方性的、零星而又偶然的形式呈现。它韬光养晦，只待将来大规模暴发。因此，除非是在流行病阶段，否则的话，斑疹伤寒总能潜藏在人们身上而不被发现。在我们美国，地方性的斑疹伤寒连续不断地暴发。尽管我们的医疗资源和教育资源远远优于古代，但直到1926年这些病例才被彻底确诊。那么，我们能不能找到依据，而不是仅仅凭空想象，推测这种疾病在它被记录进流行病史之前就存在已久了呢？

为了回答这一问题，勾勒出斑疹伤寒寄生现象的自然发展史是非常必要的。过去二十年来，我们对斑疹伤寒的了解比过去所有世纪都要多，这使我们最终将斑疹伤寒的家庭关系和直系祖先以及斑疹伤寒的诞生纳入考虑之列。

❷

直到不久以前，斑疹伤寒还被认为是单独的疾病，与其他的发热病完全无关，是独一无二的。从研究结果来看，对于斑疹伤寒的研究没有超过二十年的，而且其中大多数研究都是在最近六年进行的。我们现在知道了，斑疹伤寒其实是立克次氏体病大家族中最为“卓越”的一员。

立克次氏体病大家族的亲属关系大致如下：战壕热相当于斑疹伤寒同母异父的兄弟或者是舅舅，它在战争期间给士兵们带来了无尽的痛苦，是通过虱子传播开来的。将战壕热置于一种相对较远的关系中的原因是，它在人的身上发作时并不遵循临床过程，而临床过程中的基本症状是家族中其他所有成员所共有的。我们在此无须对战壕热这一家庭分支的命运进行进一步的探索，因为它与我们要讨论的主题关系不大。

与斑疹伤寒关系密切的是恙虫病，恙虫病相当于斑疹伤寒的远房表亲。恙虫病通过秋螨、红恙螨和昆虫的咬噬进行传播。它们从这种疾病的“天然仓库”田鼠和大鼠身上接触到传染病病毒。之后，病毒在疫区得以存活，靠着田鼠和秋螨扩散开来。特别是后者秋螨，在时机成熟之时，它会将病毒传播给人类。

与斑疹伤寒亲缘关系更近的是落基山斑疹热（Rocky Mountain spotted fever），相当于斑疹伤寒的表亲或者变种。落基山斑疹热是立克次氏体病大家族中的一员，是通过蜱虫的咬噬传播给人类的，而且，在一定的情况下，病毒会通过母蜱虫和公蜱虫遗传给幼蜱虫。不过，豚鼠、兔子和许多其他动物是极容易感染这种疾病的。此外，还可能存在其他未被人类发现的、可以储存病毒的“动物仓库”。

落基山斑疹热的孪生兄弟即所谓的巴西圣保罗斑疹伤寒（即圣保罗蜱虫热），也是通过蜱虫传播的。有趣的是，由于这些人类身上的感染在本质上有诸多相似之处，圣保罗蜱虫热曾被资深的医师认定为真正的斑疹伤寒。因为没有实验研究的支撑，临床观察便成了判断的唯一标准。

落基山斑疹热的另一变种是南欧斑疹热（Fièvre Boutonneuse）。南欧斑疹热首次被人们发现是在邻近马赛的普罗旺斯，但其实当时人们在罗马尼亚也发现了这种疾病。它也是通过蜱虫传播的，而且通过一代又一代蜱虫的遗传，生生不息，从不为缺少“动物仓库”而发愁。

最终，我们现在知道了斑疹伤寒有两种不同的变种，并猜想可能还存在其他的变种。[1]

和其他的立克次氏体病一样，斑疹伤寒两种变种的病毒，都是通过昆虫传播给人类的。体虱和头虱携带着病毒，从一个人身上蹦到另一个人身上。虱子的血液里携带着斑疹伤寒病毒。立克次氏体在虱子的胃壁和肠壁的细胞里成倍繁殖，并大量附着在粪便里。尼科尔发现斑疹伤寒可以通过虱子进行传播，这为反击斑疹伤寒提供了有力武器。尼科尔的发现解释了传染病是如何扩散的；揭开了战争、饥荒等灾难到来之时，斑疹伤寒肆意妄为的神秘面纱；也证明了古时所称的军营热、监狱热和船热就是今天的斑疹伤寒。然而，在传染病暴发的间隔期间，病毒的星星之火为何能持续燃烧，仍是未解之谜。人虱是斑疹伤寒病毒的最新宿主，比人类更容易被传染。它们一旦患病，通常会在十二天之内死去，大多数情况下撑不过两周。在传染病暴发的间隔期间，这些病毒在哪里坚守？那些流行性病例又是如何产生的？

几年前，科学家对美国各地每年都发生的斑疹伤寒病例进行了研究，为解答上述问题提供了路径。这些病例是在排除虱子传播的情况下发生的。科学家对这些病例的其他传染源进行了研究，结果在鼠蚤和老鼠身上发现了斑疹伤寒病毒。由此，

1　由于与正在讨论的问题没有直接关系，我们省略了对心水病的阐释。心水病是通过蜱虫传播，暴发于南非绵羊身上的立克次氏体病。

斑疹伤寒病毒的寄生循环似乎已经形成。家鼠携带着斑疹伤寒病毒，家鼠身上的鼠蚤和鼠虱将病毒传给一个又一个老鼠。然而，在鼠蚤的宿主，也就是这些可怜的老鼠病死或者被杀死以后，鼠蚤开始将目光转向人类。被携带斑疹伤寒病毒的鼠蚤咬过之后，人类就感染上了斑疹伤寒。不过，这只能造成零星的、地方性的传染病，如果被感染者身上有很多虱子的话，就会造成集体的感染。如果被感染者生活在虱子感染区的话，最终就会导致斑疹伤寒流行病的暴发。

这些事实首先在西半球得到确认。人们在地中海沿岸的广袤地区，包括叙利亚、希腊东南部港口城市比雷埃夫斯、法国东南部港口城市土伦和北非，发现了感染上斑疹伤寒的大鼠。这一地区的贸易往来非常频繁，因此很明显，携带斑疹伤寒病毒的鼠蚤早已分布于世界的各个角落。

探索并未止步于此。莫氏（Mooser）对比了欧洲疫区中心和墨西哥疫区中心斑疹伤寒病毒的“血缘关系”，发现虽然两者如孪生兄弟般亲近，却并非完全一样。两者之间的差异无疑引发了新的疑问，也使得一些熟知立克次氏体病大家族的专家们形成了一种观点：即经典的欧洲型斑疹伤寒可以在没有周期性大鼠传代的情况下，永久寄生于人类身上。关于这一点，我们不久将有更多的话要说。

对于我们这本书的受众，也就是那些外行读者来说，立克次氏体病大家族听起来似乎索然无味，但是，如果我们不对这一家族进行深入的研究，那么全面探索斑疹伤寒的起源是不可能的。这种情况的特别之处在于，在同一个时代，人类遭受着一组几乎无法区分的急性发热疾病的折磨，而这些疾病是通过各种复杂的寄生循环传播到人类身上的。寄生循环如下：

恙虫病　　螨虫→（大鼠 / 田鼠）→螨虫→人类

落基山斑疹热　　蜱虫→蜱虫→人类

南欧斑疹热　　蜱虫→狗？→蜱虫→人类

真正的斑疹伤寒

鼠型斑疹伤寒　　（鼠蚤 / 鼠虱）→大鼠（小鼠）→鼠蚤→人类→人虱→人类

欧洲（人类）型斑疹伤寒　　人类→人虱→人类

如果我们是在为专业读者写一篇论文，那么立克次氏体病大家族细微的临床差别就是需要强调的重点。例如，如果研究临床差异的话，恙虫病造成的局部坏死病变和腺体肿胀，与南欧斑疹热偶尔引起的突起的疹子，就成了我们需要进一步探讨的课题。我们可能还会详细介绍如何在实验室中区分单个病毒株。然而，此类种种探索会使我们远离核心主题，对于我们目前的目标毫无助益。

立克次氏体病大家族成员之间的差别很小，这是无可争辩的事实。通过患者的血液反应和对感染动物的实验研究，我们发现立克次氏体病大家族成员之间的关系十分紧密，就像是同根相连的血脉宗亲，而且，所有这类疾病都是由微小的寄生物比如立克次氏体入侵患者体内引起的。

❸

这种微小的类似芽孢杆菌的东西属于细菌一科，它可能在昆虫身上获得了其首次寄生。这样的推测是由于在通常情况下，类似的生物无法直接寄生于高等生物身上并引发疾病，却可以寄生在各种昆虫身上引发疾病。因此，这种寄生生物常见于羊虱子、尘虱、臭虫、蚊子、跳蚤、螨虫、蜱虫等昆虫身上。“立克次氏体”是由罗沙·利玛（Rocha Lima）命名的，是为了纪念美国人立克次（Ricketts）。立克次在研究墨西哥城的斑疹伤寒时不幸染病离世。斑疹伤寒的病原体叫作普氏立克次氏体（Rickettsial Prowaceki），前面所加的“普氏”（Prowaceki），是一位和立克次有着相同经历的奥地利人。立克次氏体需要给自己的大家族争取一个合适的名字，因为它们既不能被归到细菌一类，又不能被归到原生动物一族。最终，我们发现，它们可能和真细菌紧密相关。然而，就目前而言，它们与真细菌的差别足以让它们以一种单独的、暂定的类别存在。它们与真细菌在对普通染色方法的反应上有很大的不同。立克次氏体无法在人工介质中生长，除非人工介质中包含活体细胞。无论是在活体动物中，还是在组织培养液中，它们只在自己的细胞体内进行繁殖。

当然，要对立克次氏体的祖先的自由生活形式做出合理的猜测，是完全不可能的。毫无疑问，它们和真细菌关系密切。诚然，为了适应各自的寄生环境，立克次氏体与真细菌经历了一次又一次的变革，如今已与过去迥然不同。无论如何，在遥远的过去的某一段时间里，微小的单细胞生物借助各类昆虫过上了寄生的生活。在大多数情况下，它们入侵细胞并习惯了细胞内的生存环境，以至于现在它们只能在活体组织培养细胞中被培育。

我们没有什么标准可以用来评估任何形式的寄生的古老程度，但是一般情况下，正如西奥博尔德·史密斯（Theobald Smith）所说的那样，病理表现是研究寄生生物发展的唯一突破口。基于这一点，存在于蜱虫中的立克次氏体感染，则应该属于非常古老的寄生形态，因为蜱虫已经和立克次氏体达成了一种相互平衡的状态，完美到二者互不排斥、互不伤害。寄生在蜱虫身上的立克次氏体就通过一代又一代的蜱虫传下去，对上一代和后代都没有伤害。尽管存活于鼠蚤中的寄生生物也非常古老，但与蜱虫中的寄生生物相比，则更近代一些，因为鼠蚤和寄生生物还无法兼容。基于同样的理由，我们可以推断人类身上的虱子与寄生生物的关系起源相对较晚。因为缺乏相互之间的耐受性，所以人类身上的虱子一旦感染立克次氏体，则必死无疑。

昆虫的入侵可以说是这一复杂进化过程中的第一步，最终导致了我们正在讨论的人类的痛苦。昆虫将寄生生物传染给更高级的动物，这是第二步。一些感染了立克次氏体的昆虫属于外寄生物种，依靠吸食动物的血液存活，而这种吸食习惯给了立克次氏体入侵高级动物的可乘之机。可以想象，病毒从昆虫传播到高级动物的精确宿主通道，依赖于世界不同地区动物的偶然分布。因此，在一个地区，立克次氏体的传染途径是螨虫—田鼠，而在另一个地区则可能是跳蚤—老鼠。然而，不论是哪一种，无论是在昆虫身上还是在较为高级的动物身上，寄生生物和宿主之间都未达到完美的和谐共处。因此，寄生生物只有在昆虫与较为高级的动物之间实现不间断的寄生，病毒才能得以延续。这样看来，这种由蜱虫传播的病毒极有可能在几个世纪之前也经历了类似的动物—昆虫的循环。我们甚至可以推断，还有其他一些尚未被发现的、携带着立克次氏体的动物宿主存在于自然界。不过，蜱虫之间早已开启立克次氏体代代相传的模式，再也不用依赖于高级动物这一媒介了。

因此，我们对于初步重建立克次氏体的自然史有了合理的依据。昆虫—动物的循环一旦成立，假设在紧急情况下昆虫吸食的对象为人类，那么寄生生物就会随之转移到人类身上。

从生物学的角度来看，人类是寄生生物较为现代的宿主，而且立克次氏体的入侵引发了人类生理上的仇恨。入侵者与宿主之间的斗争随后以疾病的形式显现。二者之间不是你死，就是我亡，而寄生生物往往是惨胜的一方。在人病死之后，立克次氏体也跟着死亡了，只有那些侥幸逃到虱子或跳蚤身上的立克次氏体才能存活下来。虱子或跳蚤不明智地以人类感染者为食，其时立克次氏体正在它们的血液中循环。就与流行病扩散的关系而言，虱子的危险程度要远远超过跳蚤。与跳蚤不同的是，虱子既不能跳，也不能长久地离开人类。它具有顽强的毅力和耐心勤奋的品质，这些品质招来了人类的羡慕，只是羡慕被一种厌恶的伪装所掩盖。人类对他们害怕的竞争种族也同样感到厌恶，因而对它们进行迫害。[1]

对于那些从事斑疹伤寒专业研究的专家们来说，很显然，

1 我们参考了“金发碧眼雅利安人”的情节。

截至目前，查明立克次氏体的昆虫—动物寄生模式只是一个开端。昆虫—动物寄生模式除了对疾病的影响具有实际意义之外，它们还为众多生物学家提供了研究寄生生物周期的丰富素材。立克次氏体的入侵方式远远超过人类的认知。在马来半岛、中国台湾、苏门答腊岛、安南，甚至是在日本，恙虫病可以通过大鼠和小鼠传播。同样是在这些地区，除了跳蚤产生的真正的斑疹伤寒之外，还存在着一种蜱虫病。这些尚待全球的研究者去找到答案。在实验室里，通过人工接种的方式，致命的立克次氏体可以在昆虫体内存活一到两周。许多其他的动物物种，例如新大陆的兔子、土拨鼠、猴子，甚至是马和驴，它们原本并非斑疹伤寒的来源，都能被成功接种立克次氏体。在这些动物中，病毒的存有是非常危险的，因为这种存有是隐性的，也就是说，动物没有呈现出患病的症状，但它们身体里的病毒可以传播给昆虫或者其他容易感染的动物。除了斑疹伤寒之外，隐性感染在许多领域的流行病学推理中已开始占据首要的重要性。在立克次氏体问题中，它已经具有了现实意义。接种了斑疹伤寒病毒的大鼠除了在某些情况下有一点发烧之外，没有其他的明显症状。不过，提取这些看似健康的大鼠的脑浆，将脑浆注入豚鼠或虱子的直肠里，两三周之后，豚鼠或虱子便出现了典型的斑疹伤寒症状。不过，这又一次引起了我们的漫谈离题。接下来，我们应该回到正题了。

Chapter 13

第十三章

The birth, childhood, and adolescence of typhus

斑疹伤寒的诞生、童年和青年时期

❶

如前所述，生物界中存在着截然不同的两种类型的斑疹伤寒病毒。两种病毒在人类身上引发的疾病是一样的，而且传播方式都是通过体虱或者头虱，从一个人身上传播到另一个人身上。这两种病毒关系紧密，亲如手足。因此，不管是对于人类还是其他动物来说，如果患过其中一种类型的斑疹伤寒，那么康复后会对另一种斑疹伤寒产生免疫力。病毒之间的差异只有通过给豚鼠、大鼠和小鼠接种两种病毒后，观察它们相对轻微但明显的行为差异以及不同的免疫反应来区分。这其中所涉及的免疫学知识过于专业，不在我们的涉猎范围之内。在此之前，世界上所有的人都认为这两种病毒是一样的，都是通过人类—虱子—人类的传播途径得以繁衍不息。澳大利亚的流行病学观察和美国的案例研究，促进了人们对除人类之外的其他斑疹伤寒病毒宿主的密集搜索。结果人们发现，原来大鼠也是斑疹伤寒的宿主，其传播途径是大鼠—跳蚤。

根据病毒的来源与接种豚鼠的行为方式之间的联系，我们很快发现所有的病毒要么直接从老鼠身上获得，要么直接从鼠蚤身上获得。将从美国和墨西哥（在这两个地方，人们发现了患有斑疹伤寒的老鼠。根据流行病的情况，人们猜测老鼠是疾病起源）的人类感染者身上提取的病毒接种到豚鼠身上，豚鼠的表现是一种方式；将从欧洲东南部和东部（斑疹伤寒在这些地区肆虐了几个世纪）的人类感染者身上提取的病毒接种到豚鼠身上，豚鼠的表现则是另外一种情况。因此，当今学者将两种类型的病毒分别对应两种类型的斑疹伤寒：一种是鼠型斑疹伤寒（老鼠—跳蚤循环先于人类感染）；另一种是经典类型或是人类型斑疹伤寒（至今还没有确定老鼠的起源）。这两种病毒之间的准确关系成了当前研究的重点，因为这有利于解释欧洲古典流行病的病因，也对防御斑疹伤寒具有理论指导意义。从1928年开始，人类争分夺秒地探索斑疹伤寒的世界，由此积累了大量的研究成果。很多研究成果被印刷成图书，有些成果还没有被印刷成图书，是因为它们正在被书写。在已经取得的成就中，法国、瑞士、美国、英国、德国、墨西哥和波兰的研究学者激烈地竞争、完美地合作、友好地分享，这给我们的职业带来了一种少有的热情和魅力，并使我们感受到摆脱狭隘的民族主义之后的自由。

首先有必要确定，这两种病毒的差异特征是固定不变的，还是代表暂时的变异或者“离解”——从同一种病毒中“离解”出来，由它们不同的宿主决定。无论是深入的讨论，还是浮于表面的涉猎，都会涉及这一问题。在我们看来，这一问题已经有了答案。我们不得不承认，结论中仍然有猜测的成分，而且意见尚未完全一致。为了解决这一问题，研究人员将两种病毒通过各种昆虫，豚鼠、大鼠和小鼠进行传播，并从大鼠和人类感染者身上收集所有病毒进行研究。经过长达五年的研究，根据搜集到的资料，学者们就目前的情况推测出，两种病毒的差异特征是固定不变的。它们有如此多的重叠特征——甚至在动物实验中也是如此——以至于研究人员很容易通过特殊的研究方法，将其中一个改造成另一个的临时模拟。不过，一旦实验操作放松，每一种类型都会迅速恢复到原来的状态。在美国和其他国家的实验室里，一些鼠型斑疹伤寒病毒和欧洲型斑疹伤寒病毒被观察了三年、四年、五年，其类型仍然保持不变。

因此，我们可以胸有成竹地推论，这两种病毒虽然关系密切，但仍保持着各自的特色，然而，通过实验操作，研究人员能够很容易地将一种病毒暂时改造成另一种病毒。从生物学的角度来说，这表明两种病毒的分化是在相对晚近的时期出现的。关于这一阶段的一些线索，来自研究人员对墨西哥病毒的偶然观察。研究人员会不时地从墨西哥典型的鼠型斑疹伤寒病毒中发现一些异常的类型，它们的表现与欧洲（人类）型斑疹伤寒类似。其中一些病毒可能通过豚鼠传播，保留了它们的人类型病毒的特征。然而，最终所有这些，尤其是在大鼠传播的影响下，都恢复了鼠型病毒的属性。

因为墨西哥疫区和欧洲大陆疫区的斑疹伤寒的传播途径是一样的，都是通过人虱，从一个人身上传播到另一个人身上，所以上述研究人员对墨西哥疫区病毒的观察表明，人类和虱子的传播往往会改变鼠型病毒的特性，使其更接近欧洲型病毒的特性。

多年来，实验室的研究人员尝试将欧洲型斑疹伤寒病毒转化成鼠型斑疹伤寒病毒，但最终都以失败而告终。鼠型斑疹伤寒病毒却“拼命”地向欧洲型斑疹伤寒病毒的方向转变，尽管目前为止只是暂时的。我们有足够的理由猜测，欧洲型斑疹伤寒病毒可能是鼠型斑疹伤寒病毒的分支，而鼠型斑疹伤寒病毒是欧洲型斑疹伤寒病毒的起源。只不过，经过大量的人类—人虱—人类的传播，欧洲型斑疹伤寒病毒作为与鼠型斑疹伤寒病毒略微有些不同的种类稳定下来，并成为固定类型。基于这种情况，我们不禁要发问，经典的欧洲型斑疹伤寒病毒是否会不时地从老鼠那里得到更新，从而得以延续？或者它是否已经彻底并永久地在人类身上扎下了根基，并在流行病间歇期间，通过少量的人类—虱子—人类传染病例或所谓的人类携带者继续传播？就像我们在其他地方描述的隐性动物感染的情况一样，这些携带者会长期保有该病毒，虽然携带者表面上看起来已经痊愈。

这个问题的部分答案——尽管在我们看来是全部的答案——来自欧洲型病毒输入美洲的案例研究。美国东北部城市拥挤的移民群体中暴发了一种叫作布里尔氏病的急性发热病，实际上是斑疹伤寒，这场疫情是由一种典型的欧洲（人类）型斑疹伤寒病毒造成的。1898年，当布里尔第一次在纽约的犹太患者身上发现这种疾病时，因为对斑疹伤寒并不熟悉，所以他认为这是一种新的疾病。我们说这些，无意贬低这位睿智的医生，而是说，如果在当今的医学时代人们很容易犯这类错误的话，那么我们在评估与传染病有关的古代历史证据时必须加倍小心。布里尔能将这么温和的病例与其他相似的发热疾病区别开来，并呼吁人们关注它们，理应得到我们的赞赏，而他犯的错误，是医学史上的常见错误。正如默奇森所说的那样，“1828年以后，从英国传来的回归热（relapsing fever）就彻底消失了。潜藏了十四年之后，它在1843年卷土重来，引发了一场大规模的流行病。当时这个行业资历较浅的研究人员没能成功地将其诊断出来，以为这是一种新的疾病”。我们可以举出许多类似的例子。

让我们把话题回到布里尔氏病。正如我们在上面所提到的，欧洲型斑疹伤寒是被欧洲东南部斑疹伤寒疫区的移民带到美国的。虽然这种情况并不常见，但还是有足够的病例来支撑我们的研究。根据记载，自1910年以来，在波士顿和纽约有五百多人感染上布里尔氏病。流行病学分析显示，其中百分之九十的病人都是外来移民，尽管他们和当地亲友的关系十分密切，而且和他们有着共同的传统习俗。这些病例暴发的时间和地点并不集中，这表明人虱传染或者接触传染的可能性可以被排除。通过对五百多名患者的外部环境进行细心调查，结果表明整个人群没有任何共同之处，例如老鼠、跳蚤、昆虫或者是其他任何动物媒介都没有参与其中。长话短说，调查表明，这些病例几乎全部是复发感染，患者都曾在幼年时期患过经典欧洲斑疹伤寒，多年以后又复发了。也就是说，即使没有传病媒介外来动物的干预，经典的欧洲斑疹伤寒可以在人类宿主身上存活多年。[1]

总结一下，情况如下：两种密切相关但又截然不同的斑疹伤寒，在美洲大陆和欧洲大陆上始终并肩作战。从已经提到但还不完全的资料来看，人们倾向于假定这两种类型的斑疹伤寒可能存在于世界上的许多地区。其中一种类型，也就是我们所说的鼠型斑疹伤寒，其病毒在非疫情时期会寄生在

1 研究那些得过斑疹伤寒，但是在数年之后又复发了的人类或者动物案例，将会把我们带进一个全新的、复杂的章节。因而，我们在此竭尽全力克制自己，不再进行漫无边际的讨论。

大鼠或者是小鼠身上，通过我们之前所提到的昆虫，从一个动物身上传播到另一个动物身上。人类偶尔会被携带病毒的鼠蚤咬噬，之后不幸感染此病，然而，这只是单个病例，如果要发展成流行病，还需要人虱的介入，人虱会将病毒从一个人身上传播到另一个人身上。另一种类型，也就是欧洲型斑疹伤寒，已经在人类身上根深蒂固了。有些人得了斑疹伤寒后虽然痊愈了，但是在多年后又复发了。这些年来，是什么抑制了体内的病毒，我们不得而知。只要通过人虱的传染，这些复发的病例就会星火燎原，将人间摧毁成传染病疫区的模样。无论是鼠型斑疹伤寒还是欧洲型斑疹伤寒，此时正在世界其他地方兴风作浪。不过，对这种情况的全面调查，可能还需要多年的进一步研究。

❷

我们现在不用担心跑题，可以尽情畅谈我们的传主斑疹伤寒的诞生了。就算迄今为止我们还像斯特恩（Sterne）博士的《项狄传》（*Tristram Shandy*）那样漫天离题，但我们坚称自己这样做不是像伟大杰作的不朽作者那样，是为了故作诙谐，而是为了更好地研究我们的主题。传染病的发生并不像婴儿出生那样简单。疾病的孕育并不是怀胎十月就可以了，而是经过了数千年复杂的生物之间相互适应、相互影响的过程。就我们要研究的主题而言，斑疹伤寒的诞生开始于其病毒第一次寄生在昆虫的身上。斑疹伤寒的孕育过程不得而知，但是毋庸置疑，肯定是经过了数个世纪之久的寄生过程，最终通过其他昆虫传到人类身上。

基于这种情况，我们推测在斑疹伤寒还未发展为流行病、不为人类所知之前，它就以单独的、地方性的、大鼠—人类或小鼠—人类的形式存在了数百年。几乎可以肯定的是，在这种寄生生物的自然史早期，世界上许多地方的野生大鼠和其他啮齿动物都受到了感染。在今天的马来半岛，油棕榈种植园附近大鼠为患，而这些地区的工人也长期被恙虫病所困扰。

虽然在试图假定15世纪以前斑疹伤寒是以一种前流行形态存在的时候，我们在某种程度上是在投机水域捕鱼，但是，基于今天斑疹伤寒在世界上广泛分散存在的情况，仍然有许多案例支持这一观点。在墨西哥和美国南部，不断出现的零星斑疹伤寒病例是由家鼠传染所致，这些病例长期未被诊断出来，而只有当虱子介入的时候，这些零星的病例才会演变成流行病。在马来半岛，斑疹伤寒会零零星星地出现在农村地区，不过始终没有演变成一场大规模的流行病。侵扰油棕榈种植园工人的恙虫病，对于那些清理白茅和树根杂草的劳动者来说是一种危险。野生老鼠和鼠蚤是传播疾病的媒介，当然传播疾病的媒介也可能是潜藏在灌木丛中的其他尚未被发现的生物。无论如何，斑疹伤寒病毒广泛分布在大自然界的每个角落，而且有可能已经存在了很长时间。它们进化得非常彻底，以待“入侵”人类，这与恙虫病的流行变化轨迹十分相似。据伊妮德·罗伯森（Enid Robertson）所说，斑疹伤寒在马来半岛没有大规模暴发的原因是，尽管马来半岛有头虱，体虱却很少见。在热带国家，人们或者赤身裸体，或者穿得很少。人群广泛分散在乡村聚落，这就给了斑疹伤寒大量的机会，它们会长期保持地方性疾病的态势，一旦生存环境发生变化，它们就会趁机发展成大规模的流行病。

说到斑疹伤寒的古老起源，几乎没有机会证明或否定任何假设。然而，我们相信我们投入了大量精力进行的生物学观测，有力地证明了以下有关斑疹伤寒流行前史的初步理论。

从鼠蚤寄生在人类身上的那一刻起，斑疹伤寒就诞生了。这一古老的疾病很可能暴发于东方的某个地方，在其入侵中世纪欧洲的繁华街道和军队之前，就已经存在了数百年。那时，斑疹伤寒以地方性、温和的方式暴发，很少有大规模的暴发，没有引起古代医生和历史学家的足够重视，他们甚至根本就没有把它与其他的发热疾病区分开来。

鼠型斑疹伤寒就是最初的斑疹伤寒。在此之后，斑疹伤寒就一次又一次地“入侵”西方国家，其中大部分的病毒都是被军队带过来的，而且一开始，病毒还没有发生转化，大多数或者说全部都是以鼠型斑疹伤寒的形态在局部地区暴发。自此，携带病毒的大鼠就在地中海沿岸扎下了根基。因此，早期局部的斑疹伤寒流行病可能像今天的墨西哥流行病一样，在很长一段时间里都保持着鼠型斑疹伤寒的形态。此外，在斑疹伤寒的流行病史早期，疫区与疫区之间相隔很远。在16世纪和17世纪，在马克西米利安二世进攻奥斯曼土耳其的早期以及整个“三十年战争”时期，斑疹伤寒持续折磨着军队，并且在理想条件下，如饥荒、贫穷、无家可归的流浪、持续的战争，在可怜之人中广泛传播。人虱一直以来就依附于人类，它大概是斑疹伤寒病毒最新的宿主。而且，与其说斑疹伤寒病毒是寄生在人虱身上，不如说它是在人虱身上进行掠夺，因为被寄生的人虱只有死路一条。

在人类受苦受难的几个世纪里，可以想象，通过人类—人虱—人类的传播路径，斑疹伤寒在欧洲的部分地区不断传播，并且伴随着鼠蚤来源的随时更新（尽管地方性大鼠传播病例可能同时发生）。因此，光彩夺目的18世纪，也变成斑疹伤寒的时代。在经过无数次人类与虱子的互相传播之后，鼠型斑疹伤寒病毒的某些菌株被改变——即使是以一种不那么持久的方式。我们可以在现代墨西哥流行病暴发时观察到这些变化。如此这般，鼠型斑疹伤寒年幼的弟弟——欧洲型斑疹伤寒就此诞生了。自此，这两种疾病并肩作战，蹂躏着欧洲的诸多国家。正如对布里尔氏病的调查所显示的那样，在我们美国人之中，鼠型斑疹伤寒“兄长”在大鼠和鼠蚤身上定居下来，而欧洲型斑疹伤寒“幼弟”也在人类身上安家落户了。

斑疹伤寒的流行病前史，其出生时和青春期的情况，在很大程度上人们需要依靠假设才能有所认知。根据已知病毒的自然史的事实，我们构建了一个可能性的框架。当斑疹伤寒具有流行性倾向时，我们可以说它进入了成年期。在这个时期，它成为影响人类历史的一个强有力的因素。自此之后，它被确认为一个独立的疾病，并被准确地描述。在接下来的章节里，我们又回到了可靠信息的领域，这一章是关于我们的传主充满活力的成年时期。

Chapter 14

第十四章

The earliest epidemic exploits of typhus

斑疹伤寒早期流行史探究

❶

我们认为导致斑疹伤寒的最初的立克次氏体是通过老鼠—鼠蚤的方式进行传播，并最终从东方渐渐潜入西欧的。直至今日这种寄生生物仍广泛分布在地中海沿岸及周围地区，没有特定的理由能让人相信它是从美洲疫区传来的。起初，斑疹伤寒在人类身上的表现比较温和，在时间和地域上都很分散，类似于今天它们在美国东南部暴发的情况。

考虑到中世纪早期医学的发展状况，这些病例可能早在十字军东征的时期就已经出现了，但我们不能奢望能找到有价值的记载。正如我们所熟知的那样，斑疹伤寒直到近代才被确诊出来，而即使是在今天，对于相对良性的斑疹伤寒病例的诊断，也需要高超的医术和丰富的临床经验。因为良性的斑疹伤寒所表现出来的发烧症状维持的时间很短，皮疹起得也不是很明显，因而病情经常会被完全忽略，或者被误诊为跳蚤叮咬。

斑疹伤寒早期小规模的感染，局限于家庭和村子的范围。当斑疹伤寒以早期的地方性疾病暴发时，它会袭击军队或城镇，与此同时还伴随着大量的传染病，例如鼠疫、伤寒、猩红热、麻疹——在历史记录中这些传染病被模糊地统称为“瘟疫”。针对一种传染病的治疗常常对其他传染病的治疗也有效，而且除非在特殊的情况下，否则的话，流行病通常是由许多不同类型的传染病组成的。

在东方，斑疹伤寒从地方性传染病发展成流行病的时间，可能要比欧洲早一些。而且有证据表明，最早记载的非常严重的欧洲流行病，是被从塞浦路斯返回西班牙的士兵们带来的。这场流行病暴发于1489年到1490年，当时斐迪南一世（Ferdinand）和伊莎贝拉的军队为了争夺格拉纳达（Granada）的控制权，正在与摩尔人拼死相搏。

我们认为在欧洲斑疹伤寒是以一种渐进的方式演变为流行病的，这种观点具有非常重要的意义。我们掌握的信息几乎不可能被质疑，发生在萨勒诺（Salerno）附近的修道院的群体感染是毋庸置疑的，这次群体感染至少比格拉纳达内战早四百年。这次群体感染的情况被载入《拉卡瓦修道院》（*Cronica Cavense*）一书中，我们虽然没有机会看到这本书的原作，但是伦齐（Renzi）曾经引用过这本书中的重要段落，之后这些内容又被众多医学史学家所引用。在陆军医学图书馆休姆少校的帮助下，我们有幸读到以下内容："1083年，时值八九月份，严重的热病席卷了拉卡瓦修道院。这种热病与之前的瘟疫有很大的不同，除了伴有发热和腮腺肿胀的症状之外，还有斑疹出现。"从这一段文字来看，这一诊断是合理的。

如果在1083年和1489年之间没有任何类型的斑疹伤寒暴发，那将是非常奇怪的。因此，我们只能推测，在这一期间没有关于斑疹伤寒的精确记载，或者说即使有记载，也已经被岁月冲刷，不复存在。

比利亚尔瓦（Villalba）的书中第一次提到斑疹伤寒流行病是这样的：

在我们的历史学家所记载的重大流行病中，有一场曾经爆发于1489年至1490年之间的格拉纳达内战。根据1557年人们对瘟疫的讨论，我们得知，之后这场流行病蔓延到了西班牙人中。一些人认为这种恶性斑疹热起源于未被埋葬的尸体，而另一些人则认为是从塞浦路斯归来的士兵把病菌带到了格拉纳达，因为当时塞浦路斯的流行病已经相当严重了。在塞浦路斯，这些士兵同威尼斯人一起，与土耳其人浴血奋战。因此，他们不仅将疾病的种子传给了西班牙人，也带到了萨拉森人那里。然而，当时的医师们大概认为这种斑疹热和其他瘟疫相同，不足为奇。

这场传染病从格拉纳达的营地传播到了天主教费尔南多（Don Fernando）的军队里。不知是否由于这个原因或者其他一些原因，在1490年初军队整顿之时，当时的将领发现名单上少了两万人，其中三千人被摩尔人所杀，一万七千人死于疾病。据玛丽安娜（Mariana）所述，大量的人死于一种“重伤风”，非常悲惨。

毫无疑问，上面提到的疾病即斑疹伤寒。以上段落中最有趣的部分就是关于疾病起源的描述：“从塞浦路斯归来的士兵把病菌带到了格拉纳达，因为当时塞浦路斯的流行病已经相当严重了……”

第二段讲述了流行病造成了一万七千名士兵的伤亡，而死在摩尔人手里的人数仅为三千人，由此可见差距之大。

接下来的段落是关于1557年的疫情的，比利亚尔瓦再次暗示此次流行病是从格拉纳达内战传来的。那时，流行病蔓延到了整个西班牙半岛，随后在那里肆虐横行了十三年，直到1570年疫情才得到控制：

一种直到格拉纳达内战才为人所知的新疾病，于1557年在西班牙出现，使我们半岛大部分地区的人口减少，直到1570年，疾病的势头才有所减弱。这种新的瘟疫被认为是在格拉纳达内战结束后起源于萨拉森人，也就是在阿拉贡国王斐迪南一世与伊莎贝拉占领格拉纳达以及在摩尔人被菲利普二世（Don Felipe Ⅱ）的一纸政令驱散之后，才开始大肆蔓延开来。这种感染来自西班牙阿拉伯人的观点，我们可以通过一个事实推断出来：被驱逐出故土、流离失所的西班牙阿拉伯人，通过交往和接触，将疾病传给了所经之处的村庄和城市。路易斯·德·托罗（Luis De Toro）在他的专著《论斑疹热》中对此进行了阐述；在这部著作中，我们还可以看到他对1570年至1577年期间发生的流行病的描述。

路易斯·德·托罗对那场疫情的描述篇幅太长，我们在此无法一一引用。比利亚尔瓦读后认为，美洲的斑疹伤寒流行病是在这个时候从西班牙传到墨西哥的。我们简要引用如下：

我们所讨论的斑疹热使西班牙人民陷入一片水深火热之中，后来它又不幸被海军和商人带到了美洲，袭击了高贵的墨西哥城，给那里的人们带来了极大的痛苦。弗朗西斯科·布拉沃（Francisco Bravo）博士是奥苏纳当地人，也是墨西哥城的医生，他对这一疾病进行了深入的论述，并称其为“斑疹伤寒”（tabardete）。他的书由佩德罗·埃查特（*Pedro Ocharte*）于1570年以八开的形式在墨西哥出版。这部作品是敬献给德·圣马丁·恩里克（Don Martin Enriques）王子的，书中包括了对这种疾病的起因、征兆、症状和治疗以及那一时期所能想到的诸多方面的描述。

关于这个问题，我们不久将有更多的话要说。

在15世纪最后十年以及整个16世纪，斑疹伤寒以流行病的形式在欧洲广泛传播，不过尚未蔓延至整个欧洲大陆。1546年，意大利医学家弗拉卡斯托留斯出版了他的两卷本《传染物》（*De Contagione*）。在第二卷第六章中，他对斑疹伤寒的临床表现、本质定性和传播途径做出了精彩的阐述。接下来的段落来自W. C.赖特（W.C. Wright）的译本，节选自《传染物》第二卷第六章的开头部分：

除了斑疹伤寒以外，还存在众多其他的发热疾病。它们介于传染病和非传染病之间，因为大多数患者被传染上此类发热疾病后，仍有痊愈的机会。这些发热疾病具有传染性，也具有流行病的特征。不过，与其说它们是“流行病”，不如说它们是“恶性的”发热疾病。在诸多发热疾病之中，1505年和1528年首先暴发于意大利的发热疾病，在我们的时代是陌生的。然而，这种疾病对于其他国家，例如塞浦路斯及附近岛屿以及我们的祖先来说，却是再熟悉不过了。它们被通俗地称为“小扁豆”（病）或者“小刺”（病），因为患者所出的疹子看起来像扁豆或者跳蚤咬过的痕迹。我们应该认真研究它们，因为时至今日，仍有人被此类疾病所困扰。它们不仅影响了许多人，而且也影响了一些特殊的个例。有实例证明，意大利人到达没有此类发热病存在的国家后，却因患上此类疾病而客死他乡，就好像他们携带着这种传染病。同样的不幸降临到德高望重、博学多识的安德烈亚·纳瓦格罗（Andrea Navagero）的身上。几年前，他是威尼斯共和国驻法国的大使。他因患上此病而死在了一个连名字都不知道的省里。鉴于安德烈亚·纳瓦格罗的地位和学识，对于他的记载多年以来一直保存完好。 254

对于斑疹伤寒在欧洲的早期流行病表现，作家们已经进行了详尽的描述。我们在此引用他们写下的大量文献，是为了强调一个事实：斑疹伤寒被认为是一种新的疾病，而且人们普遍认为它是从东方传入欧洲的。当然，关于这一方面，这些作者的看法来源于路易斯·德·托罗发表的早期观点。然而，路易斯·德·托罗关于斑疹伤寒是从塞浦路斯传来的观点可能是错的。如今，携带斑疹伤寒病毒的老鼠游荡在地中海的南部边境。由于跨越直布罗陀海峡的交流非常活跃，西班牙成了被斑疹伤寒病毒袭击的第一个大陆地区。在这之后，携带病毒的老鼠从一个地方逃窜到另一个地方，斑疹伤寒便迅速蔓延开来。

其实在16世纪中期之前，斑疹伤寒就已经将魔爪伸向了欧洲的政治。斑疹伤寒的首场政治秀，可谓影响深远、卓有成效的重要一击。1528年，当时法国在洛特雷克（Lautrec）的指挥下，在那不勒斯对神圣罗马帝国军队进行包围，看起来已是势在必得，而斑疹伤寒的进攻着实让帝国军队松了一口气。

斑疹伤寒短暂而又局部的袭击，使得法国军队不堪重负。只有将当时欧洲的政治局势纳入考虑，我们才能对斑疹伤寒的巨大历史意义做出最佳的评判。[1]神圣罗马帝国皇帝查理五世和法国国王弗朗索瓦一世（Francis I）长期在意大利北部作战，为了争夺欧洲霸权而浴血奋战。形势的关键，在于谁能与教皇联盟并控制教皇。1525年2月24日，战无不胜的法国军队全面溃败，而西班牙军队和他们的德意志联盟军则在佩斯卡拉（Pescara）的带领下反败为胜。意大利臣服于帝国军队，法国国王被俘并被送往西班牙的监狱，而教皇克雷芒七世（Clement VII）则陷入了左右为难的境地。考虑到神圣罗马帝国已经控制了米兰和那不勒斯，教会已经被彻底包围，教皇十分担心罗马教廷的独立性。精力最为旺盛的帝国将军兰诺伊（Lannoy）扬言要进攻罗马。教皇不得不筹备大量的金钱，做好了与查理五世联盟的准备。1526年马德里和平停战之后，弗朗索瓦一世得以重获自由。查理五世

1　详见冯牧师（Von pastor），《教皇史》（*History of the popes*）。

强加给法国国王的条件是如此苛刻，以至于历史学家很难理解，像查理五世这样精明的君主，怎么会指望法国国王信守承诺。教皇生性胆小，他再次陷入了两难的境地，如墙头草般摇摆不定。一方面，他害怕占据意大利的帝国力量；而另一方面，如果他与查理五世联盟，那么他将面临即将归来的法国军队的威胁。火上浇油的是，土耳其人在东方的实力与日俱增，意大利人发动阿普利亚（Apulia）之战进行进攻，而他们均拒绝教皇的劝说。1522年，罗兹岛（Rhodes）被穆斯林势力所控制，东方战线的重要堡垒就这样被摧毁了。土耳其人占据了贝尔格莱德，并于1526年在莫哈奇（Mohács）打败了匈牙利军队。

教皇希望停战并保持中立状态，尽管如此，左右为难的他还是被说服与弗朗索瓦一世共进退。最终在1526年5月，克雷芒七世、弗朗索瓦一世、米兰的斯福尔扎（Sforza）以及威尼斯共和国共同建立了科涅克联盟（League of Cognac）。事实上，此联盟造成了无休止的战争，战争的火焰频频燃起。重获自由的弗朗索瓦一世沉迷享受，在派遣援军方面行动迟缓，而指挥新联盟北部军队的乌尔比诺（Urbino）公爵在战术上过于保守。新联盟的状态致使米兰和锡耶纳（Siena）始终处于神圣罗马帝国的统治之下。当教皇向弗朗索瓦一世寻求支援时，科隆纳（Colonna）带领五千精兵对罗马发动了进攻，将教皇驱逐到了圣天使城堡（Castello Sant' Angelo），并洗劫了罗马城。梵蒂冈也在劫难逃。科隆纳带领的军队拿走了教皇的三重冕，闯进了圣彼得的秘密教堂，并在撤退之前，给这里造成了高达三十万达克特金币的损失。此后不久，在弗伦茨贝格（Frundsberg）和波旁公爵领导之下的神圣罗马帝国军队继续朝着意大利南部行进，直逼罗马，并于1527年5月对这座城市进行了袭击。

神圣罗马帝国军队洗劫了罗马城，囚禁了罗马教皇。在漫长的历史长河中，这是圣城罗马所遭遇的最悲惨的劫难。西班牙人维拉（Villa）记录下了那场历史悲剧："在整个罗马城，钟声不再响起，教会不再开放，弥撒曲不再被唱响。不再有礼拜日，不再有假期。豪华奢侈的商店沦落为敌人的马厩，富丽堂皇的宫殿变成了一片废墟。昔日的家园变成了残垣断壁，往日的街道令人举步维艰。尸横遍野，恶臭漫天。我甚至看见流浪狗在教会啃食死尸。雇佣兵在街上掷骰子，好赌成性。除了耶路撒冷的毁灭，没有比此时此景更触目惊心的了。"因为身体上的折磨和心理上的创伤，教皇已经不堪一击，而瘟疫的暴发，更是压垮教皇的最后一根稻草。疫情始于夏季，带走了无数普通百姓的生命，包括教皇身边的亲信。两位与教皇关在一起的红衣主教就死于这场瘟疫，据说是黑死病。

这一场在罗马蔓延的传染病也是杀死兰诺伊将军的罪魁祸首。这位雄心壮志的将军抱憾而逝，给了敌军喘息之机，致使洛特雷克在接下来的战斗中战无不胜，成功率领法军向着意大利北部挺进。起初，法军不断地吹响胜利的号角。在洛特雷克的带领下，法军的队伍不断壮大，吸收了大量洛林和莱茵河的雇佣军，赢得了意大利人民的援助。意大利人民将洛特雷克视为解救他们的大英雄，所以洛特雷克没有遭遇任何抵抗地重新占领了伦巴第城。此时，洛特雷克得知教皇已经被释放，于是在到达博洛尼亚（Bologna）之后，向奥维多（Orvieto）前进。洗劫罗马后，西班牙军队被胜利冲昏了头脑，沉溺于纸醉金迷之中，此时此刻才被浇了一盆凉水，彻底清醒了。深谋远虑的奥兰治亲王早已预见到查理五世的危险处境，在他的建议下，那不勒斯的防御工事得以加固，以待大战的爆发。

占领罗马的神圣罗马帝国军队受到瘟疫的侵袭，全军骤减至一万一千人。剩下的士兵有的已经失去了理智，军队顿时变得混乱不堪。这支曾经强大的神圣罗马帝国军队，此时已呈分崩离析之势。在毗邻那不勒斯的特洛亚，洛特雷克率领两万八千大军对神圣罗马帝国军队进行了包围。不幸的是，洛特雷克并没有立即展开进攻，这给了奥兰治亲王夜间逃亡的机会，也给那不勒斯的守城将士加固防御工事提供了时间保障。需要记住的是，在洛特雷克的军队到达那不勒斯之前，针对查理五世的战争正在其所有的领地上进行着，包括低地国家、加泰罗尼亚和地中海沿岸。4月28日，神圣罗马帝国海军面临着全面溃败。到了6月10日，十艘热那亚的平底船完全封锁了那不勒斯港口。1528年6月14日，在被包围了一个半月后，奥兰治亲王不得不写信给查理五世："十天来，我们靠着些许面包和有限的水生活。将领们无酒无肉，士兵们也已经很长时间没有领到薪酬了。仅凭我和士兵们的力量，是无法在此次战斗取胜的。如若敌军再坚守一个月，我军将面临全面溃败。"

无法想象如果那时那不勒斯的神圣罗马帝国军队真的全面

溃败，其后的欧洲历史将会怎样。其实意大利人民和教皇准备承认弗朗索瓦一世是信仰的解放者和捍卫者，然而这一计划被斑疹伤寒的到来打破。7月5日，洛特雷克以为那不勒斯的神圣罗马帝国军队不会支撑太久，然而，法军才是无法支撑下去的一方。瘟疫在法军大营里肆意妄为，蔓延之势十分迅猛，仅在一个月的时间里，一半以上的法军士兵的生命便被瘟疫的魔爪夺去。根据记载，当时两万五千人的法国大军最终只剩下四千人。沃德蒙特（Vaudemont）、纳瓦罗（Navarro）、洛特雷克也不幸抱恙而终。他们的继任者萨鲁佐侯爵（Marquis of Saluzzo）意识到必须立即解除围攻。在8月29日风雨交加的夜晚，法军开始撤退，后面紧跟着精力充沛的奥兰治亲王和他的骑兵。法军的残余势力瞬间分崩离析，或战死战场，或缴械投降而死于被困平民之手。一支救援军队成功抵达罗马，但已衣衫褴褛、身染疾病。神圣罗马帝国皇帝大获全胜，教皇克雷芒七世主动示好。之后，意大利归顺了西班牙，位高权重的教皇也完全被查理五世掌控。拜斑疹伤寒所赐，查理五世于1530年在博洛尼亚被加冕为神圣罗马帝国的统治者。

❷

在之前的段落里，我们已经引用了比利亚尔瓦的观点：斑疹伤寒是在16世纪上半叶从西班牙传到新大陆的。

自从“旧世界”的人发现了新大陆之后，双方之间发生了许多交流，有坏的，也有好的。起初，二者之间的交流并不是平等的，因为“旧世界”的人带来了文化的同时也带来了天花，在传播基督教的同时也传播了风疹、朗姆酒、欧洲争吵、猩红热、麻雀、马匹、毛驴，还有盎格鲁—撒克逊人、爱尔兰人、犹太人、黑人、裤子、流行性感冒、小麦、手足之情、火药以及肺结核等。而新大陆起初回馈给“旧世界”的只是黄金、烟草、梅毒、土豆以及玉米。随着新世界的繁荣，它开始为投资资本支付更充足的利息。到现在，双方已经旗鼓相当了。美洲从其开拓者那里接触到了工业、政治、资本主义、社会主义、酗酒、卫理公会、洗礼、自由诗体、自由恋爱、精神分析、教育系统、新闻媒体、博爱主义、摄影机、科学、艺术、文学、足球、老鼠、汇款人、吉卜赛飞蛾、俄国大公、椋鸟、通心粉、维也纳炸牛排、劳工纠纷、银行家以及经纪人，等等。礼尚往来，我们更加友善、慷慨地回报了对方：高关税、花生、留声机、口香糖、电影、早餐食品、女继承人、基督教科学、鸡尾酒摇酒壶、效率方法和美元。在许多方面，我们将永远是欧洲的殖民地，因为在两千年的文化宝库中，我们不花一分钱就可以获得许多礼物。这已离题千里，我们应该止步于此。在欧洲发现新大陆之前，西半球是已经被斑疹伤寒所侵扰，还是说西半球的斑疹伤寒是从欧洲大陆传来的？这才是我们现在该讨论的话题。

目前流行于墨西哥、秘鲁、巴西、玻利维亚、智利以及美国的东南部和中东部地区的斑疹伤寒，与欧洲和非洲的略有不同。它的近亲落基山斑疹热隐藏在美国的中部高原和山区，而且可能也存在于其他国家。在墨西哥，斑疹伤寒已经存在了好几个世纪。这种疾病是被殖民者带来的，还是本地就有的，仍是悬而未决的问题。在流行病间歇期间，美洲的斑疹伤寒寄生在老鼠身上，活跃于西半球的各个角落。通过鼠虱和鼠蚤，斑疹伤寒从一只老鼠身上传到另一只老鼠身上。同样，通过人虱，它又从一个人身上传到另一个人身上。因此，我们的疑问是：阿兹特克人的身上有很多虱子吗？在古代墨西哥，啮齿动物的生存状态又是怎样的？

事实上，我们没有确切的证据来证明，在科尔特斯到来之前，中美洲的阿兹特克帝国已经发生了可辨认的斑疹伤寒流行病。伯纳尔·迪亚兹（Bernal Diaz）和尼古拉斯·利昂（Nicolas Leon）认为由于斑疹伤寒的侵袭，托尔铁克人（Toltec）建立的托兰城（在今墨西哥城以北）于1116年[1]变成了一片废墟。然而，这只是传说，并没有确凿的证据，就像伯罗奔尼撒战争中的雅典瘟疫一样扑朔迷离。费尔南多·奥卡兰萨（Fernando Ocaranza）最近仔细研究了关于阿兹特克帝国流行病的可信记载，这些记载主要见于方济各会修士撰写的编年史。奥卡兰萨的研究对我们很有帮助。

1519年3月4日[2]，科尔特斯在韦拉克鲁斯登陆。我们之前提到过，1520年，一艘船带着纳瓦埃斯的武装力量，从古巴扬帆

1　关于阿兹特克人到达墨西哥的确切时间。

2　进入韦拉克鲁斯港口后，我乘坐舒适的火车，追随着科尔特斯的足迹。科尔特斯曾经在这里望着自己熊熊燃烧的船只渐行渐远。他英勇无畏的形象在我的脑海里挥之不去。科尔特斯之所以会取得这样的丰功伟绩，其中一个原因大概是他没有像其他现代探险家一样将妻子带在身边。如果他的妻子和他在一起的话，他会烧掉自己的船吗？当然不会！他会止步于奥里萨巴（Orizaba），回到西班牙，写一本名为《埃尔南·科尔特斯与胡安娜之墨西哥见闻》（*Hernando and Juana Look at Mexico*）的书。

起航。就在这艘船上，有一位黑人患有天花。自此，这种传染病便在印第安人的村落中传开了，“在新西班牙总督的辖区，没有一座村落能够幸免于难”。一半的人口都被这种疾病夺去了生命。印第安人对这种疾病一无所知。方济各会修士认为，如果他们能够及时赶到，阻止患者洗澡的话，悲剧就不会发生了，因为生病时洗澡这一当地习俗会造成血液感染。许多人死于饥饿，所以没有多少人照顾病人。当时的幸存者称那场流行病为“大麻风病”。

1531年，另一场流行病上演了，也是由殖民者带来的，被称为“小麻风病”。尽管也有很多人因此而丧生，但与1520年的那场“大麻风病”相比，简直是小巫见大巫。这场流行病的罪魁祸首可能是麻疹。

1545年，恶魔再次来袭。根据杰罗尼莫·德·门迪埃塔（Geronimo de Mendieta）修士的记载，特拉斯卡拉（Tlascala）有十五万印第安人病死，乔鲁拉（Cholula）有十万人病死，在其他省份也有相同比例的人口因此病而丧命。患者的主要发病症状为瘀血、发热、血便、流鼻血等。这场悲剧可能是由痢疾或是伤寒带来的，但是死亡人数过多，是以上疾病所无法企及的。只有鼠疫或者是斑疹伤寒才会将人类置于如此悲惨的境地。不过，如果人间悲歌是由鼠疫唱响的，那么它逃不过人们的法眼，因为人们对鼠疫已经很熟悉了，而如果是斑疹伤寒的话，人们也应该能识别出来，因为通过格拉纳达之围后，人们已经见识过斑疹伤寒的真面目了。修士们不知道1545年暴发的印第安疾病的名字，他们可能和当今许多优秀的医师一样缺乏经验。人们在1906年发现的布里尔氏病，过了几年才被波兰的一位犹太医生首次确诊为斑疹伤寒，他那时恰巧在纽约医院的病房里巡视。1545年暴发的流行病可能就是斑疹伤寒。

1564年，一场未知的流行病再次夺去了可怜的阿兹特克人的生命。

1576年，一场与1545年相似、被称为“鼠型斑疹伤寒”的流行病再次暴发。从那时起，斑疹伤寒流行病就很普遍了，并且得到了明确的诊断。在1588年流行病暴发期间，托卢卡（Toluca）山谷为疫情多发区。在托卢卡山谷，当时的土著居民不像现在这样混居在一起，只有马特拉克星盖斯（Matlaxingas）部落受到疾病的严重攻击。如果这个传说是真的，可能表明其他的两个部落对这一疾病有免疫力，而之所以会如此是因为这两个部落的人在童年时期曾经接触过许多温和的病例，因此能较少地受到这场流行病的侵扰，这也证明在这两个很少被提起的部落中，这种疾病可能在流行之前就已经存在了。

根据门迪埃塔修士的记载，在1595年，麻疹、流行性腮腺炎、鼠型斑疹伤寒对于当地土著来说已经家喻户晓了。

莫氏是第一个准确区分欧洲斑疹伤寒与新大陆斑疹伤寒的人。他认为在西班牙人到达之前，新大陆斑疹伤寒就已经在墨西哥存在了，其原因有以下几点：米却肯（Michoacan）的印第安人将斑疹伤寒称为“cocolixtle meco”或“斑疹热”。“cocolixtle”的意思为“令人备受煎熬的发热”，“meco”

来自单词“chichimecas”，指的是在身上涂抹红色条纹和斑点的当地部落。托雷斯（Torres）叙说道，在米却肯的部分地区，“cocolixtle meco”直到近年来才取代了原来的西班牙语“伤寒”（tifo）。阿兹特克人称斑疹伤寒为“matlazahuatl”，“matlatl”意味着“网”，“zahuatl”指的是“出疹”或“斑点”，因此“matlazahuatl”的意思为网状的斑点。[1]他补充说，有一幅描绘斑疹伤寒的象形符号图画，画的是一个双手抱头、鼻子流血的男人，全身布满了网状的斑点。莫氏还注意到，在描述1573年暴发的流行病时，迪亚兹记录道，“可怕的发热症（cocolixtle）在墨西哥城周围暴发”，这说明西班牙人在使用自己对疾病的称呼之前，就已经引用了印第安人对疾病的称呼。我们认为这是相当重要的，因为在缺乏熟练医生的情况下，这往往表明，征服者以为自己正在目睹一种长期在被占领领土上流行的传染病，而不是很久以后用西班牙语的“tifo”或者“tabardillou”来识别这种疾病。

有很多历史证据表明，在前哥伦布时期南美洲就已经存在斑疹伤寒。在秘鲁第一任总督布拉斯科·努涅斯（Blasco Nuñez）统治时期（1544—1546）以前，南美洲并没有老鼠，但这并不是否定斑疹伤寒存在的有力证据，因为其他的啮齿动物也可能成为斑疹

1 奥卡兰萨并不同意这一观点，他曾引用罗韦洛（Robelo）的话，大意是所有的墨西哥当地方言都没有确切的文字。因此，阿兹特克人对这一疾病的称呼，不是“matlazahuatl”而是“matlatzalatl”，意思是“十个脓包”。这个词可能描述的是天花。

伤寒的避风港，即使症状并不明显。[1]

不过，那一时期的斑疹伤寒流行态势显示，阿兹特克人的身上不可能没有虱子。说到虱子，我们需要参考伦霍尔茨（Fahrenholz）的研究，特别是尤因关于不同人种身上存在不同昆虫的探索。尤因在秘鲁人和美国西南部印第安人的木乃伊头皮上发现了虱子，这一发现将被载入史册。他还提到了广泛分布在南美洲的蜘蛛猴，这些猴子身上的虱子种类和人类身上的极其相似，这大概是在数万年之前，蜘蛛猴从人类祖先的身上获得了此类虱子。这些木乃伊无疑证明了美洲土著居民身上原本是有虱子的。

说到阿兹特克人身上原本多虱，我们除了奥赫达的故事之外，别无其他线索。穷苦大众曾经将一个个装满虱子的袋子，作为贡品献给国王摩特祖玛，但是，科万认为袋子里的虱子其实是“胭脂虫”，当时的西班牙人对这种昆虫一无所知。《珀切斯的朝圣者》一书中描写的墨西哥人用“长虫子和虱子”来换取食物的情节不可全信。

大量的旁证显示，阿兹特克人身上长有虱子，可能已经成了不争的事实。[2]

大概在12世纪早期，阿兹特克人来到墨西哥高原。他们从

1　在实验室里，豚鼠、野兔以及各种鼠类都可以被斑疹伤寒感染，但是它们并没有因感染此疾病而死亡。近年来我们发现，墨西哥当地的啮齿动物很容易感染斑疹伤寒。

2　毫无疑问，莫氏曾经叙述过，离墨西哥城不远的一个村庄近期暴发了一场流行病。印第安人对于动物有他们自己的称呼，但他们用西班牙语中的“piojo”和“caballo”来指“虱子”和“马”。这一点非常重要，值得我们对其他部落进行深入的调查。

西北部赶来，那里是阿兹特兰（Aztlan）的传奇地域。关于他们的来源，我们只知道这些。他们的起源，就像新大陆被发现之前，居住在这个半球的其他部落，如玛雅人、印加人、北印第安人以及因纽特人等的起源一样模糊。我们可以确定，这些人彼此一无所知，没有接触，更不要说影响对方的文明，不过他们的血统却是同一种。这并不是凭空推测，这一结论是建立在血型基础之上的。这与我们的主题关系不大，所以我们不会做深入的探究。事实上，通过将一个人的血清与另一个人的红细胞相互作用的简单实验，我们可以把人类分为截然不同的四个群体。当然还有其他的血型，但现在我们只需要知道这四个就够了。不同的血型具有不同的特征，这些特征遵循一定的遗传规律代代相传。因此，对血型进行研究，对于揭示不同人种之间的关系具有重要的人类学和民族学意义。根据血型研究，欧洲人在经历了数百年的种族融合之后，其血统的起源已经被渐渐稀释了。不只是欧洲人，亚洲人种也经历了融合的过程。我们只要对西半球居民的纯正血统进行调查，就会发现一个单一的血型，即所谓的“O型血”占优势。遗憾的是，现在已经没有纯正血统的印加人可供研究。不过，玛雅人的O型血比例为97.7%；尤卡坦半岛的混血儿的O型血比例为85%。据斯塔涅达（Castaneda）研究，一小部分阿兹特克人后裔的血统早已不纯正，他们的O型血比例为80%。纯种美洲印第安人的O型血比例为90%，甚至更多，而如果巴芬湾的因纽特人拥有纯正血统的话，他们应该全部都是O型血。

以上事实有许多有趣的内涵，其中大多数与我们的主题无关，不过有一点对我们来说非常重要：生活在西半球的居民拥有相似的血型，这意味着他们之间的关系非常紧密。基于此，再考虑到研究者在至少两个美洲土著分支的史前木乃伊上发现了虱子，我们可以得出结论：阿兹特克人和印加人身上都长有虱子。

基于我们之前总结的历史数据以及阿兹特克人身上有虱子的可能性，我们可以大致推断出，在西班牙征服者到来之前，西半球就已经存在斑疹伤寒了。除此之外，我们还需要做大量的研究，来确定在墨西哥流行病记录在册之前，斑疹伤寒是否已经从欧洲传到了墨西哥。

在科尔特斯登陆墨西哥之前，斑疹伤寒就已经在西班牙肆意妄为了。如果是科尔特斯的队伍将斑疹伤寒带到这里的话，那么病毒就不可能通过受感染的虱子进行传播。西班牙的探险队首先到达古巴，接着到达尤卡坦半岛和墨西哥海岸，这一过程耗费了他们数月的时间。感染斑疹伤寒的虱子在患病之后，通过吸食人类的血液，最多只能坚持十二至十四天。当然，在航行过程中，这种病毒也可能通过一连串的斑疹伤寒病例，从一个水手身上传到另一个水手身上，但是，如果发生这种情况的话，那就成了一个严重的问题，很可能会有一项记录保存下来。鉴于此，我们确实找到了当时的记载。据科万所说，奥维耶多曾经目睹过当时的事件：在前往西印度群岛的途中，船只渐渐进入热带地区，虱子并未跟随水手的步伐，而是留在了原地。在水手归来后，虱子又与他们重拾旧梦。《居维叶的昆虫史》（*Cuvier's History of the Insects*）一书的其中一位作者对此提出了质疑。科万认为奥维耶多的说法存在一定的真实性，因为高温和出汗不利于人虱的繁殖。从另一种角度来思考这件事的话，也有可能是水手们受不了高温的天气，脱掉了衣服，致使人虱失去了跟随的机会，然而，水手头上的虱子也携带着病毒，它们却没那么容易被甩掉。仲夏时节，我们在北非阿拉伯人的头上发现了很多虱子。虽然人们在热带国家居民的身上发现的虱子不如在寒冷国家居民的身上发现得多，但头虱能够在各种各样的气候条件下大量繁殖。尽管如此，由于上述原因，在早期驶向美洲的航船中，感染了斑疹伤寒的头虱很可能无法生存下去。

因此，斑疹伤寒是由水手带来的说法可能站不住脚。不过，斑疹伤寒是通过船上的大鼠和小鼠带来的，这种说法并非空穴来风。据我们所知，黑鼠从12世纪开始就已经在西欧肆意横行了。在13世纪早期，黑鼠入侵法国，因此很可能也进入了西班牙。黑鼠在法国的存在，《列那狐的故事》（*Roman du Renart*）以及其他两首叙事诗《努维尔的故事》（*Renart le Nouvel*）和《童话故事》（*Renart le Contrefait*）都明确提到过，而这几首叙事诗的创作时间为13世纪末至14世纪初。在航行中，相比于西班牙人，斑疹伤寒病毒在大鼠身上的寄生更容易。如果果真如此的话，在西班牙不断暴发疫情期间，古巴也应该逃不过劫难，因为在16世纪早期，古巴与西班牙的往来十分频繁。如果古巴存在过斑疹伤寒的病例，那么也很容易传播到尤卡坦半岛和墨西哥海岸。直到1576年，墨西哥第一场真正的流行病才被修士们确认为斑疹伤寒。在格里哈尔瓦（Grijalva）的带领下，伯纳尔·迪亚兹于1517年2月8日乘船离开了哈瓦那（Havana），经过二十一天到达了尤卡坦半岛沿岸。这次探险队并没有直接前往墨西哥，而是继续前往佛罗里达。在那里，远征队伍的一半成员被土著居民杀死。1519年2月10日，科尔特斯离开了哈瓦那，于3月12日到达了塔巴斯科（Tabasco）。在尤卡坦半岛的科祖梅尔（Cozumel）短暂停留之后，科尔特斯在耶稣受难日的前一天到达了圣·胡安·德尤尔（San Juan de Ulúa）或是韦拉克鲁斯。之后，一拨拨船队频繁到此，而要想使船队不携带受感染的老鼠是不可能的，更不要说阻止受感染的老鼠从海岸逃窜到高原地区去。由于高原地区的居民身上长有很多虱子，鼠蚤一旦咬了一个人，斑疹伤寒病毒就会传播开来，直到演变成一场浩劫。时至今日，这种事情也时常发生。

我们很难确定斑疹伤寒是否是欧洲赐予西半球的“礼物”，但是，在探究的过程中，种种趣闻确实丰富了我们见识。

Chapter 15

第十五章

Young manhood of typhus

斑疹伤寒的成年时期

❶

格拉纳达之战后，斑疹伤寒从西班牙传到意大利、法国，再从这两个国家一路向北，引发了几乎连续不断的小规模疫情。一波刚平，一波又起。在1528年那不勒斯包围战之后，斑疹伤寒从南到北席卷而来。1552年，一场严重的斑疹伤寒疫情迫使查理五世放弃了对梅斯的围攻。入冬时节，梅斯被包围了。由西班牙人、德国人和意大利雇佣军组成的神圣罗马帝国军队，在12月上旬就开始遭受多种疾病的严重折磨。这些疾病包括坏死病、常见的伤寒以及最可怕的斑疹伤寒。据说，仅在12月这一个月里，就有一万多名士兵死亡。在年底之前，围攻的战士四散而逃，致使周围的城镇受到彻底的感染。可能就是在那一时期，由于大量的人死于军事监狱和村庄，因此“斑疹伤寒”第一次成为常见疾病名词。直到第二年的夏天，流行病的势头才有所减弱。

从那时起，斑疹伤寒就一直存在于返乡士兵入侵的地区。返乡士兵点燃了感染的导火线，只要偶然有火花在易燃物品上点燃，火光就会在村庄和城市中闪烁。不过，关于这些分散、不规律，通常是小规模的疫情，我们并未找到确切的记载。如果没有进一步的大冲突，那么在欧洲大陆存活的最初阶段，在东部战线上不停地更新换代的斑疹伤寒可能会在那以后的几个世纪里彻底消失。这种假设并非不可能。

在斑疹伤寒征服欧洲的过程中，最重要的事件当属在匈牙利暴发的流行病。在前一章中，我们引用过路易斯·德·托罗的观点：斑疹伤寒是从塞浦路斯传来的。弗拉卡斯托留斯也持同样的观点。有许多历史记载表明，东方的立克次氏体的进化比欧洲的要早几百年。两场最早的斑疹伤寒流行病横扫欧洲之时，西方军队正在边境抵御东方势力的入侵，很难说这是巧合。西班牙人与萨拉森人对抗时，第一场斑疹伤寒流行病暴发了。匈牙利人与土耳其人在匈牙利前线开战时，第二场斑疹伤寒流行病暴发了。接下来我们会对此进行介绍。

自中世纪早期以来，匈牙利和巴尔干半岛一直是基督教对抗伊斯兰教的边界。15世纪初，土耳其人一次又一次地击败匈牙利军队，占领了塞尔维亚，并几次占领了匈牙利，屡屡包围维也纳。匈牙利东部在一百多年的时间里被彻底占领。有时匈牙利得不到奥地利皇帝的援助，只能靠匈牙利国王从臣民中征募的微弱军事实力抵御外来入侵。唯一的边境防御措施是一条由五十五座城堡组成的防御链条，这些城堡不规则地散布在边境上，没有组织，彼此之间的战斗和它们与土耳其人之间的战斗一样多。匈牙利东部就像是一个人种的大熔炉。土耳其的军队有来自基督教的俘虏和叛徒；同样，在基督教的军队里，土耳其人的身影也时常出现。

匈牙利国王匈雅提·马加什一世（Hunyadi）最有力的“盟友”——流行病，协助他解除了土耳耳人对贝尔格莱德的围困，并帮助他于1456年打败了穆罕默德二世（Mohammed II）。我们对这场流行病的性质没有确切的了解，它可能是斑疹伤寒，也有可能是瘟疫，然而，无论它是什么，这场战争的胜利对匈牙利来说都是毫无价值的，因为传染病最终夺去了匈雅提·马加什一世的生命。从那时起，有一百多年的时间，斑疹伤寒和瘟疫轮番上场，折磨着不断交战的军队，并在短暂的停战期间，借由返乡的部队传播到村镇。直到1542年，斑疹伤寒才被最终确诊下来，并准确地记录在案。在这一年，勃兰登堡的约阿希姆（Joachim）率领由德国人和意大利人组成的军队来到匈牙利。这场流行病杀死了约阿希姆的三万名士兵，而凶手确认无疑就是斑疹伤寒。在追踪这种传染病的传播的过程中，探究它是由约阿希姆的军队带来的，还是从匈牙利人和土耳其人那里传来的，这一问题令我们兴趣盎然。正如我们所知，斑疹伤寒已经从西方进入西班牙和意大利，在法国和德国也并不少见。哥伊尤瑞（Györy）的记载为我们的研究提供了极其重要的线索。哥伊尤瑞叙述道，德国人遭受疾病的袭击，死亡人数巨大，而匈牙利人和土耳其人的死亡率相对较低。[1]根据当时观察者的记载，德国人的死亡率是如此之高，以至于军队的相当一部分士兵从未接近敌人，因为在土耳其人有机会消灭他们之前，他们已经被“匈牙利病”杀死了。因此，匈牙利被称为“德国人的墓地”。

如果这种说法是正确的（毕竟有据可查，并不是空穴来风），那么这说明在神圣罗马帝国军队到来之前，斑疹伤寒就已经存在于匈牙利了。患过斑疹伤寒的人会获得一种免疫力，尽管这种

1　引自普林茨（Prinzing）的作品。

免疫力并不是永久性的，但可能会持续多年。我们发现，在疫情多发地区，来自非疫区的新来者遭受的疾病袭击比本地人要严重得多。因此，除非长期不断地接触斑疹伤寒，否则土耳其人和匈牙利人是不可能获得抵御斑疹伤寒的相对免疫力的。事实上，小规模、零星的斑疹伤寒流行病原本就常常在这些地方暴发。随着约阿希姆的军队的归来，斑疹伤寒再次在欧洲广泛传播开来。

1566年的悲剧过后不久，当马克西米利安二世进入匈牙利保护他的东部行军时，一场更大规模的流行病上演了。备战的最初阶段对马克西米利安二世很有利，如果不是斑疹伤寒再次起了决定性的作用，马克西米利安二世本可以立即达到目的。神圣罗马帝国军队沿着多瑙河安营扎寨，科马罗姆、拉布（Raab）以及拉布尼茨（Rabnitz）布满了大量的尸体。缺水少粮本就已经令人恐慌不已了，更加火上浇油的是啤酒也变酸了。食物本来就不够，里面还夹杂着已经变质了的，这导致士兵们患上了坏血病。天气酷热，痢疾和伤寒使士兵们变得虚弱不堪。所有这些为斑疹伤寒的滋长提供了肥沃的土壤。作为远征军的外科医生，托马斯·约丹（Thomas Jordanus）曾经对这场流行病进行过生动形象的描述，证实了这场流行病就是斑疹伤寒带来的。他所见过的所有病例，患者都是先感到浑身发冷，接着出现腹痛、干渴难耐、精神错乱、皮疹等症状，这正是今天我们所熟知的斑疹伤寒。斑疹伤寒从军队渐渐蔓延到周边地区，马克西米利安二世不得不放弃他的战役，并与土耳其人达成了不利于他的和平协议。最终，军队纪律涣散；士兵们四散离去，将斑疹伤寒带到了意大利、波希米亚、德意志，之后从德意志通过勃艮第进入法国，后来向北进入比利时。一旦感染的涓涓细流抵达城镇，就会导致流行病。维也纳暴发了有史以来最严重的斑疹伤寒流行病。从那以后，斑疹伤寒就一直在匈牙利、巴尔干半岛诸国以及波兰和俄国的边界地区流行。时至今日，这些地区仍然是现代欧洲流行病的“故乡”。

历史研究为我们提供了线索，使我们相信匈牙利战争及其后果创造了这样的环境，使斑疹伤寒有机会通过虱子，在不间断的循环中从一个人身上传播到另一个人身上，跳过老鼠—跳蚤传播阶段，并使寄生生物牢固地适应人类—虱子—人类的传播形式，最终形成我们今天所熟知的经典欧洲类型的斑疹伤寒病毒。

❷

在描述17世纪导致斑疹伤寒在欧洲大陆蔓延的事件时，我们只将注意力放在主要事件上。如果我们把在大规模流行病间隔期间几乎连续不断地袭击城镇和村庄的小疫情列成目录，那将需要极大的努力，而且顺便说一句，这项工作非常枯燥。经过上述种种事件，斑疹伤寒在巴尔干半岛西部彻底站稳了脚跟。之后，斑疹伤寒就开始向四面八方蔓延，就像灌木丛中燃烧的山火，现在火势很低，正在闷烧，也许在一些地方甚至已经熄灭，然后再次慢慢地进入新的地区，随时准备在燃料充足时爆发出毁灭性的火焰。在所谓的基督教文明的所有时期中，人类最悲惨的时期并不只是17世纪。鼠疫是斑疹伤寒密不可分的凶猛伙伴，自14世纪以来，其星火就从未完全熄灭。天花、白喉、伤寒以及其他传染病不断地敲响危险的警钟。这些年的编年史，是关于饥荒、瘟疫以及严酷的战争的可怜记录。

从1600年到“三十年战争”结束的这段历史岁月里，处处可见瘟疫与战争的身影，拉默特（Lammert）在他的书中生动地描绘了这一时期的悲惨。拉默特曾经是雷根斯堡（Regensburg）地区的医生，也曾致力于研究德意志不同地方的地方志。拉默特有一个古怪的习惯，他会在自己编撰的编年史中，以气候状况记录、作物报告和葡萄酒质量陈述作为开头部分。[1]因此，关于1602年，我们获得了以下信息：“那一年，冬季酷寒，四月天仍冰冷，夏季竟出现了冰雹。葡萄酒的产量很低，质量很差。在那一年，普法尔茨（Palatinate）暴发了瘟疫，席卷了萨克森（Saxony）和普鲁士（Prussia）；在但泽，一周之内就有一万两千人死亡。在波希米亚以及西里西亚（Silesia）有天花流行；在德意志南部暴发的流行病，可能是痢疾，也可能是伤寒；在俄国，饥荒和瘟疫、斑疹伤寒一起对人们展开了袭击，仅莫斯科就有

1　拉默特对于气候的关注是很自然的。根据早期关于流行病的书籍的记载，自然现象、火山爆发、地震灾害、异常天气往往是造成流行病的罪魁祸首。现代流行病学认识到大气条件、温度状况、湿度变化对疾病的暴发和传播有明显的影响。对此，我们能够找到实证。拉默特对葡萄酒的关注看似荒诞，但饮酒的习惯曾经与公众健康息息相关。在中世纪，人们以群居为主，这会造成水源的污染。经历了一次又一次的惨剧之后，人们知道了饮水的危险性。据相关记载，在弗鲁瓦萨尔（Froissart）的某个地方，一支向西班牙行进的德意志军队喝光了他们的葡萄酒，只好饮用水。这导致了痢疾的暴发，使得士兵们陷入了孤立无援的境地。

十二万七千人死于瘟疫，尽管该数据有些夸张。”

那段时期，每年都在重复这个残酷的故事。我们再随意挑选另一段记录：“1613年，葡萄酒的产量虽然充足，但口感很酸。那时，匈牙利疾病（斑疹伤寒）席卷了符腾堡（Württemberg）和提洛尔（Tyrol）。马格德堡也逃不过斑疹伤寒的魔爪。瘟疫沿着雷根斯堡、莱比锡、波希米亚和奥地利一路向东蔓延。”这样的故事年复一年地发生，直到1618年“三十年战争”爆发。

“三十年战争”是人类所经历过的最大规模的流行病学自然实验。[1]据我们所知，在欧洲，各种传染病呈星星点点之势持续暴发。在二十九年多的时间里，整个地区不断遭受战争的折磨，流散的、逃亡的、擅离职守的士兵处处可见。伴随战争的，还有饥荒。人们成群结队地逃亡，饥不择食地寻找食物，张皇失措地寻找避难所。其所到之处，必见传染病的铁蹄。

只有对产生这些流行病的背景条件有充分的了解，我们才能更进一步理解这些流行病的历史。这些背景条件，我们可以从拉默特的记录中获得。下面这段话摘选自拉默特关于1632年的描述。当然，我们也可以摘选他关于其他任何年份的描

1 实验流行病学是一种较新的传染病研究方法，它包括为小鼠、大鼠、豚鼠、野兔以及其他易受微生物传染病影响的动物建立一个大型的聚居环境，然后在各种可控条件下，将一个或多个受感染的个体引入这个聚居群。通过这种方式，研究人员可以了解到传染病的传播方式以及其他重要信息。这一实验方法被证明是有用的，但也有其局限性。不管是老鼠的还是豚鼠的聚居群，都被关在一个个封闭的区域内，这无法彻底模拟人类交往的复杂状态。自然将自己的实验室设在战争和饥荒的背景下，正如在19世纪末和20世纪的战争中一样。这些可怕的实验可以被一个称职的医生观察到，其观察结果对人类有很大的价值。可以说，医学是上次世界大战的胜利者，虽然得不偿失，但是卫生知识和医学知识的增加是人类在这场糟糕透顶的灾难中获得的唯一确定的收益。

述，同样具有说明价值：“在占领梅明根（Memmingen）之后，古斯塔夫斯·阿道尔弗斯准备进攻德意志南部，这时传来了华伦斯坦在萨克森大获全胜的消息。不久之后，梅明根又被神圣罗马帝国军队收复了。肯普滕（Kempten）也落入了瑞典人手中，雅克·卡勒（Jak Karrer）博士在《当代编年史》中描述了这座城市所遭遇的不幸经历。”善良的拉默特写道：“这支笔反对记录‘人类的这种兽性化’。瑞典士兵抓到妇女后，会将其胸部切下来；见到带着孩子和仆人的妇女，他们会将其统统扔进河里；他们杀死了当地的外科医生，强奸了他的女儿，在将女孩的眼睛挖出来之后，将她同死去的父亲一起扔出窗外；丈夫遭到杀戮后，其妻子和女儿紧接着被强暴；瑞典士兵看到一位家庭主妇站在炉前烧开水，便砍下她的双手，将她的头一次又一次地按入开水壶中，并最终将她斩首；还有六名小孩惨死在地窖里。1月13日，这座城市再次落入神圣罗马帝国军队手中。征服者对剩下的人民所犯下的暴行，其残忍程度超过了所有人的想象。加布里埃尔·韦德巴赫（Gabriel Furtenbach）在他的《苦难编年史》（*Jammerchronik*）一书中将这些记录了下来。在古斯塔夫斯·阿道尔弗斯的军队到达纽伦堡不久之后，斑疹伤寒暴发了，在那里对两方军队进行了适当的报复。”

普林茨将“三十年战争”的流行病学历史分为两个主要时期：第一阶段是1618年至1630年，在那一时期，斑疹伤寒是主要的祸害；第二阶段，也就是1630年至1648年，鼠疫取代斑疹伤寒，成了兴风作浪的主力。值得一提的是，在整个期间，斑疹伤寒和鼠疫一起肆虐，与此同时也少不了痢疾、伤寒、白喉、天花、猩红热以及各种不那么致命的同谋者的加油助威。

在“三十年战争”伊始，斑疹伤寒流行病就跟着敲响了战鼓。魏森堡（Weissenburg）战役之后，曼斯菲尔德（Mansfeld）的军队穿过普法尔茨进入阿尔萨斯，所到之处都留下了斑疹伤寒。这在波希米亚和德意志南部地区引发了一系列流行病。1625年，随着华伦斯坦和提利（Tilly）军队的进行，斑疹伤寒在德意志北方肆意横行。农田的毁坏迫使农民进城，这也使得疾病开始在斯特拉斯堡（Strassburg）、曼海姆（Mannheim）、法兰克福、美因茨（Mainz）、纽伦堡和所有较小的城镇里蔓延开来。1625年，斑疹伤寒再次席卷了梅斯，并通过凡尔登传到了法国。萨克森本来就受尽斑疹伤寒的百般折磨，在1631年的布莱滕费尔德战役后，又落入了鼠疫的手掌心。于是，鼠疫流行起来，两种疾病随着快速移动的军队一起传播。当士兵们离开时，两种疾病就留在后面，从无数的疫源地蔓延到周围地区。在这一段时间里，巴伐利亚的人数急剧下降，几乎成了无人区。

1632年6月，古斯塔夫斯·阿道尔弗斯包围了纽伦堡。大量的逃亡者和士兵聚集在这座城市里。在顽强抵抗十一周之后，城内的粮草都用完了。此时，匈牙利疾病（斑疹伤寒）和坏血病在围困者和被围困者之间传播。当地教堂的记录显示，这座城镇有五千人因此而丧生，而这还只是一小部分数据。班贝克（Bamberg）的修女玛利亚·安娜·朱尼厄斯（Maria Anna Junius）

在她所著的编年史中“1632年11月”的条目下记录过当时死亡者的人数。

瑞典军队也遭受了同样的痛苦。饥饿和疾病瓦解了军队纪律。生活在军营周围的穷苦百姓成了士兵暴行的牺牲品。9月3日，瑞典国王对这座城池发动了最后一次进攻，无奈以失败告终，只好撤退，把荒凉留在身后：农田被摧毁，村子里到处都是灰烬，街道上充斥着死尸的恶臭；在其中一个城区，只有四分之一的人口幸存下来；在为数不多的幸存者中，许多人包括市民、农民和流浪的士兵，为了寻找食物和战利品，闯进瑞典和帝国军队的废弃营地里，却不幸感染了传染病。斑疹伤寒和瘟疫又四处蔓延。斑疹伤寒发动了围攻，迫使双方军队不战而退。

然而，暴发于“三十年战争”期间的流行病，其所带来的灾难并不限于实际的斗争场面。流行病不断跨越国界传播，在1624年带走了阿姆斯特丹一万人的生命。而几乎是在同一时期，法国也遭到了斑疹伤寒的袭击。当时，普罗旺斯西部正在上演针对加尔文教徒的激烈战争。1623年，蒙彼利埃（Montpellier）遭遇围困期间，一场疾病暴发了。拉扎勒斯·里韦尔斯（Lazarus Riverius）描述这场疾病为“恶性发热流行病”。默奇森曾详细地引用过拉扎勒斯·里韦尔斯对此次流行病的描述，明确指出就是斑疹伤寒：“发病后从第四天到第九天，患者浑身长满了类似跳蚤咬伤的红色、深灰色或者黑色的斑点，这些斑点出现的最常见部位是腰部、胸部和颈部。”斑疹伤寒刚开始还局限在蒙彼利埃，但在1641年时已呈流行病之势。蒙彼利埃的斑疹伤寒和黑死病“协同作战”，一起向北部蔓延。根据普林茨的数据，六万里昂人以及两万五千利摩日人死于这场流行病。紧接着，流行病延伸到巴黎和阿维尼翁（Avignon），并沿着比利牛斯山和地中海沿岸扩散开来。

当“三十年战争”结束时，流行病渗透到欧洲大陆的各个角落。尽管“三十年战争”所带来的灾难令整个17世纪的所有其他事件都黯然失色，但战后的岁月也绝非和平岁月。法国军事家杜伦尼（Turenne）发动的战争，发生在荷兰的战争，发生在俄国的战争，之后在土耳其爆发的持续战争，尤其是1683年的维也纳包围战，都为斑疹伤寒在日后兴风作浪提供了充足的条件。在意大利，特别是在西西里岛，饥荒更是给流行病送来了东风，为流行病史增添了浓墨重彩的一笔。与此同时，法国也未能幸免。1651年和1666年，普瓦图和勃艮第分别暴发了严重的斑疹伤寒流行病。

在东部战场上，俄国、奥地利以及匈牙利之间的冲突不断上演，直到18世纪才平息。而那时，斑疹伤寒早已站稳脚跟，建立了自己永久的疫情区王国，关于这一点我们曾有所提及。

❸

在英格兰早期的流行病学记载中，没有证据证明斑疹伤寒很早以前便在欧洲大陆存在。不过，像1087年的饥馑热这样的大规模流行病，一些文献已有记载。《盎格鲁—撒克逊编年史》中写道：“在救世主耶稣基督诞生之后的第1087个冬天，也是威廉按照上帝的旨意管理和指挥英格兰的第21个年头，这片土地经历了一个非常沉重和令人讨厌的季节。这样的疾病发生在男人身上，几乎每个男人都处于最严重的疾病中，也就是腹泻；腹泻是如此可怕，许多男人因此而丧命。”这很明显不是斑疹伤寒，很可能是痢疾、伤寒以及饥荒所带来的营养缺乏病。关于1196年（由纽伦堡的威廉描述）、1258年和1315年的饥馑热的性质，我们同样一无所知。陆军中校W. P. 麦克阿瑟（W. P. Macarthur）曾写过一篇关于古代英格兰斑疹伤寒的学术评论，他倾向于认为这些流行病以及1414年伦敦监狱的流行病，在某种程度上都是斑疹伤寒。他指出自己之所以做出这样的推测，是基于当时流行病暴发的环境；然而他也承认，由于相关记载模糊不清，因此完全缺乏具体诊断的基础。在15世纪之前，欧洲没有出现过流行性的斑疹伤寒。16世纪中期，斑疹伤寒在欧洲大陆站稳脚跟之后，穿过英吉利海峡和爱尔兰海。在彼岸，斑疹伤寒发现拥挤肮脏的村落和小镇里住着爱长虱子的人们。从此，这里就成了斑疹伤寒的“安乐窝”。

在英格兰，有一部分早期的斑疹伤寒患者集中在监狱里，因而斑疹伤寒在当时被称为“可怕的监狱热”。麦克阿瑟告诉我们，英格兰的监狱系统已经“从上到下彻底腐烂了……有些监狱属于私人所有。看守租用这些监狱，并从犯人及其亲友那里榨取钱财，来偿还自己租用监狱的费用……犯人们身上戴着镣铐，这样看守就可以打着‘减轻刑具’的名号趁机索贿……监狱里人满为患，极其肮脏”。这种情况持续了几百年，直到1770年约翰·霍华德（John Howard）首次提出监狱改革。约翰·霍华德写过《英格兰和威尔士的监狱状况》（*The State of the Prisons in England and Wales*）的小册子，然而，他在巡视监狱时不幸感染了斑疹伤寒，最终死于该疾病。斑疹伤寒在监狱里十分猖獗，有时还会在周围的城镇里横行霸道，引来一阵“黑色审判”的流行之风，这其中包括1577年的牛津流行病、十二年之后的埃克塞特流行病以及1750年的老贝利街流行病。接下来的实例主要来自麦克阿瑟的记载。

1577年，牛津监狱里关押着一个叫罗兰·詹克斯（Rowland Jencks）的犯人。他本是天主教的图书装订工人，因被指控说了当权者的坏话和亵渎上帝的话、辱骂牧师以及远离教堂等而被捕入狱。考虑到当时的时代背景，他似乎是一个有灵魂和信念的人。在审讯他之前，牛津监狱的一些犯人就已经开始接连不断地病死。在审判中，詹克斯被判割去双耳。由于詹克斯一案引起了公众的强烈兴趣，所以法庭上挤满了来看热闹的人。审判结束后不久，斑疹伤寒就在来看热闹的人群中蔓延开来。麦克阿瑟叙述道，首席法官大人罗伯特·贝尔爵士、尼古拉斯·巴勒姆爵士、警长、副警长皆病逝。大陪审团的所有成员，除了一两个幸存者，其余的也染病身亡。死亡人数超过五百人，其中一百人是牛津大学的成员。此事引起了相当大的轰动，就连弗朗西斯·培根也不厌其烦地进行了调查。他把这种疾病的暴发归因于与人类气味相似的恶臭[1]，这种臭味来无影去无踪。当时的理论认为，这些神秘的感染多是由污浊的空气引起的。基于当时的状况，人们得出这样的结论再自然不过了。在这一特殊的案例中，人们认为是鲁汶的天主教恶魔幻化成风，悄悄地溜进了牛津，才造成了这种情况。麦克阿瑟说詹克斯虽然被割去了双耳，却侥幸逃过此劫，在杜埃（Douai）定居下来。他在英格兰世俗学院找了一份面包师的工作，在那次灾难性的审判结束之后活了三十三年。基于斑疹伤寒在博学多识的观众中的传播方式，麦克阿瑟得出这样的结论：即使我们不愿意相信，事实说明牛津大学的老师身上确实长有虱子。

1　在现代医学术语中，此恶臭被称为“同源恶臭”。

接下来是“埃克塞特审判”，此次事件与牛津事件的情形极其相似。“黑色审判”两百年后（也就是1750年），老贝利街所暴发的流行病揭露了长期以来监狱条件一点儿都没得到改善的事实。约翰·普林格尔（John Pringle）曾是皇家军队的首席医师，后来又担任英国皇家学会主席，他对这一事件进行了准确的调查和描述。

在英格兰，斑疹伤寒通常会蔓延到岛上的每个角落。牛津解剖学家托马斯·威利斯（Thomas Willis）的描述让人毫不怀疑，在1643年的雷丁（Reading）之战中，摧毁议会军和皇家军队的疾病正是斑疹伤寒。1650年，一场同样性质的流行病“把整座岛变成了一个巨大的医院”。就像当时斑疹伤寒和鼠疫在欧洲大陆上并肩作战一样，在1665年寒冷的冬天，随着鼠疫病例的不断增加，伴随大瘟疫而来的是斑疹伤寒。

斑疹伤寒究竟是什么时候传到爱尔兰的，目前还不清楚。爱尔兰后来成为而且至今仍然是斑疹伤寒最坚固的据点之一。默奇森说，关于爱尔兰的斑疹伤寒，第一次有准确记录的是1708年在科克郡（Cork）暴发的流行病。不过，我们有理由相信，和“爱尔兰疟疾”一样，斑疹伤寒早在1708年之前就存在于爱尔兰了。

Chapter 16

第十六章

Appraisal of a contemporary and prospects of future

当代人的评价以及未来的畅想

❶

如果我们不是在写传记而是在写医学史，那么现在我们的任务就是按照年代顺序和地理位置来描述在整个18世纪和19世纪的大部分时间里，蔓延至欧洲的大街小巷、几乎连续不断的斑疹伤寒流行病。然而，这些记载虽然对于传染病研究不可或缺，但对于阐述我们传记的主题即斑疹伤寒的特征和习惯来说贡献不大。相比于这些记载，奥扎拉姆、赫希、汉泽、普林茨等人的著作内容深入，更具学术性，而这些著作都是我们能够自由引用的。研究早期流行病的专家运用现代知识，会时不时地从历史记载中发现斑疹伤寒的相关内容和信息，这为解开未解之谜提供了重要线索。然而，从传记的角度来看，关于斑疹伤寒爆发的间接叙述，在我们所讲的这段时期里，没有任何十年是完全没有的，如果不断地重复，这些叙述将是枯燥无味的。流行病暴发的条件、病情的进展以及传播的方式，大体上都是一样的。斑疹伤寒总是伴随着战争和革命的发生而暴发；营地里、军队中以及围城内总是斑疹伤寒的滋生地；它加剧了饥荒和洪水所带来的恐惧；它悄悄潜入城乡穷人的生活之中；它在监狱里兴风作浪，甚至有机会“乘船”跨越辽阔的海洋；一旦时机成熟，它就会越过国界，进入另一个国度。如果说18世纪斑疹伤寒的表现形式和以往有任何不同的话，那么就是它除了伴随着人类的冲突和灾难暴发以外，还呈小规模、分散式暴发。在东部边界，还有意大利、西班牙和德意志的部分地区，斑疹伤寒疫情总是零星地上演，就像现在伤寒的暴发一样。如今，斑疹伤寒已经广泛蔓延开来，并在环境适宜的地方生根发芽。

事实上，即使到了19世纪90年代，那些助长斑疹伤寒的人类风俗和生活习惯，仍然没有得到改善。政治、哲学和科学等领域的伟大觉醒，令整个18世纪熠熠生辉，然而，其光辉未能照射到人类物质生活的讲究上，这种讲究能帮助我们打击斑疹伤寒的嚣张气焰。人们从未像现在这样孜孜不倦地培养优雅的举止，追求高贵的着装，而卫生条件却没有跟上步伐。

尽管人类卫生的话题需要全面细致的研究，但即使对人类卫生的发展进行表面调查，我们也会发现卫生的发展大大落后于知识、美学和道德的进步。卫生与知识并无本质关联，当然也与信仰无关。我们见过许多有信仰的人……不过，我们不要把一些古老谚语太当真。像“诚为上策”、“为善自得其乐”、“俭以防匮”等古训，只是表达了一些人对难以企及的完美世界的美好愿景。在一个完美的世界里，卫生至少是与知识相关的，为善会自得其乐。济慈的“美即是真”与这些古训如出一辙，尽管当时他涉世未深，但他作为医学生的短暂经历或许启发他写出了这句话。

尽管卫生条件的发展远远落后于知识和美学的进步，但对这一问题的探究，与我们传记的主题相去甚远。然而，一些观察，尤其是对我们同时代的一些艺术工作者的观察，常常使我们猜测卫生和美学之间是否相互排斥。在我们之前所谈到的两个光辉灿烂的世纪里，虽然人类在文明的其他领域取得了突飞猛进的进展，但直到医学开始在科学证明的基础上确立肮脏对身体的危害，人类卫生条件的改善才开始有所进展。

直到1840年左右，美国才有了浴缸的身影。公共澡堂缺乏卫生的洗衣设施，其传播疾病的可能性和控制疾病的可能性一样大。学校、监狱和各种公共集会场所也缺少预防疾病传染的相关规定。1752年，纽盖特（Newgate）监狱安装了通风系统。根据麦克阿瑟的记载，当时有一则传言，排气管排出的第一股气流将两个人吹倒了，致使他们不幸跌落摔死。麦克阿瑟认为这则传言有些夸张，但即使是一则假信息，也向我们传递了当时这座建筑的卫生条件。

❷

考虑到以上这些情况，斑疹伤寒得以在欧洲肆虐也就不足为奇了。在我们写作的这段时间里，斑疹伤寒偶尔也会蔓延到美国。18世纪的动乱将这种传染病从东方带到了文明世界最偏远的角落。虽然欧洲人与土耳其人持续不断的战争无疑为流行病的暴发增添了点点星火，但在东方寻找流行病再次暴发的起源已无必要。在18世纪上半叶，斑疹伤寒紧紧抓住每一次机遇，利用西班牙、波兰、奥地利等战场蓬勃发展。在我们之前所提到的流行病中，确实有一些是在军营“起家”，之后传播到欧洲中部的。仅仅在布拉格包围战中，就有包括所有法国医护人员在内的三万人染病丧生。在同一时期，另一波流行病越过俄国，穿过德意志，席卷了斯堪的纳维亚。不久之后，流行病又猛烈地袭击了巴黎，并顺势攻击了法国的其他省份。该世纪早期奥康内尔（O' Connel）的记载，是证实斑疹伤寒在爱尔兰真实存在的最早记载。到了1718年，斑疹伤寒在爱尔兰广泛蔓延开来。正如“爱尔兰疟疾”一样，斑疹伤寒早在1708年之前就已经出没于爱尔兰了，只是我们没有实例来加以佐证。1720年，饥荒为斑疹伤寒在墨西拿（Messina）闪亮登场提供了舞台。1735年，斑疹伤寒攻击了莫斯科。在相对沉寂了几年之后，1740年它又现身了，几乎在同一时间猛烈袭击了德意志中部地区和爱尔兰。1740年，爱尔兰暴发了土豆大饥荒，给了斑疹伤寒可乘之机。在18世纪，随着工业的发展，斑疹伤寒抓住贸易衰落和就业率下降的机遇，在人间肆意妄为，而战争和农业灾害无疑使其猖狂行为愈演愈烈。在佛兰德斯和奥地利，纺织工业的发展遭到重创，与此同时斑疹伤寒发动了猛攻。这说明，经济危机与斑疹伤寒的暴发息息相关。

从现在起，斑疹伤寒再次回归军队，跟随着浩浩荡荡的英国军队在佛兰德斯行进。在1743年的德廷根（Dettingen）战役中，斑疹伤寒就已经取得了大捷，1762年它又在西班牙战争中大显身手。在同一年，斑疹伤寒的火花在意大利点燃。拜饥荒所赐，斑疹伤寒得以在意大利频繁暴发，一直到1769年才止息。根据法萨诺（Fasano）的记载，1764年那不勒斯暴发了流行病，这是那个时代最可怕的事件。谈到那次流行病，汉泽的观点令人醍醐灌顶。他认为，医护人员不足的地方，恰好是死亡人数最少的地方，因为当时的医学惯例是流血越多越好。

在七年战争、法国大革命以及拿破仑在欧洲和西班牙的征战中，斑疹伤寒给人类带来的痛苦要远远大于大炮、来复枪和刺刀所带来的伤害。在18世纪末和19世纪初，由于欧洲大陆硝烟四起，英格兰侥幸逃过了流行病的困扰，而这之后，运气已竭的英格兰，遭遇了斑疹伤寒的猛烈进攻。1798年，欧洲大陆的流行病态势已有所缓和。此时的爱尔兰人正在遭受庄稼歉收和饥荒的苦难，这给了斑疹伤寒可乘之机，也因此殃及了英格兰。在接下来的二十年里，两座岛屿都沦为斑疹伤寒的地盘。1816年至1819年，斑疹伤寒唱响了悲歌的高潮。据记载，在那些年里，六百万爱尔兰居民中至少有七十万人受到了感染。1818年，也就是几乎在同一时期，意大利暴发了另一波斑疹伤寒流行病，从阿尔卑斯山向南蔓延到西西里岛。

在整个18世纪，“船热”是斑疹伤寒的一个常见的代名词。斑疹伤寒对船员来说是最致命的灾难，远远超过战争伤亡和坏血病的伤害。在18世纪的欧洲医学圈中，利德（Lind）无疑是出类拔萃的一位。他从旁证中正确地推理，从纯粹的临床观察的角度做出预测，这些预测后来被科学调查所证实。利德当时在朴次茅斯附近的赫斯勒（Haslar）担任皇家医院的医生。他给世人留下了两种关于发热和感染的作品，一种是一篇关于保证海员健康的最有效措施的文章，另一种是关于炎热天气下暴发的疾病的小册子。除此之外，正如其他当代人一样，利德也发现水果和绿色蔬菜对于保证远洋船员的健康来说具有重要的作用。他还精心研制出保存橙汁、柠檬汁和各种蔬菜的方法。为了防止果汁变质，他将果汁倒入小品脱瓶中，在用软木塞封紧瓶子之前，在果汁表面滴上一层橄榄油。他把韭菜和其他蔬菜切成小段，然后撒上一层薄薄的干海盐粒，把所有的蔬菜都浸在盐里。三个月后，用水将盐冲洗掉，留下的就是可食用的蔬菜了，且蔬菜的营养价值也得以保存下来。他认为葡萄酒和烈酒堪称“大蒜白兰地”，这种观点虽然在医学上并不那么可靠，但可能在很大程度上促使他本人在海军中深受欢迎。他在斑疹伤寒研究领域的贡献，在于他对斑疹伤寒的定位，他认为它对于皇家海军来说，是最具致残能力的灾难之一。斑疹伤寒通过患病的海军士兵传播到陆地上的医院，又从医院蔓延至周边地区。

当时的英格兰围绕通风的重要性展开了大讨论。尽管人们普遍认为空气污染有危险，但利德坚信通风和清洁空气的供应对斑疹伤寒的传播几乎没有影响。他相信斑疹伤寒病毒不仅可以附着在人身上，也可以通过各种材质，如羊毛、棉布、亚麻布等材质的衣服进行传播，甚至还可以附着在木梁、椅凳和床架上。为了证明自己的观点，利德引用了大量的案例，其中一个案例是这样的：有一次，二十三名工人受雇整修旧营帐，这些营帐里原来住的是斑疹伤寒患者。随后，二十三名工人中有十七名患上了斑疹伤寒并最终死去。他认为船舶上的睡觉舱也有病毒，并提倡用烟熏法进行消毒。然而，他提到的用于消毒的材料，包括燃烧的烟草、炭火烧出的蒸汽、用醋蒸发的樟脑、沥青和火药的烟雾，并不十分有效。利德不仅主张使用以上的烟熏法，而且还主张将被褥和衣物进行彻底搓洗和清洁，并将之放置在甲板上进行暴晒和敞气。同样地，他建议医生和护士在离开医院时要更换衣服。总而言之，利德所倡导的措施——在他对昆虫传播没有任何怀疑的情况下——一定挽救了大量的生命。

❸

19世纪下半叶是西方世界流行病史上的一个转折点。当然，传染病仍然很丰富。猩红热、白喉、脑膜炎以及麻疹以前在某种程度上被迅速蔓延和猛烈攻击的斑疹伤寒所掩盖，现在变得更为突出。在这一段时间里，霍乱也曾多次入侵欧洲，但是，除了流感之外，在过去几个世纪中造成最广泛破坏的瘟疫明显减少了，而且在区域分布方面变得更加有限。鼠疫几乎消失了。被琴纳接种镇压的天花，在19世纪30年代又起死回生了，人们只得再次依靠接种将局势控制住。接种的尝试是在1823年开始实行的，到1850年，接种已经得到了广泛的应用。斑疹伤寒此时也渐渐失势，只能在欧洲东部边境和爱尔兰的有限地区立足。不过，在战争频发和经济萧条时期，斑疹伤寒的影子偶尔可见，这也说明斑疹伤寒的实力虽已衰弱，但其星星之火仍未被完全扑灭。19世纪早期，斑疹伤寒的脚步终于抵达美国。因为它只在东部沿海的部分城市暴发，所以人们推测斑疹伤寒可能是外来者带来的。在1837年费城暴发的那场流行病中，葛哈德（Gerhardt）和彭诺克（Pennock）所作出的诊断鉴别意义非凡。斑疹伤寒之所以会在1846年的西里西亚和1862年的伦敦暴发，其直接原因是工业萧条。西里西亚所暴发的流行病总是与东方疫区中心息息相关，大概是纺织业的崩溃造成的。默奇森说，在英国，由于失业而流离失所的人们在城市里流浪，这给了流行病可乘之机；然而，也有可能是六年前从克里米亚战场归来的士兵将传染病带了回来。

在美国内战时期，联邦军队中有四万四千两百三十八人战死，四万九千两百零五人因伤死亡，十八万六千两百一十六人死于疾病，当时斑疹伤寒并未占上风。在持续时间相对较短的欧洲战争中，例如意法战争、德奥战争以及普法战争，斑疹伤寒所起的作用微不足道。不过说到斑疹伤寒与大型战争的关系，除了在阿尔及利亚的军队中有两百五十二人死于斑疹伤寒之外，1870年的普法战争中已经几乎不见斑疹伤寒的踪影。此外，受包围战之苦的城市是否再次遭受了斑疹伤寒的袭击，我们已无从知晓。与此同时，在俄国边界的普鲁士军队却并未完全摆脱斑疹伤寒。当时，天花、痢疾和伤寒已取代鼠疫和斑疹伤寒，成为军队的主要祸害。

自1850年以后，欧洲大型流行病为何会逐渐式微，恐怕难以说清楚。有人将其归因于“兴久必衰，衰久必兴”的规律。考虑到自上次世界大战之后，退化到了类似中世纪生活状态的俄国和近东地区再次落入苦海的事实，有人认为流行病的式微与现代文明社会的发展密不可分。造成流行病式微的因素是多方面的，把其中任何一个因素放在首位都是不可能的。其中一个因素是，那段时期的战争持续的时间很短，且是在相对有限的地区内进行的。另一个不可低估的因素是，集约化农业的发展和铁路运输的完善，为避免饥荒提供了保障，从而避免了以前饥荒地区长期得不到粮食供应和援助的情况。关于欧洲大型流行病的逐渐式微，与上述原因同等重要的，是现代医学的兴起、诊断方法的改善、合理的预防措施以及地方、国家和军队组织的卫生监督，这些监督逐渐扩展到社会生活的方方面面。要完整地描述这些，我们可能需要另外撰写一章也许有用，但极其枯燥的文字。

如今，尽管世界各国处于敌对竞争状态，但为了共同应对流行病而展开的国际合作仍在平静地继续，这一矛盾现象令人感到奇怪，但各国之间的合作又着实振奋人心。如今，一方面，各国之间相互猜忌、相互憎恨，各国都在想尽办法将他国排挤出国际市场、煽动革命、窃取彼此的政治和军事机密，而另一方面，各国政府又相互分享着流行病信息，共同应对疾病。从俄国到南美洲，从斯堪的纳维亚到热带地区，公共卫生学家、细菌学家、流行病学家、卫生管理人员相互合作，相互请教，毫无保留地交换观点、用药和诊治方法。在俄国革命最为动荡的时期，除了在流行病防御上尚有交流之外，俄国与欧洲众国再无其他官方联系。即使处于孤立状态，苏维埃政府和国际联盟卫生委员会的合作也未曾受到影响。

这一切都是理想主义与野蛮主义之间奇怪矛盾的一部分，人类的这些奇怪矛盾在所有哺乳动物中是最令人好奇的。这一天性还表现在各种奇怪的行为上，应了口口相传的谚语“塞了瓶口，放了桶口”。

因此，在上次世界大战之前的十年里，斑疹伤寒已经在资本主义社会得到了控制。诚然，在中国和墨西哥，斑疹伤寒流行病仍会定期在局部地区暴发；在北非和近东地区，斑疹伤寒也会偶尔暴发；在爱尔兰，斑疹伤寒所导致的死亡人数在持续下降，在1899年至1913年之间仅有七十人死于此病，而这座“绿岛”被认为是西方国家中唯一一个斑疹伤寒发病率相当高的国家。在美国诸多城市，斑疹伤寒被称为“布里尔氏病”，其表现形式较为温和。从1900年到1930年，纽约和波士顿一共出现了五百二十八例斑疹伤寒病例。在其他地方，例如南美洲、地中海沿岸和东方的偏远地区，人们同样只是发现了较为温和的斑疹伤寒。在这段时间里，世界各地都再也没有暴发过大型的流行病。根据每年的病例和死亡的人数，唯有俄国、波兰以及奥地利东部部分地区（加利西亚）才能称得上是“疫情中心”。

除了上述地区，在邻近匈牙利和巴尔干半岛的地区，斑疹伤寒还时不时有个风吹草动，但除非有战争和饥荒助威，否则难成燎原之势。在俄国，平均每年死于斑疹伤寒的人数为九万人，其中最低为1897年的三万六千八百八十七人，最高为1892年的十八万四千人，因为当时俄国暴发了饥荒。在巴尔干半岛，从1912年至1913年，战事不断，斑疹伤寒的发病率也不断攀升，但即使是在那段时期，巴尔干半岛也没有暴发过流行病。西欧实际上是例外。我们在上一段所列举的现代生活的组织和力量使斑疹伤寒处于休战状态。然后，在人类与斑疹伤寒之间的漫长斗争中，人类第一次掌握了战略主动权。1909年，尼科尔发现斑疹伤寒可以通过虱子在人群之中传播。在几百年一边倒的战争中，人类永远在明处，斑疹伤寒永远在暗处，现在受害者第一次能够对他的历史敌人组织一个规划合理和战略健全的防御。

如果参与战争的那些士兵、政客、爱国者和社会各阶层人士，能够让世界消停一百年，那么不必依靠其他科学的进步，单单是尼科尔的研究，就能敲响斑疹伤寒在西方世界的丧钟。

然而，随着一位皇储在萨拉热窝遇刺，所有人都失去了理智，包括我们自己和西奥多·罗斯福——除了威尔逊先生，他两年后也失去了理智。各国“乐队”演奏了《守卫莱茵河》《马赛曲》《天佑国王》《上帝保佑吾皇弗朗茨》《天佑沙皇》等曲目。几年后，《星条旗永不落》也被演奏。上帝站在每个人的一边。当我们都上了战场，布置好了舞台，斑疹伤寒就又出现了。

并不是所有人都意识到斑疹伤寒其实也是战争的胜利者。如果法国人识破了斑疹伤寒的本来面目，那么也就不会再在酒吧里肆意生事，引发不必要的战事了。

❹

斑疹伤寒首先在塞尔维亚抬起了它丑陋的头。塞尔维亚这个勇敢的小国还未从巴尔干半岛的战事中恢复过来，1914年7月，奥地利就对它宣战并立即进攻。由于贝尔格莱德遭到轰炸，塞尔维亚政府不得不撤退至尼什（Nish）。边境地区的百姓带着他们的全部家当，慌忙向南逃亡，以求保命。奥地利人早期试图越过贝尔格莱德附近的萨瓦河，但最终以失败告终。不过，他们从波斯尼亚边境发动进攻，在11月成功地占领了瓦列沃（Valjevo）和贝尔格莱德（并非没有代价，两万奥地利士兵被俘）。12月2日，塞尔维亚军队进行反攻，收复了瓦列沃和贝尔格莱德，致使奥地利军队退至德里纳河和萨瓦河之外。连续不止的战事使塞尔维亚北部变成了一片废墟。村庄皆是残垣断壁，手无寸铁的平民百姓纷纷往南部逃命。 298

11月，斑疹伤寒在塞维尔亚军队中出现，而很有可能奥地利军队中也出现了斑疹伤寒。除了他们自己的麻烦之外，塞尔维亚手中还有六七万名俘虏，其中有些俘虏生病和受伤了。塞尔维亚政府无力为流离失所的国民提供避难之所，更不要说给予俘虏一席之地了。大多数身体健全的成年人都在服兵役，举国上下只有不到四百名医生。不幸的是，这些医生迟早都会染上斑疹伤寒，不久之后就有一百二十六位医生因此而丧命。现有的几家医院很快就人满为患，而另一些医院不得不临时搭建在没有任何卫生设施的建筑中。那里没有护士，没有床，没有床单，没有药品，甚至缺少掘墓的人手。然而，我们也不能因此确定流行病起步于此。第一批积累的病例出现在瓦列沃的奥地利俘虏中，之后斑疹伤寒立即向全国各地传播。斑疹伤寒随着流离失所的平民、押解犯人的火车、行进的军队迅速蔓延至全国各个角落。1915年2月和3月，斑疹伤寒流行病的燎原之势，是以往任何流行病所不可同日而语的。4月，当疫情达到顶峰时，每天新增的病例多达数千例。有一段时间，每天就有两千五百人被军队医院收治。斑疹伤寒患者的死亡率从最初的百分之二十左右，上升到后来的百分之六十，甚至是百分之七十。不到六个月的时间，就有超过十五万人死于这场流行病。六万名奥地利俘虏也只剩下不足半数。

在这段时间里，塞尔维亚几乎束手无策，然而奥地利没有发动进攻。军事行动主要局限于下午四点左右对贝尔格莱德火车站的短暂轰炸，在此期间，所有人都远离火车。奥地利的战略家们知道在这个时候最好不要进入塞尔维亚。当时的情况显而易见，斑疹伤寒在折磨塞尔维亚的同时也控制着边境。这六个月是同盟国作战的关键时期，但他们因惧怕斑疹伤寒的威力而错过了。谁也说不准这种拖延会对早期俄国人，甚至对西方战役产生什么影响。有人认为，如果那时同盟国迅速攻陷塞尔维亚，土耳其、保加利亚、希腊会不堪一击，那么萨洛尼卡（Salonika）这一港口城市将被封锁，对抗俄国的西南前线将被建立，这样的话，局势可能会倒向强大的同盟国。这种说法并非毫无理由。斑疹伤寒虽然并没有赢得此次战争，但其作用不容小觑。

自此以后，斑疹伤寒便在整个东部战线独占鳌头了。它像往常一样在所有的东方军队中作威作福，但是奥地利人和德国人采取了如洗澡和除虱等极为有效的卫生措施，将疫情控制在合理范围之内。斑疹伤寒虽然入侵欧洲中部的军队监狱，却未伤平民丝毫。令人大为吃惊的是，在此次战争中，斑疹伤寒竟从未骚扰西部战线。对此，我们难以找到合理的解释。西部战线战壕里的士兵，和其他地方的士兵一样身上也有很多虱子。

战壕热是斑疹伤寒的同盟军，也是通过虱子进行传播的，该疾病在军中已属常见疾病。我们只能将这种现象归因于这样一个事实，即交战双方固然畏惧枪支大炮的伤害，但更加忌惮斑疹伤寒的袭击。同盟国意识到从东方调来的军队会导致斑疹伤寒的流行，从而使他们输掉这场战争，因此，他们采取了最大限度的预防措施来避免这种情况的发生。所有部队的卫生组织对可能的危险和可疑的病例都保持着高度警惕，通常会迅速采取大规模的除虱行动。虱子在这场战争中的死亡率肯定是世界历史上最高的。

在俄国，斑疹伤寒重拾了它在中世纪时期的辉煌。在战争的第一年，俄国只有十万个斑疹伤寒病例。1916年俄军撤退归来后，斑疹伤寒的病例就上升至十五万四千例。尽管当时的数据并不十分可靠，但是从那时开始，俄国斑疹伤寒的病例确实呈平稳快速上升之势。革命、饥荒、霍乱、伤寒和痢疾，都起了火上浇油的作用。从1917年到1921年，俄国人民所遭受的可怕苦难是无法用语言来描述的。根据塔尔阿斯维奇谨慎而保守的计算，在那些年，俄国境内大概总共出现了两千五百万个斑疹伤寒病例，其中有两百五十万至三百万患者不幸病逝。

斑疹伤寒流行病的惨剧已经让我们备感疲惫和恐惧，因此我们无须再赘述波兰、罗马尼亚、立陶宛和近东地区的流行病状况。当死亡的数据接近罗斯福总统的花费时，我们的大脑开始麻木，失去作用。

就西方世界以往的斑疹伤寒病例来说，上次世界大战所记载的数据已经很令人欣慰了，然而，塞尔维亚和俄国的斑疹伤寒流行病态势证明，我们所撰写的传记的主人公并未失其士气，收其爪牙，而是抓住一切机会乘虚而入。欲使斑疹伤寒洗心革面，恐怕是痴心妄想。

斑疹伤寒在上次世界大战中取得了局部的、短暂的胜利之后，继而不断探索更新升级之径，以求扶摇直上，再续佳绩。尽管它前进的脚步有所放缓，却从未停止。它的足迹虽未踏遍全球，却也是遍及四野。它的“种子”在世界每个角落生根发芽。斑疹伤寒在老鼠、跳蚤和虱子身上的安家之所已被人类发现，即使它还有其他的容身之地，恐怕人类将其搜出来也是指日可待。斑疹伤寒的袭击方式已经被科学家揭开，此时人们正在锻造击退它的武器。与大多数其他国际事务不同，在共同应对斑疹伤寒这一问题上，全世界人民团结起来应对共同的敌人。法国、瑞士、美国、英国、德国、巴西、日本、中国、苏联和墨西哥的研究人员在友好的竞争中一起工作，互相鼓励、互相帮助。

撰写斑疹伤寒的研究工作属于技术文献的范畴。如果我们试图在本书中这样做，那么这本书就会被定义为“大众科学”，而这是我们厌恶并努力避免的一种成书形式。

斑疹伤寒并没有灰飞烟灭，它将继续存在几个世纪。只要人类的愚蠢和残暴给它一个机会，它就会乘虚而入，重整旗鼓。不过，时至今日，斑疹伤寒已无往日锋芒，其气焰也慢慢减弱，如关在动物园里的困兽一般。

图书在版编目（CIP）数据

老鼠、虱子和历史：一部全新的人类命运史 /（美）汉斯·辛瑟尔著；谢桥，康睿超译. -- 重庆：重庆出版社，2019.12
ISBN 978-7-229-14068-7

Ⅰ. ①老… Ⅱ. ①汉… ②谢… ③康… Ⅲ. ①社会发展史—世界—通俗读物 Ⅳ. ①K109

中国版本图书馆CIP数据核字（2019）第061802号

老鼠、虱子和历史：一部全新的人类命运史

［美］汉斯·辛瑟尔 著

谢桥 康睿超 译

策　　划： 华章同人

出版监制： 徐宪江

责任编辑： 陈　丽

责任印制： 杨　宁

营销编辑： 王　良

装帧设计： 潘振宇

重庆出版集团
重庆出版社 出版

（重庆市南岸区南滨路162号1幢）

投稿邮箱：bjhztr@vip.163.com

三河市宏盛印务有限公司 印刷

重庆出版集团图书发行有限公司 发行

邮购电话：010-85869375/76/77转810

重庆出版社天猫旗舰店
cqcbs.tmall.com

全国新华书店经销

开本：880mm × 1230mm 1/32 印张：9.5 字数：250千

2019年12月第1版 2020年6月第3次印刷

定价：58.00元

如有印装质量问题，请致电023-61520678